马克思主义视域下
德沃金平等思想研究

刘美玲 ◎ 著

中国社会科学出版社

图书在版编目（CIP）数据

马克思主义视域下德沃金平等思想研究/刘美玲著．—北京：中国
社会科学出版社，2020.8
ISBN 978 - 7 - 5203 - 6977 - 0

Ⅰ.①马…　Ⅱ.①刘…　Ⅲ.①罗纳德·德沃金（1931 - 2013）—
平等—思想评论　Ⅳ.①D081

中国版本图书馆 CIP 数据核字（2020）第 145664 号

出 版 人　赵剑英
责任编辑　戴玉龙
责任校对　王洪强
责任印制　王　超

出　　　版　中国社会科学出版社
社　　　址　北京鼓楼西大街甲 158 号
邮　　　编　100720
网　　　址　http：//www.csspw.cn
发 行 部　010 - 84083685
门 市 部　010 - 84029450
经　　　销　新华书店及其他书店

印　　　刷　北京明恒达印务有限公司
装　　　订　廊坊市广阳区广增装订厂
版　　　次　2020 年 8 月第 1 版
印　　　次　2020 年 8 月第 1 次印刷

开　　　本　710 × 1000　1/16
印　　　张　15
插　　　页　2
字　　　数　209 千字
定　　　价　86.00 元

前　言

　　当代美国乃至全世界最著名、最活跃的法学家、政治哲学家、道德哲学家罗纳德·德沃金（Ronald Dworkin，1931—2013），对于"平等"这一极具争议的理想有着独特的理解。本书将德沃金平等思想置于马克思主义的视域下进行审视与研究。

　　德沃金平等思想的理论基础是其伦理个人主义的两个原则——重要性平等原则与个人责任原则。重要性平等原则认为每个人的人生重要且同等重要，根据重要性平等原则，政府应该对其域下的每一个公民都表示平等的关切与尊重，此为政府的至上美德；个人责任原则主张每个人应该对自己的选择负责，根据个人责任原则，政府应该保证其治下的公民个人的命运同他们自己做出的选择密切相关。德沃金在批评福利平等观的基础上提出其别具一格的分配正义理论——资源平等观。德沃金利用两个区分——人格或环境、选项运气或原生运气——来划分个人责任与集体责任，并根据这两种责任的不同承担来体现其"敏于志向而钝于禀赋"的分配正义原则，其目的是让人们选择与追求各自想过的某种良善生活。

　　德沃金的平等思想继承了康德与罗尔斯的伦理思想，其中，康德的关于人是目的而不是手段的人性公式是德沃金重要性平等原则的理论源泉。德沃金平等思想的诞生与当今资本主义世界新自由主义思潮的崛起密不可分，也与当代美国社会不平等的社会状况以及争取平等的浪潮息息相关。就其实质而言，德沃金平等思想是一种自由主义式的平等观，是为当今资本主义世界所信奉的自由主义提供的"济世良方"。本书认为，德沃金对平等的强调有一定的现实意义，但德沃金从抽象的原则、悬设的价值观念出发构建其理论大厦，其根基是个人主义的、方法是唯心主义的，因此必然会在现实中遭遇诸多理论困境。

德沃金的"资源平等"观引发了不少理论争论，其中有：与柯恩关于个人责任与集体责任分割点的交锋，与阿马蒂亚·森能力平等观的纠缠，以及遭遇沃尔泽复合平等观的挑战等。

本书将德沃金的平等思想置于马克思主义视域下，运用马克思历史唯物主义的方法剖析德沃金平等思想的实质，透视其内在困境与矛盾，评析德沃金平等思想所引发的理论争论，在对其平等思想进行审视分析的同时，以马克思主义平等观观照现实，进一步阐明马克思主义的平等理论。

目　录

导　论 …………………………………………………………… 1

　　一　德沃金其人 ……………………………………………… 1

　　二　平等——德沃金思想的核心和基石 ……………………… 4

　　三　德沃金平等思想的国内外研究现状 …………………… 11

　　四　本书的研究框架与研究方法 …………………………… 17

第一章　德沃金平等思想产生的理论渊源和社会背景 ………… 23

　第一节　德沃金平等思想产生的理论渊源 ………………… 23

　　一　对康德伦理思想的继承 ………………………………… 23

　　二　对罗尔斯平等观的修正 ………………………………… 33

　第二节　德沃金平等思想产生的社会背景 ………………… 42

　　一　意识形态：新自由主义思潮的崛起 …………………… 43

　　二　社会现实：社会不平等引发了社会危机 ……………… 50

第二章　德沃金平等思想的理论内涵——资源平等 …………… 60

　第一节　资源平等观 …………………………………………… 60

　　一　对福利平等观的否定 …………………………………… 60

　　二　资源平等观及其证明方法 ……………………………… 70

　第二节　德沃金的反思 ……………………………………… 79

　　一　资源平等观的优势 ……………………………………… 80

　　二　资源平等观的不足与改进理论 ………………………… 86

第三章 德沃金平等思想的实质——自由主义式的平等 …………… 90

第一节 公民的良善生活 …………………………………… 90

一 良善生活的正确理解 ………………………… 91

二 良善生活的伦理困惑 ………………………… 95

三 从伦理到政治 ………………………………… 105

第二节 自由主义式的平等 ………………………………… 111

一 自由和平等 …………………………………… 111

二 自由主义者为何应当关注平等 …………… 118

三 自由主义式的平等 ………………………… 123

第四章 德沃金平等思想的理论争论 ………………………… 133

第一节 柯恩与德沃金的交锋 …………………………… 133

一 关于资源平等观的意见 …………………… 134

二 关于选择与运气的区分 …………………… 138

三 痴迷者是否应该得到补偿 ………………… 143

四 论战的焦点及其理论困境 ………………… 145

第二节 阿马蒂亚·森的纠缠 …………………………… 151

一 阿马蒂亚·森的主张：能力平等观 ……… 151

二 阿马蒂亚·森对德沃金的批评：对的方向、错的

回答 ………………………………………… 154

三 德沃金的回应 ……………………………… 156

四 对于批评与回应的分析 …………………… 160

第三节 沃尔泽的挑战 …………………………………… 166

一 沃尔泽的复合平等观 ……………………… 166

二 德沃金的反击与争论 ……………………… 173

三 分歧的症结 ………………………………… 180

第五章 德沃金平等思想的现实思考 ················ 182

第一节 德沃金平等思想的审视 ················ 182

一 德沃金平等思想的逻辑脉络 ············ 182

二 资源平等观的理论困境 ·············· 185

三 德沃金平等思想的特色 ·············· 189

第二节 重视平等：社会和谐与发展的必然选择 ·········· 200

一 认识平等的重要性 ················ 200

二 确立平等意识 ················· 205

三 明确政府职责 ················· 212

四 加强制度建设 ················· 215

参考文献 ·························· 221

致 谢 ·························· 233

导　论

一　德沃金其人

罗纳德·德沃金（Ronald Dworkin，1931—2013），当代最著名的法学家、政治哲学家、道德哲学家，是当今国际学术界最有影响的代表性人物之一。1957 年毕业于哈佛大学法学院，3 年之后获得了牛津大学法学院硕士学位。曾担任美国历史上最伟大的法官之一勒恩德·汉德（Learned Hand）的助理，在华尔街著名的律师事务所 Sullivan & Cromwell 当过律师。1962 年起先后担任耶鲁大学、纽约大学和哈佛大学法理学和哲学教授。1969 年接替他的老师——与之激烈争论的对手——分析法学派泰斗哈特，担任国际法理学界备受瞩目的牛津大学法理学首席教授一职，直到 1998 年。自 1975 年起，德沃金同时被聘为纽约大学法学与哲学教授。他与哲学家托马斯·内格尔（Thomas Nagel）合开的"法律、政治与社会哲学专题讨论"是当今世界上声誉最高也最具挑战性的学术论坛之一。1998 年，德沃金从牛津大学法理学教席的位置退休，之后他除了担任纽约大学萨默尔法律与哲学教授（Sommer Professor of Law and Philosophy）外，还担任伦敦大学学院杰米里·边沁法理学教授（Jeremy Bentham Professor of Jurisprudence at University College London）。2013 年 2 月 14 日，德沃金在伦敦去世，享年 81 岁。

德沃金骤然引起学界关注，始于他对实证主义法学代表人物哈特的批评。20 世纪 60 年代初，30 多岁的德沃金开始针对法律实证主义理论发表文章《规则的模式》（*The Model of Rules*），这使得他在英美法理学界中崭露头角并一举成名。1969 年，在哈特的大力举荐下，风华正茂的德沃金一跃登上了职位显赫的英国牛津大学法理学教授的位置，执掌了众人非常渴望拥有的牛津大学的教鞭。1977年他的成名之作《认真对待权利》（*Taking Rights Seriously*）出版，该书关于个人权利及法律与道德关系的论述使德沃金威震学林。1985年，他的第二部专著《原则问题》（*A Matter of Principle*）出版，在此书中，德沃金对法律的政治基础、法律解释、自由主义与正义及法律的经济学观点等一系列英美法理学的热点问题做了独创性的阐述。紧接着，1986年，他出版了《法律帝国》（*Law's Empire*）一书，该书在总结前两部著作的基础上，就法律的阐释问题和司法审理的问题构建了完整的理论体系。1996年，德沃金发表了《自由的法》（*Freedom's Law*），该书的副题为"对美国宪法的道德解读"（The Moral Reading of the American Constitution），此书以美国最高法院对一些有重大影响案件的审判为线索，对困扰美国司法界乃至整个社会几十年的堕胎、言论自由、淫秽作品等问题，从宪法和道德的角度做了很有见地的论述。2000年，德沃金的力作——《至上的美德：平等的理论与实践》（*Sovereign Virtue：The Theory and Practice of Equality*）出版，该书对其平等思想给予了最集中的阐述，也使他成为继罗尔斯之后自由主义阵营中高举平等旗帜的"第二号旗手"。2006年，德沃金相继出版了《身披法袍的正义》（*Justice in Robes*）与《民主是可能的吗？》（*Is Democracy Possible Here？*）。在《身披法袍的正义》中，德沃金学说的核心是"道德价值论"，在他看来，法律包含并且服务于道德目标，道德是内置于法律实践并与法律实践结成一体的；《民主是可能的吗？》一书论证并捍卫了个人和政治道德性的核心原则，而这些原则能够使实质性的政治论辩成为可能，能够将互相蔑视变成互相尊重，能够引领美国和其他国家实现对民主更加完整的承诺。2011年，德沃金出版了他的集大成之作《刺猬的正义》（*Justice for Hedgehogs*），该书称，古希腊传说中，狐狸知道许多事，而刺猬只知道一件最重要的事，价值就是一件最重要的事。这本书再次论证了价值的客观性①，指出我们每个人都应该有一体化的信念，我们必须对自己和其他人的生命负责——人必须活得有尊严。在这本书里，德沃金将自己一生的学术观点，如权利观、自由观、资源平等观、德法融合观等做了一个系统总结，算是为自己的学术生涯画了一个完美的句号。2013 年 2 月 14 日，西方情人节这一天，德沃金因白血病在伦敦仙逝。斯人已去，余音未了，2013 年哈佛大学出版社为纪念这位杰出的学者出版了他最后一部著作——《宗教不需要有神》(*Religion without God*)。

德沃金教授这些著作的书名在整体上富有诗意和美感，它们共同构成了一个完美的学者形象，即："认真对待权利，严肃原则问题；出入法律帝国，逍遥人生疆界；心系自由律令，胸怀至上美德；身披正义法袍，探寻民主理想。"② 2007 年，德沃金获得具有人文社会科学领域诺贝尔奖美誉的"霍尔堡国际纪念奖"(Holberg International Memorial Prize)，霍尔堡奖的学术委员会称赞德沃金"阐述了一套自由主义的平等理论"，并强调德沃金致力于发展一套"具有原创性与高度影响力，将法律奠基于道德之上的理论。这套理论具备将抽象的哲学观念和论证与日常具体的法律、道德和政治关怀相结合的独特能力"③。

通观德沃金的思想脉络和学术历程，我们发现，他于青年时代投身批判法律实证主义与功利主义的狂飙突进运动，到中年则致力于法律帝国的构建，到了老年，当思想由激烈转入平和成熟之际，

---

① 1996 年，德沃金曾经发表了《客观性与真，你最好相信它》。Ronald Dworkin, Objectivity and Truth, You'd Better Believe It, *Philosophy & Public Affairs*, Vol. 25, No. 2, Spring 1996, pp. 87 - 139.

② 德沃金：《原则问题》，张国清译，江苏人民出版社 2005 年版，第 1 页（中文版译者序）。浙江大学张国清先生认为，德沃金著作的书名构成了完美的法律学者形象，即"认真对待权利，严肃原则问题；出入法律帝国，逍遥人生疆界；心系自由律令，胸怀至上美德"。张国清先生结合 2006 年德沃金出版的两本书——《身披法袍的正义》和《民主是可能的吗？》，补充一句："身披正义法袍，探寻民主理想。"

③ 李红勃：《德沃金：为了法理学的一生》，《中国社会科学报》2013 年 3 月 6 日第 B03 版。

则更多地关切于人类社会政治和法律制度的道德根基与世界多元文化下的民主理想。德翁为何经历了这样一番学术历程，这其中的缘由值得我们深思。子曰："吾十有五而志于学，三十而立，四十而不惑，五十而知天命，六十而耳顺，七十而从心所欲，不逾矩。"（《论语·为政》）看来，思想家的人生感悟与理论路径大致遵循着同样的逻辑：谁都有青春勃发的激情岁月，但构建一个完整的理论体系，却是壮年的事业，而在一个智慧老人面前，人世间的一切问题都可以从平凡的人性与普通的常识中找到解答。在他看来，一整套庞大的政治法律制度说到底还是要关心人的尊严与权利问题，偌大一个现实世界无论如何的多元与分歧，说到底还是要探求一种扎根于共识的民主理想。

二 平等——德沃金思想的核心和基石

作为全世界最著名的法学家与哲学家，德沃金以其权利论蜚声海外，他最著名的一本书就是《认真对待权利》，权利是德沃金手中最重要的一张王牌。事实上，德沃金所倡导的权利概念是"平等的权利"，平等才是其宏大的政治法律思想体系的核心和基石，平等才是德沃金全部理论体系的"阿基米德点"①。围绕平等，德沃金几乎阐明了他关于自由主义所有重要论题的立场与观点。在德沃金的视域下，平等是核心概念，平等是权利要义，平等是至上美德。

第一，平等是论点的核心概念。平等与自由的关系是哲学上的一大难题，当代自由主义的代表人物伯林坚持认为：重要的政治价值之间存在着剧烈冲突，他尤其强调自由与平等的冲突。但德沃金则力求化解这些冲突，并希望把那些价值融合在一起。② 在他看来，所有的重要价值都是彼此支持并融会贯通的，这就是价值的一体性

---

① 德沃金将平等的概念发展为其伦理个人主义两大原则之一的重要性平等原则（the principle of equal importance）。2002 年 5 月，德沃金来华做演讲时，多次提到了重要性平等原则，并视之为其理论体系的"阿基米德点"。

② 德沃金：《至上的美德：平等的理论与实践》，冯克利译，江苏人民出版社 2003 年版，第 5 页（导论）。

(the unity of value)。德沃金认为，在资源平等观中，平等与自由是能够和谐并存的。并且，德沃金主张平等重于自由。他说："我的论点中的核心概念不是自由而是平等。"① 20 世纪 70 年代中期，英国 BBC 电视台主持人布莱恩·麦基采访他时，他说："就我而言，我渴望驳斥这一假定，即认为任何我们称为权利的传统的基本自由会与平等发生根本性的冲突。依我的观点，如果我们把个人的权利看作任何有关平等的需要的可捍卫的理论的一种必要的话，它就具有最多的意义。关于个人的自由权利问题，我要一反正统的辩论提问方式，提出这样一个问题，即'个人自由权利对于保护平等是必要的吗？'而不是问：'我们必须放弃多少平等才能充分地尊重个人自由的权利？'"② 由此可见，德沃金论点的核心概念是平等。

德沃金认为："作为平等的人受到对待的权利必须被当作自由主义平等的根本要素。"③ 也只有如此，个人对特定自由的权利才能得到承认，而且可以与平等相和谐，因为特定的自由权来自被认为更根本的平等概念，所以由平等可以推导出自由，但是由自由推导不出平等。

当然，在这里，德沃金是把抽象的平等观作为个人各种权利的基础，而具体的自由权是从抽象的平等观基础上生发出来的。唯如此，自由与平等才可以圆润自洽。并且，德沃金还认为各种价值之间也能够互相依赖、和谐并存，他说："我们应当期盼一个包括所有核心政治价值——不仅是平等的价值，还有民主、自由、公民社会的价值——的言之成理的理论，它表明每一种这样的价值都是从所有其他价值中成长起来并反映在它们身上，即这样一种说明：平

---

① 德沃金：《认真对待权利》，信春鹰、吴玉章译，中国大百科全书出版社 1998 年版，第 357 页。
② 布莱恩·麦基：《思想家：与十五位杰出哲学家的对话》，生活·读书·新知三联书店 2004 年版，第 318 页。
③ 德沃金：《认真对待权利》，信春鹰、吴玉章译，中国大百科全书出版社 1998 年版，第 358 页。

等不但与自由相容，而且是珍惜自由者都会予以珍惜的一个价值。"① 关于这一点，德沃金在《刺猬的正义》（*Justice for Hedgehogs*）中对这个价值统一性的理论进行了最为全面细致的阐述。②

第二，平等是个人的。作为当代美国乃至全世界最著名、最活跃的法学家，德沃金以权利论蜚声海外，可以说，权利论是德沃金的理论核心，但究其实质，其实是平等的权利理论（general theory of right）。

平等的权利理论的内涵是什么呢？德沃金认为，"自由主义平等概念支配下的每一位公民都有一种受到平等关心和尊重的权利。这一抽象的权利可以包括两种不同的权利。第一种权利是受到平等对待的权利（right to equal treatment），就是说，像其他人所享有的或被给予的一样，同样分享利益和机会。……第二种权利是作为平等的人受到对待的权利（right to treatment as an equal）。……这不是一种平等分配利益和机会的权利，而是在有关这些利益和机会应当如何分配的政治决定中受到平等地关心和尊重的权利"。③ 第一种权利是涉及平等的民主权利的问题，例如，只要符合条件且被民主国家认可的公民均可获得同等的选举权，即一人一票。另外，机会和利益面前人人平等也属于这种权利。德沃金认为这种权利并不重要，重要的是第二种权利，即作为一个平等的个人而受到平等对待的权利。他说："我提议，被视为平等来对待的权利必须被看作自

---

① 德沃金：《至上的美德：平等的理论与实践》，冯克利译，江苏人民出版社 2003 年版，第 5 页（导论）。

② 1998 年秋，纽约人文研究院主办了一场纪念以赛亚·伯林逝世周年的讨论会，此次会议有多位著名学者参加，德沃金参与讨论了伯林的核心观念——价值多元主义。尔后，由马克·里拉、德沃金等人编成了一册文集，名为《以赛亚·伯林的遗产》。伯林曾经引用古希腊名言——"狐狸知道许多事，但刺猬只知道一件大事。"（The fox knows many things, but the hedgehog knows one big thing.）——来比喻两种不同的哲学思考模式（一元论与多元论）。德沃金生前最后一本书也是集大成之作正是——《刺猬的正义》，该书提出，价值统一性就是一件最重要的事。

③ 德沃金：《认真对待权利》，信春鹰、吴玉章译，中国大百科全书出版社 1998 年版，第 358 页。

由主义平等概念的根本要素。"① 他举了这样一个例子：如果我有两个孩子，一个快要病死了，且他的病使别人也不舒服，另一个则是健康的，如果我掷了一个硬币来决定谁来吃仅剩的那一点药品，我就没有表现出平等的关心。这一例子表明，作为一个平等的个人而受到对待的权利是基本的，而平等对待的权利则是派生的。②

那么，德沃金主要是要求谁认真对待权利呢？是政府，以及体现政治意志的法律、制度、政策及各级官员；而谁又是权利的享有者呢？是政府治下的所有公民，也就是每一个国家成员。

为什么要求政府认真对待每一个人的权利？简单地说，是因为"权利制度是至关重要的。因为它代表多数人对尊重少数人的尊严和平等的许诺"。③ 具体地说，权利说到底是针对政府的，是个人手中的政治盾牌与护身符，它要求政府对其域下的公民以平等对待，否则其统治便丧失其政治合法性，而个人是有权利对抗不合法政府的。德沃金认为，权利构成了法律的道德基础。他的一个精辟警句是："如果政府不能认真对待权利，它也就不会认真对待法。"④ 他设想的政治道德是：政府必须尊重与关心它治下的每一位公民，而且必须平等地尊重与关心他们，千万不要不平等地分配利益和机会，千万不要认为某些人值得更多地关注从而授予其更多的权利，也不要根据某个公民、某一集团良好生活的概念比较高尚或不太高尚而限制其自由权。总而言之，这里引出了被称作自由主义的平等概念，而不是自由的概念。⑤ 从以上论述中我们可以看出，德沃金

---

① 德沃金：《认真对待权利》，信春鹰、吴玉章译，中国大百科全书出版社 1998 年版，第 358 页。

② 德沃金：《认真对待权利》，信春鹰、吴玉章译，中国大百科全书出版社 1998 年版，第 300 页。

③ 德沃金：《认真对待权利》，信春鹰、吴玉章译，中国大百科全书出版社 1998 年版，第 270 页。

④ 德沃金：《认真对待权利》，信春鹰、吴玉章译，中国大百科全书出版社 1998 年版，第 296—270 页。

⑤ 德沃金：《认真对待权利》，信春鹰、吴玉章译，中国大百科全书出版社 1998 年版，第 357 页。

权利论的渊源是平等，而不是自由，自由和权利都起源于具有基础性意义的平等这一根本概念，平等是个人权利的渊源。

至于"平等的权利"根据是什么？德沃金对此并没有做出明确的回答。不过，通过整体分析德沃金的自由平等主义思想，我们还是可以看出端倪的，这种权利的根据其实正是他所一贯倡导的重要性平等原则，正是由于"每个人的人生重要且同等重要"①，个人有权要求政府平等对待。

第三，平等是政府的至上美德。德沃金宣称："我们能够对平等不闻不问吗？宣称对全体公民拥有统治权并要求他们忠诚的政府，如果它对于他们的命运没有表现出平等的关切，它也不可能是个合法的政府。平等的关切是政治社会至上的美德——没有这种美德的政府，只能是专制的政府。"② 也就是说，政府的最高美德是平等，政府必须平等地关怀和尊重所有人。

德沃金之所以提出这一大胆的主张，是因为他相信大家应该一致同意一条抽象的平等主义原则：政府必须让它所统治的人过上更好的生活，它必须对每个人的生活给予平等的关切；否则，是不道德的，是荒谬的。

与罗尔斯等其他自由主义者一样，德沃金主张政府中立原则，即政府必须确保公民的选择自由，政府不得迫使公民接受自己的价值观念，更不能迫使公民过政府所认为的良善生活。他说，自由主义的平等观建议，"政府必须在有关什么是良善生活的问题上保持中立……或尽可能地独立于任何特定的良善生活观念"③。

至于德沃金主张政府中立原则的理由，我们可以追溯德沃金早期的观点来分析。在《认真对待权利》一书中，他说过，"该社会

---

① 德沃金：《至上的美德：平等的理论与实践》，冯克利译，江苏人民出版社 2003 年版，第 5 页（导论）。

② 德沃金：《至上的美德：平等的理论与实践》，冯克利译，江苏人民出版社 2003 年版，第 1 页（导论）。

③ Ronald Dworkin, *A Matter of Principle*, Cambridge, Mass.: Harvard University Press, 1985, p. 191.

相信它的所有成员生而平等，他们有权利受到平等的关心和尊重"①。德沃金还从相反的角度说，"假如政府使某种生活观优于另一种生活观，那么它就无法将他们作为平等的人来对待"②。也就是说，由于重要性平等原则，即"每个人的人生都是重要的，且同等重要"，公民不分高低贵贱，作为自由主义共同体的政府都应该责无旁贷地将全体社会成员视为平等者来对待，并且应该在平等所要求的程度上保持道德中立。

那么，坚持政治中立的政府应该如何制定一套政治与法律制度，以便使其域下的公民实现真正的平等呢？经过深思熟虑，德沃金做出一个精密的设计与安排。

在分配问题上，德沃金主张资源平等观。他说："平等的关切要求政府致力于某种形式的物质平等，即资源平等（equality of resources）。"③资源平等观是这样一种经济制度：它要求公民在其一生中拥有的资源是平等的。但德沃金对"资源"的理解非常有特点，他将资源分为非人格资源和人格资源两类，前者指外在物质性资源，如财富；后者指与生俱来的生理和精神特征，包括智力、体能方面的特长或缺陷。在德沃金看来，不仅财富是重要资源，应该纳入分配的范围；肉体和精神上的特征也是重要资源，也应该纳入分配的范畴。因为一个人的高矮胖瘦聪明与否等特征都不是人们自主选择的结果，与人们自身的努力无关，它们应该均等化。毫无疑问，财富等非人格资源可以均等化。关键问题是：人格资源如何均等化。德沃金的办法是让我们假想一种虚拟保险市场，这个虚拟保险市场有点像罗尔斯的无知之幕，其中人们对自己出生时的状况信息不明，既不知道自己出生时是否会有残疾，也不知道自己的智力

---

① 德沃金：《认真对待权利》，信春鹰、吴玉章译，中国大百科全书出版社 1998 年版，第 357 页。

② Ronald Dworkin, *A Matter of Principle*, Cambridge, Mass.: Harvard University Press, 1985, p. 191.

③ 德沃金：《至上的美德：平等的理论与实践》，冯克利译，江苏人民出版社 2003 年版，第 67 页。

是否会低下。在这种情况下，如果允许大家为自己买个虚拟保险，以规避自己出生时不幸患有残障或智障，这样，虚拟保险就可以将非选择性的运气转化为选择性的运气。虚拟保险对应着真实世界的税收，在现实中，可以采取税收的方式来达到人格资源与非人格资源平均的目的。一旦所有人在人生的起点处拥有平等的资源，此后如何使用这些资源（使用它们，还是浪费它们）都是他们自己个人的选择，不管结果如何，都可以也应该由他们个人负责，平等的目标就算已经实现了。德沃金认为自己的平等观是"敏于抱负而钝于禀赋"的，在他看来，只要这些资源起点是平等的，每个人就应该为自己的选择负责，此后无论什么结果都应该是个人所应该接受的，不得怨天尤人，这样才是公正的。

德沃金认为，如果允许因天赋等差别而有不同的资源份额，那么就不能说分配在起点处是平等的，其结果既不符合个人责任原则，也不符合重要性平等原则。德沃金的这种分配正义论沿袭了以罗尔斯为代表的自由平等主义的基本信条，即一种理想的分配正义必须努力保持对个人选择的敏感，而力图消除个人天赋、社会等环境因素的任意性影响。但是罗尔斯差别原则实际上承认个人之间在自然天赋上的不平等，认为来自个人的努力导致的不平等是正当的，同时也并没有使个人真正对自己的努力负责，德沃金对罗尔斯的差别原则的不足做出了重大修正。

德沃金将其平等思想应用于实践中，针对美国社会许多全民性的话题表明了自己的立场和观点，要求政府把平等作为至上美德。例如，关于征收遗产税的问题，德沃金认为，生活在一个共同体中的成员，一些人的子女不应该由于其父辈的原因而比另一些人的子女更有钱，从而拥有更高的地位和权势，因此，他赞成国家对馈赠或遗产征收资产转移税，并将遗产税用于改进公共教育、准备就业的教育和培训，以此来防止生活在这样一个共同体中社会结构的经济分层。

关于政治选举的问题，德沃金认为有的公民仅仅因为更加富有而有更多竞选机会，这显然是对平等的损害，是对民主政治的损害。因此，他赞成联邦法律应该限制公民个人和团体的政治竞选捐款数量，尤其是用于电台或者电视台的经费数量，以此来保证公民平等地参与政治。

关于种族歧视问题，德沃金认为，一个人的种族是无法选择的，如果他不幸生于少数族群，无论他多么努力，他都会受制于种族歧视。种族歧视是一种特别有害的形式，它不仅会使人失去别人可以得到的这样或那样的机会，而且会令人失去生活的希望，那是极不公正和有害的。因此，德沃金赞成"肯定性行动"（affirmative action），赞成对少数族群和妇女因社会长期歧视而遭受的损害给予补偿，并且把它作为一件能够克服我们可悲的种族分层的武器。而白人提出的"反向歧视"（reverse discrimination）则不应该得到辩护，因为平等对待有时意味着差别对待，对黑人与妇女的种族优待措施会使整个社会状况变得更好，它是合理的。

总之，平等是德沃金理论体系中的一条生命线，亦是其核心论点与理论归宿。因此，从平等的角度对德沃金的思想进行研究，不仅在理论上为研究德沃金思想提供了一个崭新的视角，而且在实践上也能为中国当前建设和谐社会提供一个可借鉴的参考资源。

三　德沃金平等思想的国内外研究现状

作为继罗尔斯之后新自由主义的代表性人物，德沃金在国际学术界的地位是不容忽视的，无论是东方还是西方，无论是研究法学还是政治哲学与道德哲学，无论是出于反对还是赞同，德沃金已被视为一座不可绕过的山峰。

德沃金的法学思想在西方法学界有着极大的影响。他的《认真对待权利》一书在1977年由哈佛大学出版社出版后，同年就印刷了三次。马歇尔·柯亨评价该书是"自哈特教授的《法律的概念》这部著作发表以来在法理学方面最重要的著述，它是一位美国学者迄今对这个问题所作的最精微奥妙的贡献……德沃金最大的优点就是对于最具有实际重要性的争论的理论问题，能够阐明自己的观点。……任何人如果在理论上或者在实际上注意美国社会生活，都应该一读此书"。① 的确如此，作为一个学者，德沃金最大的特点便是，他能够对当代美国有激烈争议的重大政治问题——安乐死、优待措施、性道德等，阐述他对法律和道德、自由与平等、政策与原则复杂抽象问题的精辟见解，其思想之深刻、论证之严密、说理之透彻常常让人叹为观止。英国法学泰斗 H. L. A. 哈特（Herbert Lionel Adolphus Hart）、约瑟夫·拉兹（Joseph Raz），美国法学精英波斯纳（R. Possner）、罗伯托·曼加贝拉·昂格尔（Roberto Mangabeiva Unger）、埃德加·博登海默（Edgar Bodenheimer）等人均对德沃金的法哲学思想展开了全方位论争，美国佐治亚大学法学杂志前几年曾编辑了一本法理学专号，编辑发现，每篇来稿都在谈论牛津大学的这位美国人的挑战性的思想。②

德沃金的平等思想在西方也有着极大的影响。德沃金自 1981 年在《哲学与公共事务》上发表"平等是什么"的两篇论文以来，③陆续地发表了一系列关于平等的论文，这些论文都收集在《至上的美德：平等的理论与实践》一书中。近 40 年来，德沃金的平等思想在英美国家引发了激烈的理论论战，并最终激发了人们对运气均等主义（luck egalitarianism）的兴趣。2001 年 3 月，《至上的美德：平等的理论与实践》的主题研讨会在伦敦召开，德沃金的平等思想受到了前所未有的关注。

针对德沃金否定福利平等（equality of welfare）而肯定资源平等（equality of resources）的观点，理查德·阿内逊（Richard Arneson）

---

① 大卫·贝尔韦斯、马歇尔·柯亨：《德沃金其人及其思想》，泮翰殿译，《法学译丛》1983 年第 1 期，第 80 页。

② 李晓峰：《美国当代著名法学家德沃金法律思想研究》，人民法院出版社 2005 年版，第 10 页。

③ Ronald Dworkin, "What is Equality? Part 1：Equality of Welfare", *Philosophy and Public Affairs*, Vol. 10, No. 3, Summer, 1981, pp. 185 – 246. Ronald Dworkin, "What is Equality? Part 2：Equality of Resources", *Philosophy and Public Affairs*, Vol. 10, No. 4, Autumn 1981, pp. 283 – 345.

提出了"福利机遇平等"（*equal opportunity for welfare*），① 而柯恩（Cohen）则提出了"可及利益的平等"（equal access to advantage），② 这些争论实际上都是关于"什么的平等"之争；而李普特·拉什木森（Lippert Rasmussen）针对德沃金对选项运气与原生运气的区分提出了质疑，认为运气均等主义本身并不能成立。③ 加拿大哲学家威尔·金里卡（Will Kymlicka）对德沃金分配正义理论的评价甚高，认为英美政治哲学领域"事实上，在过去 20 年里，关于分配正义的最有意义的工作都立足于德沃金的基本前提"④。当然，德沃金的理论难免有不足之处，另一位加拿大学者柯林·麦克留德（Colin Macleod）就专门在《自由主义、正义和市场》（*Liberalism*，*Justice and Markets*）一书中就德沃金的资源平等观做了详尽的批判，他认为，"在政治哲学中，理想化与简单化的假设虽然是必要的，但德沃金关于市场的假设却将我们引向了迷途"⑤。因此，他认为，德沃金的分配正义论并不是一种成功的分配正义理论，其理论尝试是失败的。2004 年，布莱克维尔出版社出版了由杰斯丁·伯雷（Justine Burley）编选的《德沃金和他的批评》（*Dworkin And His Critics*：*With Replies by Dworkin*）一书，该书几乎集齐了德沃金全部政治、法律、道德思想的所有批判。

　　对于中国学术界，罗纳德·德沃金这个名字并不陌生。德沃金早在 20 世纪 80 年代初就开始被我国学界所知晓。国内最早介绍德沃金法学思想的文献是《德沃金其人及其思想》，刊于《法学译丛》

---

① Richard J. Arneson，"Equality and Equal opportunity for Welfare"，*Philosophical studies*，Vol. 56，1989，pp. 77 – 93.

② G. A. Cohen，"On the Currency of Egalitarian Justice"，*Ethics*，Vol. 99，No. 4，July 1989，pp. 906 – 944.

③ Kasper Lippert – Rasmussen，"Egalitarianism，Option Luck，and Responsibility"，*Ethics*，Vol. 111，No. 3，April 2001，pp. 548 – 579.

④ 威尔·金里卡：《当代政治哲学》（上），刘莘译，上海三联书店 2004 年版，第 163 页。

⑤ Colin M. Macleod，*Liberalism*，*Justice and Markets*，Oxford：Clarendon Press，1998，p. 5.

1983 年第 1 期，作者是大卫·贝尔韦斯、马歇尔·柯亨。最早较为系统地介绍德沃金法学思想的著作是我国法理学泰斗、北京大学沈宗灵教授所著的《现代西方法律哲学》。① 其后，国内其他的法哲学、法理学著作中均有不同篇幅的阐述与介绍。2002 年 5 月，德沃金应邀来我国清华大学、中国政法大学、复旦大学和浙江大学作过讲演，他的代表作《认真对待权利》及《法律帝国》在学界引起轰动，《清华法学》2002 年第 1 卷第 1 期就是德沃金法哲学思想研究的专号，从此迎来了国内德沃金法学思想研究的春天。之后，研究德沃金法学思想的文章与论著如雨后春笋般不断涌现。

德沃金不但是一位杰出的法学家，还是当代著名的政治哲学家和道德哲学家。德沃金从 1962 年起先后担任耶鲁大学、纽约大学和哈佛大学等著名学府的法理学与伦理学教授。伯雷对他做出这样的评价："德沃金教授对道德、法律与政治哲学之间的关系，对这 3 个研究分支与实践冲突之间的那种相互依赖性，有着精妙的理解，而这在其同代人之间是无可匹敌的。"② 毋庸置疑，德沃金在这些学术领域所达到的深度与广度，他所提出的理论与这些领域中过去的杰出理论相比，毫不逊色。加拿大学者麦克留德曾说："事实上，德沃金的著作与罗尔斯的著作同样重要，罗尔斯正义理论的各方面均已得到极其详尽的考察，而德沃金复杂且精妙的分配正义理论，不像他对法学所做的实质性的贡献，还没有受到它应有的注意。"③

在我国，随着对德沃金法学思想研究④的逐步展开，尤其是《至上的美德：平等的理论与实践》（冯克利译，2003 年）一书的出版，对德沃金平等思想的研究如雨后春笋般出现。早期比较有分

① 沈宗灵：《现代西方法律哲学》，法律出版社 1983 年版，第 239—254 页。
② Justine Burley ed. , *Dworkin and His Critics*：*With Replies by Dworkin*, Oxford：Blackwell Publishing Ltd. , 2004. p. xiii.
③ Colin M. Macleod, *Liberalism*，*Justice and Markets*, Oxford：Clarendon Press, 1998, p. 5.
④ 北京大学李晓峰博士的《美国当代著名法学家德沃金法律思想研究》、台湾地区林立博士的《法学方法论与德沃金》，都是集中对德沃金法哲学思想进行研究的较早的专著。

量的是香港中文大学哲学系石元康教授的《自由主义式的平等：德
沃金论权利》。① 另外，徐友渔教授、顾肃教授、姚大志教授在介绍
与评论西方政治哲学时也对德沃金的平等思想有所涉及。② 近年来，
有许多研究生对德沃金平等思想给予了关注并撰写了学位论文③，
如曾玉婷的《公正视角下的平等——德沃金平等理论研究》、荣子健
的《德沃金"资源平等"思想探究》、鲍盛华的《资源平等理论研
究》等。有的在此基础上出版了专著，如葛四友的《正义与运气》、
刘宏斌的《德沃金政治哲学研究》、傅鹤鸣的《法律正义论——德沃
金法伦理思想研究》、高景柱的《在平等与责任之间——罗纳德·德
沃金平等理论批判》。④ 这些研究对于介绍德沃金平等思想都很有必
要，有的研究已经达到了论证、批判与争辩的水平。例如，葛四友
认为资源平等观的论证存在着逻辑矛盾，是一种循环论证；⑤ 而高
景柱认为，德沃金的理论目标缺乏自洽性，"敏于抱负"与"钝于

① 石元康：《当代西方自由主义理论》，上海三联书店 2000 年版，第 27—57 页。
② 徐友渔：《当代西方政治哲学中关于平等的讨论》，《云南大学学报》2005 年第
2 期。
徐友渔：《关于自由和平等的当代思考》，《云南大学学报》2003 年第 5 期。
徐友渔：《当代西方政治哲学的若干理论》，《国外社会科学》2001 年第 5 期。
顾肃：《当代西方新自由主义理论》，《哲学动态》1995 年第 4 期。
姚大志：《何为正义：当代西方政治哲学研究》，人民出版社 2007 年版，第 112—151
页。
③ 曾玉婷：《公正视角下的平等——德沃金平等理论研究》，硕士学位论文，福建
师范大学，2016 年。
荣子健：《德沃金"资源平等"思想探究》，硕士学位论文，南京师范大学，
2015 年。
鲍盛华：《资源平等理论研究》，博士学位论文，吉林大学，2008 年。
以上资料均见"中国博士学位论文全文数据库"与"中国优秀硕士学位论文全文数据
库"。
④ 葛四友：《正义与运气》，中国社会科学出版社 2007 年版。
刘宏斌：《德沃金政治哲学研究》，湖南大学出版社 2009 年版。
傅鹤鸣：《法律正义论——德沃金法伦理思想研究》，商务印书馆 2009 年版。
高景柱：《在平等与责任之间——罗纳德·德沃金平等理论批判》，人民出版社 2011
年版。
⑤ 葛四友：《正义与运气》，中国社会科学出版社 2007 年版，第 84 页。

禀赋"之间会相互消解，① 其平等立场与罗尔斯的差别原则已"渐行渐远"，与诺齐克的资格理论已"渐行渐近"。② 此为德沃金平等思想的研究奠定了坚实的基础。

然而，遗憾的是，国内一些学者在对德沃金平等思想评介时，往往就资源平等理论的优劣，或者做内部批判，或者将其与罗尔斯、诺齐克等人的自由主义思想比较研究。这些研究基本上是沿着西方学者的思维进路进行研究，或者做内部批判，或者做外部批判，③ 更多的是从理论到理论，从概念到概念，就德沃金而论德沃金，就资源平等而评资源平等。关注中国现实问题的研究凤毛麟角，而从马克思主义的立场、观点、方法评析德沃金平等思想的研究也很少。

应该如何看待德沃金平等思想？这涉及如何正确对待西方文化思潮的问题。邓小平同志曾在 1983 年指出："我们要向资本主义发达国家学习先进的科学、技术、经营管理方法以及其他一切对我们有益的知识和文化，闭关自守、故步自封是愚蠢的。但是，属于文化领域的东西，一定要用马克思主义对它们的思想内容和表现方法进行分析、鉴别和批判。"④ 不然，就是一种教条主义，是"一种幼稚者的蒙昧"⑤。习近平同志也指出："对待西方经济学、政治学等

---

① 高景柱：《在平等与责任之间——罗纳德·德沃金平等理论批判》，人民出版社2011 年版，第 242—243 页。

② 高景柱：《在平等与责任之间——罗纳德·德沃金平等理论批判》，人民出版社2011 年版，第 218 页。

③ 西方学界对德沃金的资源平等理论主要是进行批判研究，包括两种批判进路：一种是内部批判，主要是在资源平等的框架内对资源平等进行批判，讨论资源平等理论的很多细节，如嫉妒检验标准、资源平等的理论目标、原生运气与选项运气的区分等，同时一些学者在批判的过程中对资源平等进行了发展以克服资源平等所面临的困境。另一种是外部批判，主要是从整体上批评资源平等，认为平等主义者既不应该追求资源平等，也不应该追求福利平等，而应该追求其他平等观。这种批判主要从运气均等主义本身是否成立的角度以及从德沃金对选项运气与原生运气区分的角度等方面对资源平等进行批判。就两种批判进路而言，以内部批判为主。参见高景柱：《在平等与责任之间——罗纳德·德沃金平等理论批判》，人民出版社 2011 年版，第 30—31 页。

④ 《邓小平文选》第 3 卷，人民出版社 1993 年版，第 44 页。

⑤ 《毛泽东选集》第 3 卷，人民出版社 1991 年版，第 820 页。

方面的理论著作和资本主义经济发展的经验，要注意分析、研究并借鉴其中于我们有益的成分，但决不能离开中国具体实际而盲目照搬照套。"① 的确如此，在评介西方自由主义思潮时，我们不能不加批判地照单全收，而要认清其阶级实质，通过理论思考加以分析。如果不顾中国基本国情，陷入盲目崇拜，甚至照搬国外经验和做法，无异于缘木求鱼，不利于我们解决中国的现实问题。因此，本书拟基于马克思主义的视角，运用马克思主义的立场、观点和方法对德沃金平等思想进行研究。

四　本书的研究框架与研究方法

本书主要分为五章。

第一章介绍了德沃金平等思想产生的理论渊源和社会背景情况。通过分析，本书认为德沃金的平等思想继承了康德的伦理思想，其中包括康德的人性公式、权利思想与平等思想；同时也是对罗尔斯平等思想中所包含的分配正义问题的回应，在某种程度上可以说，德沃金的平等思想是对罗尔斯差别原则的修正。任何一种道德理论，都取决于当时的社会经济情况，德沃金平等思想的诞生也不例外，它与新自由主义思潮的崛起密不可分，也与当时美国社会不平等的社会状况以及争取平等的浪潮息息相关。

第二章分析了德沃金平等思想的理论内涵——资源平等。德沃金是在批评福利平等观的基础上提出他的资源平等观的，资源平等观的证明方法是荒岛拍卖与虚拟保险—税收模式，德沃金通过资源平等观来实现其分配正义理念——敏于抱负而钝于禀赋。资源平等观的根据是伦理个人主义的两个基本原则：重要性平等原则与具体责任原则。资源平等观中的"资源"既包括货币之类的非人格资源或可转移资源，也包括健康和生理能力这类人格资源。德沃金利用两个区分——人格/环境、选项运气/原生运气——来划分个人责任与集体责任，人格的因素，如嗜好、抱负和信念等属于选项运气，

---

① 习近平：《坚持实事求是的思想路线》，《学习时报》2012 年 5 月 28 日第 01 版。

是个人责任的范围；人格资源与非人格资源的因素，如外在的可交换的各种物品以及人的生理能力与精神能力是环境因素，是原生运气，属于集体责任的范围。① 德沃金对于自己的资源平等观进行了自我反思。在与功利主义理论、诺齐克理论、罗尔斯理论相比较中，德沃金肯定了市场的作用，批判了福利平等、起点平等、机会平等这些流行的观点；同时，重点比较了资源平等观与罗尔斯的差别原则，德沃金认为资源平等观比差别原则更加灵敏，更为细致，更能尊重个人权利，总体上是一种非常有吸引力的分配理论。

第三章剖析了德沃金平等思想的实质是自由主义式的平等。其目的是为所有人创造出一种正义环境，从而能够让人们选择与追求各自想过的某种良善生活，并对自己所选择的生活承担责任。通过分析，本书认为，德沃金是一位温和的、乐观的、中间稍偏左的、现实的自由主义者，他对平等的强调有其积极的现实意义，但是，资源平等观是德沃金建基在抽象的原则、悬设的价值观之上的，其根基并不稳固，因此，他精心构造的资源平等观虽然理论上非常精致、细微，但一旦遇到现实生活的问题就会遭遇理论困境。

第四章评介了有关德沃金平等思想的一些理论争论，它包括德沃金与柯恩的交锋，阿马蒂亚·森的纠缠以及沃尔泽的挑战。柯恩对德沃金关于个人责任与集体责任的切割提出了挑战，他认为关于个人责任与集体责任的正确切割应该是在责任与运气之间，而不是像德沃金那样在偏好与资源之间。本书站在马克思历史唯物主义的立场上分析他们辩论的得失优劣，认为重要的是要有一个正义的社会制度，此为要求个人负责的前提，否则，德沃金既无法要求个人

---

① 需要说明的是，在资源平等观中，人格与人格资源是不一样的。广义的人格包括性格、信念、偏好、动机、抱负，同时也包括健康、体格和技能等人格资源。但是，资源平等所指的人格概念是狭义的，只是指信念、抱负、爱好、兴趣等，它要消除和降低的是人与人之间在人格资源上的差异。比如，应当致力于改善身体残疾和无力获得满意收入的人们的境况。对于人格的差异，如有些人品位高雅而有些人低俗平庸，资源平等观并不干涉。资源平等观的分配理想是敏于抱负而钝于禀赋，即反映人格的不同而弭平人格资源的差别。

为其偏好负责，柯恩也不能把许多东西归结为运气，要求集体去负责。德沃金与阿马蒂亚·森的理论纠缠的关键是"什么的平等"，德沃金主张资源平等，阿马蒂亚·森主张能力平等，两个人的理论都对弱势群体给予了极大的关注，此对于中国全面建设小康社会具有一定的参考价值。德沃金与沃尔泽争论涉及正义原则的普遍性与特殊性问题，沃尔泽坚持各领域各有自己的正义原则，因此推崇复合平等；德沃金则坚持资源平等。本书认为，正义在历史发展与人类社会生活中是具体的、实在的，而不是虚幻的、抽象的概念，实现社会正义是社会发展的基本价值目标。我们既要认识到"正义"概念的历史性、特殊性，又要承认"正义"概念的普遍性，这是一对辩证的关系。

第五章运用马克思主义方法，审视德沃金平等思想的理想性与现实性，勾画其逻辑脉络，透视其内在困境和矛盾，并以马克思主义平等观观照中国现实，进一步阐明马克思主义平等观。同时，结合中国特色社会主义进入新时代以来已经转化的新的社会矛盾——人民日益增长的美好生活需要与不平衡不充分的发展之间的矛盾，提出解决问题的4条建议：其一是认识平等的重要性，包括平等是人类社会共同追求的理想目标，是社会主义社会的本质特征，也是建设和谐社会的必然选择。其二是确立平等意识，指出我们不仅要确立身份平等意识、权利平等意识、机会平等意识（起点的机会平等，过程的机会平等，有差别的机会平等），也不能摒弃结果平等。其三是明确政府职责，指明政府应该分别要从经济、政治、教育、社会管理、政策导向等方面为公民提供平等的条件与环境。其四是加强制度建设，包括加强宪法保护制度，确保公民的权利平等；健全收入分配制度，形成合理的分配格局；完善社会保障制度，促进资源平等。

平等意味着什么？我们应该如何看待德沃金的平等思想？问题本身决定了研究方法的取舍。就本书而言，如果它始终停留在文本之中，就不可能是对德沃金平等思想的完全的解读，也不可能从总体关系的角度来把握德沃金平等思想与社会历史现实之间的内在逻辑，并做出客观的价值评判。因此对德沃金平等思想的检视与评判必须与社会、历史语境相结合，而这正体现了马克思历史唯物主义方法论本身的要求。因此，德沃金平等思想研究应该以马克思主义为指导，站在马克思历史唯物主义的平台上。

马克思主义是关于自然、社会和人类思维一般规律的科学，马克思历史唯物主义是揭示人类社会历史发展普遍规律的科学，它能为我们认识和改造世界、探索和揭示科学真理、繁荣和发展思想文化提供正确的世界观和方法论。这门科学"不过是从对人类历史发展的考察中抽象出来的最一般的结果的概括"，但这种抽象概括及其基本思想"绝不提供可以适用于各个历史时代的药方或公式"①，即它"不是教义，而是方法"②。马克思主义是我们必须坚持的指导原则，马克思历史唯物主义是本书所持的基本立场与根本方法。

首先，作为立场与方法的马克思历史唯物主义，其首要的基本原则就是实践性原则。马克思、恩格斯主张对人类历史发展及人类社会生活中现象的考察必须从现实的人的物质生产实践活动出发，认为只有立足于生产实践，立足于物质生活的生产方式，才能科学地揭示问题的起源、实质、变迁及其特点与趋势，"它不是在每个时代中寻找某种范畴，而是始终站在现实历史的基础上，不是从观念出发来解释实践，而是从物质实践出发来解释观念的形成"③。这就是说，任何观念的形成都离不开当时的社会生产实践，德沃金平等思想的形成也不例外，因此，对德沃金平等思想的研究离不开对德沃金平等思想产生的社会政治经济关系的考察，离不开对德沃金平等思想产生的特定的、具体的、社会生产实践的考察。

其次，现实性原则。具体而论，作为方法论的现实性原则是实践性原则的现实展开。马克思指出："人的本质不是单个人所固有

---

① 《马克思恩格斯选集》第 1 卷，人民出版社 1995 年版，第 73—74 页。
② 《马克思恩格斯选集》第 4 卷，人民出版社 1995 年版，第 742 页。
③ 《马克思恩格斯选集》第 1 卷，人民出版社 1995 年版，第 92 页。

的抽象物。在其现实性上，它是一切社会关系的总和。"① 马克思反对在研究中把人抽象为"物"，而要将人还原为"现实的人"。在《德意志意识形态》中他进一步指出："社会结构和国家总是从一定的个人的生活过程中产生的。但是，这里所说的个人不是他们自己或别人想象中的那种个人，而是现实中的个人，也就是说，这些个人是从事活动的，进行物质生产的，因而是在一定的物质的、不受他们任意支配的界限、前提和条件下活动着的。"② 换言之，马克思在研究社会现象时，把人置于具体的历史进程中，这样，人已经不再是理论研究的单纯客体，而成为理论研究的出发点，是社会历史的创造者和参与者，因为人不仅是社会关系的总和，也参与了这种社会关系本身的构建。对人以及社会现象的这种理解态度，乃是德沃金平等思想研究必须持有的前提，考察与评价德沃金平等思想的提出与论证，不能撇开人类生产实践的现实运动和立足于人们之间的现实的社会物质利益关系与阶级关系。事实上，作为资产阶级自由主义阵营的精英学者，德沃金的平等思想依然是资产阶级意识形态，其哲学基础是个人主义的、本质是唯心主义的，其目的是为当代资本主义政治经济制度寻找补救措施。

再次，整体性原则。马克思、恩格斯通过对社会历史现象尤其是资本主义社会进行科学的、实证的考察，揭示了社会政治现象的普遍联系，以及任何个别现象在普遍联系中的意义，从而使科学研究本身具有了批判意义。毫无疑问，这种批判性的理解是以对社会现象的整体性考察为基础的。马克思指出，人的本质在于"社会关系的总和"③，这就意味着，马克思是在总体性的意义关联上来认识人及其活动的，在此基础上也就恢复了对社会现象的整体性研究。恩格斯指出："当我们深思熟虑地考察自然界或人类历史或我们自己的精神活动的时候，首先呈现在我们眼前的，是一幅由种种联系

① 《马克思恩格斯选集》第 1 卷，人民出版社 1995 年版，第 56 页。
② 《马克思恩格斯选集》第 1 卷，人民出版社 1995 年版，第 71—72 页。
③ 《马克思恩格斯选集》第 1 卷，人民出版社 1995 年版，第 56 页。

和相互作用无穷无尽地交织起来的画面。"① 从这一角度，任何"相对简单的范畴"的历史地位都取决于社会整体的发展，并从中获得自身的意义。恩格斯从劳动的例子中总结道："哪怕是最抽象的范畴，虽然正是由于它们的抽象而适用于一切时代，但是就这个抽象的规定性本身来说，同样是历史条件的产物，而且只有对于这些条件并在这些条件之内才具有充分的适用性。"② 因此，对德沃金平等思想的研究不能用德沃金思想自身来证成，不能孤立于德沃金自身的文本解读之中，不能停留在单纯的演绎层面，不能脱离社会的、历史的发展轨道，而应该考察该时期的物质经济生活条件，否则平等思想的价值批判就完全丧失了依据。要把德沃金平等思想置于社会历史的总体关系中，放进人类文明发展的长河中，从纵向横向等不同角度加以审视、比较与甄别，也只有这样，才能真正凸显德沃金平等思想的意义，准确地评价德沃金平等思想的实质。

最后，马克思历史唯物主义的方法论与其价值立场是高度统一的，它使得科学研究与价值判断有效地结合在一起。在某种程度上可以说，对马克思历史唯物主义方法的运用与否，决定着德沃金平等思想研究的成败。

---

① 《马克思恩格斯选集》第 3 卷，人民出版社 1995 年版，第 733 页。
② 《马克思恩格斯选集》第 2 卷，人民出版社 1995 年版，第 23 页。

第一章 德沃金平等思想产生的
理论渊源和社会背景

第一节 德沃金平等思想产生的理论渊源

人类思想是一条绵延不断的洪流,任何一种思想的诞生都可以从以往的思想长河中找到线索。从理论渊源来看,德沃金的平等思想与康德、罗尔斯的平等思想是密不可分的。因此,对德沃金平等思想的研究与理解不能仅仅着眼于其思想体系本身,还要从比较的角度考察他与先贤思想的关联。

一 对康德伦理思想的继承

康德(Kant,1724—1804)是德国唯心主义哲学家、法哲学家、伦理学家等多学科集大成者,他在哲学以及伦理学方面的研究博大精深。如果按怀特海的说法,即两千多年的西方哲学不过是柏拉图哲学的一系列脚注,那么更加有必要强调的是,复杂而博大精深的康德哲学是"现代哲学的源泉"①,是整个现代西方哲学的秘密通道。作为整个人类"共享"的"公共资源",康德的以自由主体(人)为基点的义务论伦理学为德沃金自由主义式的平等思想提供了理论源泉原型。德沃金曾在 20 世纪 70 年代中期与英国广播公司主持人麦基谈话时说:"自由主义的真正父亲不是边沁,而是康德。

---

① 贺麟:《现代西方哲学讲演集》,上海人民出版社 1984 年版,第 3 页。

康德关于人类本性的概念绝不是贫乏的。"① 德沃金的确从康德那里受惠良多，康德的伦理思想是德沃金平等思想产生的源泉。

（一）德沃金的重要性平等原则深受康德的人性公式的影响

康德认为，自然界一切事物都是按照法则活动的，而只有人这一有理性的存在者才具有按照关于法则的观念而行动的能力，康德称这种法则为"绝对命令"（the categorical imperative）。绝对命令的内容是："要只按照你同时认为也能成为普遍规律的准则去行动。"② 由于规定后果产生的法则之普遍性构成广义上的自然，因此，普遍的义务命令也可以这样表示："你的行动，应该把行为准则通过你的意志变为普遍的自然规律。"③ 在康德的哲学术语中，意志是指决定自身按照某种法则的观念去行动的力量，这种力量只存在于理性的存在者——人之中。行为人自决的主观基础而为意志服务的东西就是目的。康德强调："人，一般来说，每个有理性的东西，都自在地作为目的而实存着，他不单纯是这个或那个意志所随意使用的工具，在他的一切行为中，不论是对于自己还是其他有理性的东西，任何时候都必须当作目的。"④ 因此，绝对命令又可表示为"你的行动，要把你自己人身中的人性和其他人身中的人性，在任何时候都同样看作目的，永远不能只看作手段"。⑤ 这句话就是人们熟知的人性公式或人道主义原则，它是制约每个人行为自由的最高原则。

康德的这一道德原则有两方面的内涵：肯定的一面是，一个人必须永远被尊为一个自主者，就是把他作为具有自我的内在价值的人来对待，他不必为他人具有内在价值。否定的一面是，绝不把一

---

① 布莱恩·麦基：《思想家：与十五位杰出哲学家的对话》，生活·读书·新知三联书店 2004 年版，第 324 页。
② 康德：《道德形而上学原理》，苗力田译，上海人民出版社 2006 年版，第 38—39 页。
③ 康德：《道德形而上学原理》，苗力田译，上海人民出版社 2006 年版，第 39 页。
④ 康德：《道德形而上学原理》，苗力田译，上海人民出版社 2006 年版，第 47 页。
⑤ 康德：《道德形而上学原理》，苗力田译，上海人民出版社 2006 年版，第 47 页。

个人仅仅当作一种手段来对待，他不仅不能被任意地杀害，他的生命也绝不能遭受不必要的危险；他的行为自由绝不能受到专横干预，他绝不能受到无故侮辱和羞辱，他绝不应该遭受无端的暴力，他必须总是获得公平和体面的对待……这样，尊重生命、免受专横干预的自由和礼貌就成了共同道德的原则。把人当作目的而不是手段的道德原则应用到社会中去就是：一个人应该把别人当作目的而不是手段，所以说对人的尊重是一项绝对命令。

德沃金平等对待人和把人当作平等者来对待的思想与康德的把人当作目的而不是手段的思想是相通的。康德把人当作目的而不是手段以及对人类尊严的思想可以说是德沃金重要性平等原则产生的源泉，重要性平等原则是德沃金伦理个人主义的两个原则之一，它强调每一个人都是重要的，且是同等重要的，这一点，并不因为年龄、种族、性别、信仰的不同而有差别。因为生命具有神圣的内在价值，因此应该平等地对待人。德沃金承认，人类尊严的观念"是和康德联系在一起的……这个观念认为，承认一个人是人类社会的完整成员，同时用与此不一致的方式来对待他，这样的对待是极不公正的"。①

康德是自由主义者，也是个人主义者，德沃金在这一点上与康德是一致的，但是在理论上，康德是理想主义的，而德沃金是现实主义的。② 康德普遍化的道德标准依赖于某种先天的道德预设或德行原则，这种先验的道德预设内涵着人格的纯粹理性化或绝对理想化倾向，它使个体仅仅成为一个"理性存在物"，而由个人意志自

---

① 德沃金：《认真对待权利》，信春鹰、吴玉章译，中国大百科全书出版社 1998 年版，第 262 页。
② 2002 年 5 月，德沃金在复旦大学逸夫楼演讲时，与会者问及他与康德的区别。德沃金回答说："康德是自由主义者，在这一点上我与他是一致的。另外，康德信奉个人主义的政治观，他主张人是目的，不是手段，所以个人不是集体的工具。在这一点，我与他的政治信仰也是一样的。但是康德是 18 世纪的学者，我是 21 世纪的人，我们面对着不同的问题。另外，康德是建构主义的，而我则是现实的自由主义者，是一个道德的现实主义者。"参见德沃金等：《德沃金复旦大学讲学纪要》，朱伟一等译，载许章润编《认真对待人权》，广西师范大学出版社 2003 年版，第 184 页。

由扩展的绝对命令实际上也只有无视人的感性需要与幸福才能保持义务的纯粹性与绝对性，它一方面否定了个体的现实自由，另一方面也损伤了德行存在的主体根据。德沃金在这方面超越了康德，德沃金是一名现实感很强的学者，他的作品大都是针对美国现实问题的敏锐回应，他所提倡的"自由、平等、权利、原则"等抽象范畴都结合美国社会许多事件予以展开并加以论证，目的是反击日益蔓延的法律怀疑主义、道德相对主义、庸俗的经济决定论等思潮。他主张：对于政府而言，政府具有平等地关怀与尊重每一位公民的义务，而且不得损害公民的自由。这是多元的社会客观存在着的价值共识，而这种共识正是一个国家、一个社会得以生存和发展的坚实基础。对于公民个人而言，所有的人都有平等的权利。这种平等的权利体现在所有的人在政治上都能自由地选择与决定自己的良善生活，而民主制度能够保障这种权利，在某种程度上，自由也就意味着平等，没有资源的平等，自由便会成为资源垄断者的特权。

（二）德沃金关于少数人权利的思想深受康德权利平等观的影响

受自然法的影响，康德认为人生而自由并且人人平等。康德的"权利"概念的具体内容是什么呢？康德在《法的形而上学原理——权利的科学》一书中论述了关于人权的内容。他说："只有一种天赋的权利，即与生俱来的自由。"① 他认为："自由是独立于别人的强制意志，而且根据普遍的法则，它能够和所有的人的自由并存，它是每个人由于他的人性而具有的独一无二的、原生的、与生俱来的权利。当然，每个人都享有天赋的平等，这是他不受别人的约束的权利，总之，人应该是他自己的主人。人，有一种公正的品性，自然地作为无可怀疑的权利。因此，人生而自由、平等这种权利是天赋的、无可怀疑的。"② 这段话说明：公民个人有能够按自己的意愿而行动的外在的自由，不受任何强制。所有的社会成员都

---

① 康德：《法的形而上学原理》，沈叔平译，商务印书馆1991年版，第50页。
② 康德：《法的形而上学原理》，沈叔平译，商务印书馆1991年版，第50页。

是人，都有同样的自由选择的能力，因此，外在的自由应当在社会成员中平等分配，每个社会成员都应当具有相同的自由权利，国家臣民在法律面前一律平等，没有人应当拥有法律上的优先权。可以说，这段话内在地包含着平等的原理。

康德虽然没有区分多数人和少数人权利之间的关系，但是康德权利平等的观点极大地影响了德沃金。德沃金认为："如果说，一个人享有在强硬意义上的反对政府的基本权利，如言论自由；如果这个权利对于保护他的尊严，对于保障他得到平等关心和尊重的地位，对于保障他的其他类似后果的个人价值是必须的，那么，这个说法就是有意义的，否则就是没有意义的。"[①] 可见，德沃金也是从人的尊严这个角度来看待人的基本权利的，体现在现实中就是，为了尊重和维护一个人的权利，就必须把一个人当作人看待，不能随便地限制公民的权利，除非遇到下列三种情形："第一，政府可能证明，在这个边缘案件中，最初的权利所保护的价值并不真正处于危险状态，或者只是形式上有某种危险。第二，政府可能证明，如果这项权利的内容包括这一边缘案件，那么，我在前面所论述的强硬意义上的与之对立的权利就可能被侵犯。第三，政府可能证明，如果权利是如此定义的，那么社会的代价不仅会越来越多，而且可能超过最初承认权利时所付出的代价，这个代价可能达到证明任何侵犯人的尊严和平等为合理的程度。"[②] 显然，德沃金认为除非出现了上述情形，否则不能剥夺公民的任何一项基本权利。因此权利制度是至关重要的，尤其是对少数人权利的尊重和承诺。德沃金的一句名言是："如果政府不认真地对待权利，那么它就不能够认真地对待法律。"[③] 可以说，在某种程度上，德沃金关于少数人权利的观

[①] 德沃金：《认真对待权利》，信春鹰、吴玉章译，中国大百科全书出版社 1998 年版，第 256 页。

[②] 德沃金：《认真对待权利》，信春鹰、吴玉章译，中国大百科全书出版社 1998 年版，第 264 页。

[③] 德沃金：《认真对待权利》，信春鹰、吴玉章译，中国大百科全书出版社 1998 年版，第 270 页。

点与康德权利平等观点是一脉相承的。

同时，康德先天论的方法也极大地影响了德沃金。在康德的先天论里，全部的道德概念都先天地坐落在理性之中，不但在高度的思辨上是这样，在最普通的理性上也是这样，和在摄影机的暗箱里一样，主观和客观是颠倒的，由理性不待经验而创制的道德规律，与自然规律没有什么两样，是客观的，是普遍必然的，是不证自明的。① 德沃金也认为公民获得平等的关心和尊重的权利也是基本的和不言而喻的。② 这里不得不提的还有德沃金在浙江大学演讲时对林来梵教授提问的回答，林教授问："罗尔斯虚拟了一个无知之幕，而您所谓的权利是没有提到起源的，这是我想知道的。"德沃金的回答："很难回答，也不需要回答，正如孩子问母亲自己是哪里来的这样的问题一样"，"如果一定要回答的话，我想说是自尊，自尊是权利的来源"。③

（三）康德与德沃金共同关心的主题：把公民当作平等者来对待

康德是自由主义者，德沃金也是自由主义者，他们俩共同关心的一个问题是：如何把公民当作平等者来对待？这一点，德沃金与康德是一致的。在康德看来，公民自由的原理本身就内在地包含着平等的原理，公民自由原理的目的是确立个人自由的范围，在这个范围内，个人能够按自己的意愿而行动，不受任何强制。这里涉及的是人的外在行为的自由。所有的社会成员都是人，都有同样的自由选择的能力，因此，外在的自由应当在社会成员中平等分配，每个社会成员都应当具有相同的自由权利，国家臣民在法律面前一律平等，没有人应当拥有法律上的优先权。德沃金在《原则问题》中指出："对政府来说，将其公民作为平等的人来对待意味着什么？

---

① 康德：《道德形而上学原理》，苗力田译，上海人民出版社 2006 年版，第 19 页。

② 德沃金：《认真对待权利》，信春鹰、吴玉章译，中国大百科全书出版社 1998 年版，第 10 页。

③ 德沃金等：《德沃金复旦大学讲学纪要》，朱伟一等译，载许章润编《认真对待人权》，广西师范大学出版社 2003 年版，第 190 页。

我认为，这个问题与以下问题是相同的：对政府来说，将其所有公民作为自由的人，作为独立的人，作为具有相同尊严的人来对待意味着什么？无论如何，至少自从康德以来，这个问题在政治理论中一直居于核心地位。"① 由此可见，德沃金关于把人作为平等者的考虑是承接康德的自由主义思想的。

但是，在康德生活的时代，欧洲的大部分地区仍然处于封建或半封建的状态，世袭特权仍然在社会上大行其道，因此，康德在阐述平等的原理时，也受当时社会状况的影响，试图以一种不直接威胁和削弱世袭君主和贵族权力的方式来阐述他的平等概念，他不想去触动现有的秩序。因此，康德在阐述平等思想时，小心翼翼地把国家领袖和国家的臣民区别开来，认为平等只是就臣民而言的，主权者有权超越法律之上，他指出，作为国家的臣民，每个人"生来的权利"是彻底平等的，"因此，共同体的一个成员作为同胞臣民，对于另外一个就不能有生来的优先权，而且也没有人可以让自己的后代来世袭自己在共同体中所占有的地位上的优先权，因而仿佛是由于出生就有资格享有统治地位的样子，也不可能强行阻止他人凭自己的贡献去取得更高的级别"。② 但是，主权者不是共同体的一个成员，而是它的创造者和守护者，"唯独他才有权强制别人而本身却不服从强制法"。③ 事实上，康德时代两大世界性的政治事件——美国独立战争和法国大革命，都把人生而平等作为自己的口号，它们所宣传的平等是自然的、在上帝面前的平等，革命者的平等是要推翻当时的殖民统治与封建君主专制制度，建立资本主义制度。康德是不赞成暴力革命的，他对法国大革命的态度充满同情，但他推崇的是自上而下的改良，反对的是自下而上的暴力革命。他认为人民在以暴力方式追求自己的权利时，在道德上是站不住脚的，是失去了所谓的"公义"的。由此可见，康德的平等观并不是完全的、

---

① 德沃金：《原则问题》，张国清译，江苏人民出版社 2005 年版，第 249 页。
② 康德：《历史理性批判文集》，何兆武译，商务印书馆 1990 年版，第 185 页。
③ 康德：《历史理性批判文集》，何兆武译，商务印书馆 1990 年版，第 183 页。

真正的平等，只是形式上的平等、法律上的平等，即作为同一主权者的臣民的平等；而对于统治者，即使君主破坏了法律，滥用了权力，臣民仍无反抗的权利。在君主国中，要想实现共和体制，唯一合法的道路就是君主本人渐进的改革。因此可以说，在政治观上，康德应该算是改良派。

在这一点上，德沃金与康德有些相似，德沃金认为美国宪法是一部保障与实现公民个人自由与平等权利的"自由的法"，关键是如何对它进行"道德解读"，尽管他主张个人有反抗政府的道德权利，强调公民可以在美国现有法治下"善良违法"，但绝不是颠覆美国政府的现有体制。香港大学法学院陈弘毅教授在 1997 年《中国法学》第 3 期发表的《当代西方法律解释学初探》一文，其中谈到了德沃金的"建设性解释"和"整合法学"的理论，他认为："德沃金不是自然法学者①，不相信法学或正义的原理存在于宇宙和真理的结构之中。他所相信的原理乃是蕴藏于、隐含于、内在于一个社会共同体（主要是指各西方自由主义民主宪政国家）的历史文化传统、道德信息、政治制度和法制实践之中的。"这可以说是对德沃金理论的一种较客观的评价。

德沃金与康德都赞成把公民作为平等者来对待，都认为人的地位、影响力和财富，必须只通过自己的努力得来，不能是由于出生的幸运，不能是由于世袭的特权等偶然因素来获得。但是在怎样才

---

① 对于德沃金是否该归属于新自然法学派，理论界意见不一，香港大学法学院院长陈弘毅先生认为，德沃金的法学说不属于自然法。德沃金本人也表示否认。著名法理学家沈宗灵先生对此说法予以了肯定，认为"这是对德沃金理论的一种较客观的评价"。但是，国内外大多数学者的分类习惯还是把它划为自然法学派。美国华盛顿大学哲学博士埃尔尼·希曼在《当代美国自然法理论走势》一文中明确地将德沃金指称为自然法学者。英国学者 J. W. 哈利斯在《德沃金的权利命题》一文中也认为德沃金属自然法学者。张文显先生在其《二十世纪西方方法哲学思潮研究》一书中就将德沃金称为复兴自然法的代表人物；香港石元康先生在其《当代西方自由主义理论》一书中亦有此说。此外，在朱景文主编的《对西方法律传统的挑战——美国批判法律研究运动》和《当代西方后现代法学》、曹刚著的《法律的道德批判》、李道军著的《法的应然和实然》等诸多著作中，均将德沃金归为自然法学派或新自然法学派。参见博鹤鸣：《论法的合法性》，博士学位论文，复旦大学，2004 年，第 168—172 页。

能把公民作为平等者来对待这个问题上，德沃金与康德的认识是不同的。

对康德来说，自然的和经济上的不平等是不可取消的，一个人的自然能力应当决定他在社会中的地位和级别，这实际上也是一件好事。首先，康德肯定财产权。在他看来，如果不允许人们拥有应当属于自己的东西，社会就不会有安宁和稳定，公民社会中现实的不平等并没有破坏不平等的先天原则。"一个人的福祉就十分有赖于另一个人的意志（穷人有赖于富人），以至于一个人必须俯首听命（像孩子听命于家长，妻子听命于丈夫），另一个人则对他发号施令，一个人（作为雇工）服役，另一个则雇佣，等等。然而，他们作为臣民却是大家彼此平等的。"① 当然，康德并没有看到允许财富积聚实际上对于那些出身不好但努力且有才华的人是不公平的，财富的悬殊并没有给人们提供一个起点平等且可以自由竞争的正义环境。其次，康德认为，公民能力存在差异，而这种差异是国家不能取消的。追求财富是推动文化发展的动力，是应当受到鼓励的。能力较强者在追求财富上的成功可以鼓励那些不那么能干的人，使他们尽可能地发挥自己的才智；反过来，较为平庸的人所取得的成就又会刺激那些有才华的人更加努力进取。这种竞争的方式可以有力地推动社会的进步。再次，政治上的不平等与私有财产权有关。一个人是否拥有投票权，要看"臣民是否是其自身的主人，因而可以享有某些财产（任何技能、手艺或美术或科学都可以算计在内）可以养活自己"②。与同时代那些提倡精英政治、鄙视下层民众的人不同，康德的观点是，没有一定财产的人难免依附于他人从而无法表达自己的政治观点。总之，对康德来说，平等只是形式上的，而不是实质上的。

---

① ［德］康德：《历史理性批判文集》，何兆武译，商务印书馆1990年版，第184页。

② ［德］康德：《历史理性批判文集》，何兆武译，商务印书馆1990年版，第188页。

在这一点上，德沃金显然与康德的观点大相径庭，因为德沃金追求一种实质上的平等。德沃金认为，"政府对其域下的公民予以平等的关切"除了从一般权利这一角度进行肯定外，关于"平等的关切要求的是什么"这个问题还必须从经济的维度进行考察，否则它的平等关切就值得怀疑，因为"财富的分配是法律制度的产物"①。因此，"平等的关切要求政府致力于某种形式的物质平等，我把它称为资源平等（equality of resources）"②。德沃金始终没有严格定义或说明"资源"概念，他仅是一般性地将其分为人格资源（personal resources）和非人格资源（impersonal resources）。德沃金假定："资源平等就是在个人私有的任何资源方面的平等。"③德沃金讨论的是在市场经济私有制条件下，政府应如何做出一种政治法律等制度的安排，以使社会成员之间达致经济利益方面的分配平等，换言之，政府应该保障社会成员在可自由利用的资源上处于平等地位和同一起跑线上，这不仅体现在初始分配点上的平等，而且体现在再分配的过程中的平等。

必须指出的是，在平等问题上，康德与新兴中产阶级的要求是一致的，对他们来说，平等主要是指机会平等，而不是地位平等。在康德看来，对于雇工与农奴等，经济上优越的公民"不得禁止这些人也上升到同样的境况，假如他们的才智、勤奋和幸运使他们有此可能的话"④。因此，康德主张社会应当对所有人一视同仁，主张能人统治。他认为阻止社会底层向高层流动不仅有害于个人，而且有害于整个社会。平等机会的存在，对于社会的繁荣是至关重要的。康德希望利用合法手段实现机会平等，但是康德没有

① 德沃金：《至上的美德：平等的理论与实践》，冯克利译，江苏人民出版社 2003 年版，第 1 页（导论）。
② 德沃金：《至上的美德：平等的理论与实践》，冯克利译，江苏人民出版社 2003 年版，第 4 页（导论）。
③ 德沃金：《至上的美德：平等的理论与实践》，冯克利译，江苏人民出版社 2003 年版，第 67 页。
④ 康德：《历史理性批判文集》，何兆武译，商务印书馆 1990 年版，第 186 页。

看到：一个人的机遇如何，总存在许多他自己无法决定的偶然因素的影响。

相较而言，德沃金则更多地关注到了偶然因素在分配中的影响。德沃金的理论就是要排除分配中的各种偶然因素，这种偶然因素既包括家庭出身的偶然，也包括智商高低的偶然。根据德沃金所提倡的伦理个人主义的个人责任原则，家庭出身、天赋等这些偶然性因素其实不是个人所选择的，而是一种"恶劣的运气"，个人没办法对其负责。如果按照德沃金所提倡的资源平等观，为了消解这些坏运气所带来的不平等，每一个人都应该选择虚拟"投保"，投保以后的个体就可以也应该承担一切命运的安排。这样分配就可以保证遵循伦理个人主义具体责任原则。当然，德沃金虚拟保险市场的方案未必能够保证"敏于抱负而钝于禀赋"的分配原则，在实践中也遭遇重重困难。但是他就此问题付诸的努力却是值得称道的。

总之，德沃金的平等思想继承了康德的伦理思想，他们都强调人的尊严，强调把人作为平等者来对待，认为人具有与生俱来的平等权利，不同的是，德沃金更强调少数人的权利，这一点与罗尔斯倒是如出一辙。

二　对罗尔斯平等观的修正

罗尔斯的《正义论》是新自由主义的兴盛标志，也是当代政治哲学的理论原点。罗尔斯的辩论对手诺齐克曾说："要么必须在罗尔斯的理论框架内进行思考，要么必须解释不这么做的理由。"[1] 金里卡也说："如果我们不能够理解罗尔斯，我们也就不能够理解其他后续的正义理论。"[2] 因此，研究德沃金的平等思想离不开对罗尔斯平等观的考察。而事实上，德沃金的平等思想也正是对罗尔斯的平等观中所包含问题的回应，从这个角度看，罗尔斯的平等观促成

---

[1]　诺齐克：《无政府、国家与乌托邦》，何怀宏等译，中国社会科学出版社1991年版，第187页。

[2]　威尔·金里卡：《当代政治哲学》（上），刘莘译，上海三联书店2004年版，第103页。

了德沃金平等思想的诞生。

（一）罗尔斯的平等观及其论证

罗尔斯的思想被称为是一种自由平等主义。罗尔斯的正义论捍卫了自由主义极力声张的个人自由与权利，但其正义论的平等倾向非常鲜明，罗尔斯关于两个正义原则（平等的自由原则、公平的机会平等与差别原则）的论述突出地强调了平等的价值。他主张公民的政治权利应该完全平等；公职和社会职位不仅形式上要向所有人开放，而且所有人都应该有获得它们的公平的机会；经济利益分配尽管不能完全平等，但也要符合最不利者的最大利益，否则这种不平等是不能被允许的。

一个良序、正常的社会为什么需要正义原则来指导其制度安排？这是罗尔斯首先回答的问题。在罗尔斯看来，一个良序社会应该是一个公平合作的体系。要实现持久的公平合作、长治久安，就必须关注社会的不公平、不平等的产生，并用正义的制度去修复它。社会不公可能产生于两种因素：一种是自然的因素，包括个人的智商、体力、健康程度等；另一种是社会的因素，包括种族、阶级、性别和其他社会关系等。但无论哪种因素，对于一个人来说，它们都是偶然的，都是无法选择的。按照罗尔斯的观点，我们不是要消除一切不平等，只是要消除那些不应得的不平等。他实际上承认这样一个观念："个体对各种社会益品的不平等占有是公平的，如果这些不平等源于个体的努力并且的确应该被这些个体所享有，也就是说，这些不平等是个体的行动和选择的结果。但假如个体仅仅因为他们在社会境况中的任意和不应得的差异，就据此获得特权地位或被置于不利地位，就是不公平。"① 实际上，罗尔斯赞成公平的分配应该"钝于禀赋，敏于志向"。既然是人类社会——不是动物社会，分配的份额就不能简单地由个人所不能决定的偶然因素所决

① 威尔·金里卡：《当代政治哲学》（上），刘莘译，上海三联书店2004年版，第110页。

定，而应该主要由一个人自己的选择和努力所决定，这似乎是一个深思熟虑的"定点"。上述的自然因素和社会因素都不是个人选择的结果，而是人生随机遭遇的偶然因素，恰如中国南北朝时期著名无神论者范缜所言：一树桃花随风飘落，有的落到庭堂，有的落到茅厕，这个根本上是偶然的事情，非桃花所愿。从伦理学的角度看，偶然的因素无所谓道德不道德、公平不公平，它们既不是道德的、公平的，也不是不道德的、不公平的，只有出于人的选择的行为才能用道德词汇来评判。人类社会既然是一个道德的文明社会，不是一个弱肉强食的野蛮社会，社会就应该通过正义的原则和制度安排去修正这种偶然因素带来的不平等，不要让人的命运任由这种偶然因素摆布。如有个人出生时就有残疾，行动不便且智商低下，这种自然不平等所造就的不幸，社会应该采取某种措施来补偿这种不幸。同理，有个人出身名门且智慧绝伦，这种运气也是偶然的，是他所不应得的，社会分配也不应当依赖于这种偶然幸运就给予他更多。

如何才能达致平等呢？罗尔斯提出的是社会基本结构的两个正义原则，这正是罗尔斯在《正义论》中通过复杂的论述要证明的东西，也可以说是罗尔斯终其一生要追寻的东西。关于两个正义原则，经过罗尔斯若干次反思平衡①后，表述如下。

（1）每一个人对于一种平等的基本自由之完全适当体制（scheme）都拥有相同的不可剥夺的权利，而这种体制与适于所有人的同样自由体制是相容的。

（2）社会和经济的不平等应该满足两个条件：第一，它们所从属的公职和职位应该在公平的机会平等条件下对所有人开放；第

---

① 所谓反思平衡，就是把各种判断、原则进行反复比较，当它们之间有冲突的时候，我们就对它们做一些限制、修改，最终实现所有判断和原则之间的融贯。这样一个过程和结果就是反思平衡。

二，它们应该有利于社会之最不利成员的最大利益（差别原则）。①

罗尔斯的正义原则，实际有三条：一个是关于基本权利（基本自由）的；一个是关于社会职位的，如职业、职位、机会等；一个是关于经济利益的。罗尔斯之所以称其为两个正义原则，是因为他认为对正义原则需要进行排序，不应该随意罗列。这些正义原则是关于人的生活中不同的"基本善"（primary goods）的获取规则，对于一个人的生活来说，不同的基本善所起的作用不同，重要性不同，而且它们之间也是相互关联的。在一个良序社会，自由只能因为自由而受到限制，基本权利不能受制于社会职位、经济利益等，相反只有人们拥有了基本权利才可以为社会职位的获得和经济利益分配定下合理的规矩，人们不会拿基本权利来换取经济利益，因为失去了基本权利，也就失去了主张自己经济利益的正当、合理的渠道，因此，关于基本权利的正义原则应该放在第一位，优先于其他基本善的正义原则。第二个正义原则实际有两条，罗尔斯将其合并为一条，是因为这两条原则都受制于第一条正义原则。不过，这两条原则的表述看起来有些奇怪，因为它们都探讨的是不平等的安排，而不是应该如何平等。事实上，罗尔斯的这个原则正是关于不平等的限度的原则，而不是关于平等的安排的原则。这符合自由主义的思路，即"消极自由"的思路，在自由主义者看来，政治社会只能为人们或组织的行为设定底线，明确它不能做什么，至于它能做什么、做到什么程度、以何种方法做，这些只要不突破底线（不

---

① 罗尔斯在 1971 年的 *A Theory of Justice* 中的原文是 "Each person is to have an equal right to the most extensive total system of equal basic liberties compatible with a similarsystem of liberty for all." 罗尔斯在 *Justice as Fairness—A Restatement* 中主要对该原则做了修改，重新表述如下：（a）Each person has the same indefeasible claim to a fully adequate scheme of equal basic liberties, which scheme is compatible with the same scheme of liberties for all；（b）Social and economic inequalities are to satisfy two conditions：first, they are to be attached to offices and positions open to all under conditions of fair equality of opportunity；and second, they are to be to the greatest benefit of the least – advantaged members of society（the difference principle）.

罗尔斯：《作为公平的正义——正义新论》，姚大志译，上海三联书店 2002 年版，第70 页。

平等的界限），都留给个人和组织去自由决定。

罗尔斯对其正义原则的论证非常复杂。我们看到《正义论》中使用的是一个论证方法的群，而不是某一个论证方法。贯穿所有论证的一个总体思路或主线是"反思平衡"方法，这个概念意味着整个论证是一个不断反思、不断修正的过程，是通过各种理由的反复考量，从不同角度为两个正义原则及其排序提供合理性的辩护。其中最重要的论证方式是在原初状态进行的论证，按照罗尔斯的说明，这一在原初状态进行的论证，是对近代契约论的模仿和提升。在罗尔斯看来，对于论证社会制度安排的合理性、公平正义性来讲，还没有比基于"一致同意"而达成的契约式论证更好的办法，问题只在于"一致同意"需要建立在理性、自由（无强迫）且无个人偏好的基础上。

罗尔斯的契约论论证就是这样一种复杂的论证设计、一套思想试验。德沃金曾经激烈地批评过罗尔斯的证明方法，认为没有必要且多余。罗尔斯的契约论论证的关键是设计一个类似于商谈的场景，在这种场景中，参与商谈的人们不知道自己的出身、地位、能力、智商、体力、特长等，因为知道这些内容就会影响自己判断的公平性。但这些人必须具备一些基本的公共知识，如什么是基本善等，他们也知道商谈的结果不能更改，不能后悔和毁约，因此他们是认真的。这种场景就是所谓的"原初状态"（original position），这里的"原初状态"是指选定正义原则的最初状态、最初出发点（或立场），而不是传统契约论的"自然状态"，自然状态里人的信息是已知的，而原初状态的最大特点是由一张"无知之幕"（veil of ignorance）来保证商谈者具有不偏不倚性，即公平性。这张无知之幕足够厚实，屏蔽了选择者的所有关于自己的优势、劣势的信息，以免他选择对自己有利的选项，但它又足够透明，保证选择者是理性的、有选择能力的。

当把人们置于这种原初状态时，他们会共同选择什么样的正义原则作为社会制度设计的指导呢？换句话说，他们会就正义原则达成一种什么样的一致意见呢？这是整个论证的核心问题。根据罗尔斯关于理性人的假设，他们当然会选择最有利于自己的原则，但是他们又不会拿自己的利益去冒险、去赌运气，因为他们不知道自己的运气如何，在这种情况下，他们会采纳"最大最小值规则"（maximin rule）来做选择。所谓"最大最小值规则"，就是按照最坏的情况下的最大获益来选择。罗尔斯认为这是最为理性的选择。按照这一规则，人们不会选择平均功利原则——社会成员的平均福利最大化原则。他们会选择基本自由的优先性原则，因为只要在一个良序的社会中，人们就"绝不会将他们的基本权利和自由置于危险之中"①，也不会拿自己的基本权利和自由去换取物质利益，这看起来既冒险，又不必要。他同样不会选择平均功利原则，因为一方面，平均功利原则违反了公平合作社会条件下的互惠性的观念，而只是一个获益上的平均主义措施，因而会削弱增进社会总体利益的动力。处于原初状态下为未来选择正义原则的人们会严肃地认识到，这是一个无法持续下去的原则。他们知道某些不平等不仅是可以容忍的，而且是增进各自利益所必需的。另一方面，平均功利原则是一个具有风险的原则，选择者可能就是需要牺牲自己利益的人，他必须问问自己是不是愿意，不管自己有什么天赋、付出怎样的努力，基本益品都一律按照平均功利最大化来分配。这样看来，在经济利益上，平均功利原则也不是一个理性的选择。

那么，在原初状态的无知之幕下，理性选择究竟会是怎样的呢？罗尔斯的推断是，他们在经济利益分配上也会选择差别原则，因为差别原则保证了两点：他如果是一个最不利者，那他能获得作为不利者的最大利益；他如果是一个成功人士（更有利者或更大受惠者），他同样能获得比别人多的基本善（基本益品）。"假设两个原则是一个人将选择来设计这样一个社会的原则——在这一社会里，

① 罗尔斯：《作为公平的正义——正义新论》，姚大志译，上海三联书店2002年版，第166页。

将由他的敌人把他的地位分给他。"① 因此，采纳"最大最小值规则"策略才是理性的，也就是说，要使自己在最小或最坏情况下的所得最大化。

以上只是对罗尔斯正义原则论证的一个最简单展示。正因为简单，所以不可避免会丢失许多信息，从而容易造成很多歧义，但我们希望这个展示不会曲解罗尔斯的真实意图。罗尔斯的社会契约论本身是争议很多的一个论证。许多学者在这方面提出了富有意义的批评。其一，这个论证的基本前提是：我们在自然天赋中的偶然处境从道德角度看是任意的。这个论证的结论是：分配应该进行，仅当最不利者应该从分配中收益时，所有这些不平等都必须有利于最不利者。罗尔斯的这个推论正确吗？针对此，金里卡发问："如果我既不生于一个特权社会群体，又没有任何特殊天赋，但却靠着自己的选择和努力获得了多于他人的财富，这种情况应该如何对待呢？"② 显然，罗尔斯的论证中，并没有解释为什么差别原则适用于"一切不平等，而不是仅仅适用于源于道德任意因素的不平等"。③ 其二，许多人对原初状态的个人身份提出了异议：一个人怎么可能对自己的身份一无所知？事实上，罗尔斯的原初状态与无知之幕只是一种假设，它与个人身份的理论无关，它类似于这样一种情况：为了确保对蛋糕的公平划分，就要求切蛋糕的人不知道自己将要得到哪一块。因此，罗尔斯的论证并不是从假想的契约中推出某种确定的平等观，而是为了表现某种平等观，找到一个社会正义制度的解决方案。其三，这只是理性人的一种理想化的、保守的选择，很多时候，人们的选择总是稀里糊涂的，有的人甚至会做出冒险的选择。金里卡认为罗尔斯的论证中处于无知之幕下的个人未必会选择

---

① 罗尔斯：《正义论》，何怀宏、何包钢、廖申白译，中国社会科学出版社1998年版，第151页。

② 威尔·金里卡：《当代政治哲学》（上），刘莘译，上海三联书店2004年版，第113页。

③ 威尔·金里卡：《当代政治哲学》（上），刘莘译，上海三联书店2004年版，第113页。

差别原则，"差别原则只是当事人在原初状态下可能选择的若干原则的一种"①。其四，原初状态和无知之幕的思想试验内含着一种不当的道德平等观。托马斯·斯坎伦（Thomas Scanlon）认为，原初状态和无知之幕的思想试验内含着一种不当的道德平等观，因为无知之幕下的人之所以关注他人的利益，实际上是为了自己的利益。②因此，原初状态的装置其实是一场精明的利益计算装置，这样，"人是目的"的道德理念就被遮蔽了。

（二）德沃金的批评与修正

作为新自由主义的代表人物，德沃金在基本思想上与罗尔斯应该是一致的。两人都是以康德的道德哲学为其理论源头，并都诉诸"人是目的而不能被看作手段"的人性公式；两人都以个人主义为其哲学基础，都坚称自己的理论属于"义务论"，并都坚决反对功利主义；两人都对现行的民主制度予以认可，并作为其政治哲学的制度背景而存在于哲学之中；两人都主张国家对社会资源进行再分配以促进社会平等；两人都主张捍卫自由正义、维护个人权利、平等地对待人，尤其是尊重少数人的平等权利。但是罗尔斯认为自由位于权利阶层的最高位，德沃金认为平等才是最高价值，平等才是自由主义的原动力，捍卫平等也就是捍卫自由。个人所拥有的权利不可因社会公共福利让步或者减少，"如果某人对某物享有权利，那么政府要剥夺他的此项权利就是错误的，即便这样做有利于一般利益"③。虽然二者有如此多的共同点，但德沃金并不完全赞同《正义论》的观点。

德沃金对罗尔斯的批评主要集中在论证方法上。罗尔斯的想法是，处在原初状态与无知之幕下的一群理性人一定会同意他的两项

---

① 威尔·金里卡：《当代政治哲学》（上），刘莘译，上海三联书店2004年版，第122页。

② 威尔·金里卡：《当代政治哲学》（上），刘莘译，上海三联书店2004年版，第130页。

③ 德沃金：《认真对待权利》，信春鹰、吴玉章译，中国大百科全书出版社1998年版，第269页。

正义原则作为社会首要的制度。在《认真对待权利》一书中，德沃金发出疑问：罗尔斯的"这群人"聚集在一起签订社会契约，他们一定会选择罗尔斯的两个著名的正义原则吗？首先，罗尔斯得保证"这群人"的自我意识一直处于模糊状态，一旦无知之幕被拉开，他们清楚了自己的身份、个性、能力等信息，就很可能去做别的非保守的选择。其次，罗尔斯的思路是，一群人将通过契约约定来达致两个正义原则。德沃金反驳说，契约毕竟是虚拟的、假定的。一个假定的契约根本就不是一个实际契约的简单形式，根本就不能算作一个真正的契约。[①] 我们不能因为一个假定的契约就认为真实情况下人们也会同意那两项正义原则。德沃金的意思是要区分人们的预期利益与实际利益。

其实，无论是罗尔斯还是德沃金，他们都反对道德上任意的、偶然的、由出身等运气决定的分配。罗尔斯与德沃金都坚守了自由主义的传统原则，即保证每一个个体具有选择自由权，并为自己的选择承担后果。至于那些造成不平等且又不能由个体所自由决定、所选择的偶然因素，社会分配则应该消除它或者补偿它。在德沃金看来，差别原则没有彻底贯彻责任原则，差别原则的要求与个人自由选择原则之间存在着一种紧张关系，这也是德沃金对罗尔斯正义原则的最大不满。例如，两个身体、智力、财富、能力大体相当的弟兄二人，老父亲都给了他们一块地，老大选择种菜，老二则选择用于网球游戏，一般情况下，选择努力种地的老大收入会高于选择网球游戏的老二。按照罗尔斯的差别原则，允许他们之间收入不平等，但是必须有利于状况最不利者。如果老二不能从这种不平等方面获利，老大应该交税，补贴老二由于耽于游戏而减少的收入。在德沃金看来，这实在是太荒谬了，"当收入的不平等是自由选择的结果而非境况左右的结果，企图消除不公平的差别原则反而会制造

---

① 德沃金：《认真对待权利》，信春鹰、吴玉章译，中国大百科全书出版社 1998 年版，第 203 页。

不公平"①。因此，德沃金认为，当人们由于懒惰、沉溺于当下的生活、满足于较低的收入等从而造成了事实上的不平等，那都是由于个人自觉自愿的选择，这种不平等不是由于个人无法选择的境况所造成的，自己应该负责。德沃金认为分配正义必须坚持具体个人责任原则，分配的结果也必须是个人自主选择的结果，在这一点上，德沃金的要求比罗尔斯的观点更为激进。当然，从平等实现的最终结果来看，罗尔斯的差别原则对社会制度的触动更大，事实上，德沃金资源平等观由于其耽于幻想，反倒容易在现实中流产。德沃金的资源平等观很可能的结果是：选择倒是自由了，平等却又被忘却了。从这个角度看，德沃金的资源平等观并没有罗尔斯的平等观彻底与现实。

第二节　德沃金平等思想产生的社会背景

"平等是个有争议的概念：赞扬或贬低它的人，对于他们赞扬或贬低的究竟是什么，意见并不一致。准确地表述平等本身就是一个哲学难题。"② 德沃金为何要关注平等这样一个难题？这一问题的答案寓于特定的社会历史背景之中。恩格斯在《反杜林论》里说："人们自觉地或不自觉地，归根到底总是从他们阶级地位所依据的实际关系中——从他们进行生产和交换的经济关系中，获得自己的伦理观念。"③ 任何一种道德理论，都取决于当时的社会经济情况，德沃金理论的诞生，当然也离不开当时的国际与国内的社会背景。因此，只有深入了解了德沃金理论产生的社会历史背景，才能更好

---

① 威尔·金里卡：《当代政治哲学》（上），刘莘译，上海三联书店 2004 年版，第139 页。

② 德沃金：《至上的美德：平等的理论与实践》，冯克利译，江苏人民出版社 2003年版，第 5 页（导论）。

③ 《马克思恩格斯选集》第 3 卷，人民出版社 1995 年版，第 434 页。

地把握德沃金理论的实质，更好地对德沃金的理论做出客观的评价。

一　意识形态：新自由主义思潮的崛起

20 世纪 30 年代的资本主义运动处于低潮时期，在政治上，阶级矛盾日益扩大，无产阶级作为一种独立的政治力量，在与资产阶级的斗争中日益壮大，特别是马克思主义理论的产生与俄国十月社会主义革命的胜利，给资产阶级政治思想造成了严重的冲击和致命的打击，迫使资产阶级不得不做出一些让步。在经济上，资本主义国家面临着极大的经济危机，自由市场经济在放任了一个世纪之后，像一匹羸弱的老马，疾患重重且步履维艰，世界性的经济危机频繁爆发。在美国，大萧条出现了，大饥荒爆发了，人口大面积地非正常死亡，"许多人仍然像牲畜一样才勉强存活下来。在宾夕法尼亚州的乡村，他们吃的是野生杂草根和蒲公英；在肯塔基州，他们嚼的是紫罗兰的花蕾、野葱、勿忘草、野菜和牲口吃的野草。城市里的母亲们则在码头晃悠，等待被丢弃的废品，还得和流浪狗抢夺。她们会一路跟随装载着蔬菜的卡车，等待着争抢掉下来的东西。中西部一所宾馆的厨师把一桶剩菜放在厨房外的小巷，立即就有十几人从黑暗里窜出来争抢。在加利福尼亚州的长滩上，一位 66 岁名叫弗朗西斯·埃弗雷特·汤森的医生刮胡子时瞥了一眼窗口，在一堆垃圾桶中，'三位憔悴的老女人佝偻着身体在垃圾桶里翻找'。还有全家都一头栽进垃圾桶，啃着骨头和西瓜皮的。一位芝加哥寡妇为了不让自己看到食物上蠕动的蛆虫，总是会先摘掉眼镜。晚上的纽约街头，托马斯·沃尔夫看见'无家可归的人徘徊在附近的餐馆，掀起垃圾桶盖，仔细搜寻里面腐烂的食物'，他发现这样的人'无处不在，并且在 1932 年艰难和绝望的日子里，人数与日俱增'。"①

---

① 威廉·曼彻斯特：《光荣与梦想——1932—1972 年美国叙事史》，四川外国语大学翻译学院翻译组译，中信出版集团股份有限公司 2015 年版，第 54 页。

当西方资本主义世界遭遇重创的时候，社会主义国家苏联却呈现出欣欣向荣的迹象，一切如初升的太阳般方兴未艾。社会主义的计划经济发挥了相当大的影响力，从1928年到1937年，苏联实施了两个五年建设计划，迅速积聚实力，成为世界工业强国，显示出了社会主义制度优势。

西方世界开始关注苏联，许多经济学家在与苏联计划经济的对比中开始反省自由主义经济出现的问题。1929年美国经济学会的主席、新古典经济学派的弗·曼·泰勒（1855—1932）就发表了《社会主义国家生产指南》一文，提出了"指导性计划"的新概念，强调宏观调控对市场经济大有裨益。① 英国经济学家约·梅·凯恩斯（1883—1946）也曾用一种嫉妒式的口吻讨论资本主义国家在经济混乱面前的无能与社会主义国家计划的成功，② 他希望国家在经济生活中扮演更加重要的角色，希望政府——这只所谓"看得见的手"，能够发挥更好的调控作用。当时，经济学家凯恩斯还专门给美国总统富兰克林·罗斯福写了一封信，强调自己的观点，在信中他对罗斯福说："您已经成为各国力求在现行制度范围内运用明智试验以纠正我们社会弊病的人们的委托人。"③ 这里的"明智试验"指的就是当国家陷入危机与疾病，一般性的"自然调节"已经不起作用时而采用一种新的经济实验——国家干预经济。可以说，苏联等社会主义国家的计划体制从客观上给资本主义国家提供了参照系，马克思对于未来社会平等美景的勾画不时地刺激着资产阶级世界体系的神经。在马克思和恩格斯设想的共产主义社会初级阶段，由于生产资料公共占有取代了生产资料私人占有，利用生产手段占有他人劳动的客观条件不存在了，人与人之间最终在未来的共产主义社会能够实现真正的自由和平等。

---

① 肖枫：《两个主义一百年》，当代世界出版社2000年版，第159页。
② 李强：《自由主义》，中国社会科学出版社1998年版，第112页。
③ 中央电视台《大国崛起》节目组：《大国崛起（精华图文版）》，中国民主法制出版社2014年版，第137页。

　　1929 年美国的经济大萧条更给一直奉行古典自由主义的资本主义带来了强烈的震撼，华尔街股市风暴、银行倒闭、金融家自杀、工厂关门、学生休学、贫困来临，美国退伍军人为了得到 500 美元的"补偿金"在华盛顿精神涣散地示威游行，许多美国人为了得到基本的温饱到处流浪，许多妇女整夜在街头、桥洞露宿，有的甚至饿死、冻死后许多天才被发现……中产阶级仿佛一夜之间蒸发了。正如《纽约时报》记者卡贝尔·菲利普斯所说，晚上敲你家门的流浪者"有可能是几个月或一年前爽快地给你批过贷款的人、在你读的报纸上写过社论的人，或曾经是房地产龙头企业的副总裁"①。面对危机，胡佛政府采取自由放任政策，反对国家干预经济，但是，胡佛政府无法摆脱甚至加剧了经济危机，他的失败给罗斯福执政提供了新的契机。

　　1933 年，史上任期最长、颇有魅力的美国总统罗斯福以"新政"为应对方式，赢得了美国选民，成为美国第 32 任总统。罗斯福执政以后，采用了国家调控、计划干预的做法，通称"罗斯福新政"。罗斯福新政使得美国绝处逢生，到第二次世界大战的时候，美国已然成为世界第一大经济强国，不管是工业还是经济总量都稳居世界第一。它有效地缓解了发生在 1929—1933 年资本主义经济大危机，也有效遏制了起源于欧洲的法西斯主义在美国的蔓延。明显地，罗斯福新政带有凯恩斯理论的痕迹。1936 年，凯恩斯在其代表作《就业、利息和货币通论》中为福利国家的兴盛提倡国家干预主义，特别是国家计划对市场经济的干预，其宗旨正是为在资本主义经济体系受到严重威胁的时刻拯救资本主义。罗斯福新政不仅制定了一系列措施，开创了资本主义国家干预经济的新模式，而且还注重从政治方面解决当时美国社会严重的两极分化问题。当时，美国劳工并没有享有充分的结社自由和实际上的契约自由，资本家则组

---

　　① 威廉·曼彻斯特：《光荣与梦想——1932—1972 年美国叙事史》，四川外国语大学翻译学院翻译组译，中信出版集团股份有限公司 2015 年版，第 24 页。

织起强大的控制和管理体制对付劳工。这种劳资谈判地位和能力的巨大不平等成为罗斯福新政时的改革重点，《全国工业复兴法》对于缓和劳资矛盾、复兴工业起到了积极的推动作用，罗斯福甚至把工会与资本家的谈判桌都请到了白宫，这无疑实现了美国人关于平等精神的梦想。

罗斯福新政使福利国家的理论变成了现实，他主张政府必须采取强有力的措施介入到国家经济与政治生活中来，如限制绝对垄断，调节过分竞争，消除绝对特权，更为公平地分配收入等，但却是对传统古典自由主义的修正。正如米尔顿·弗里德曼（Milton Friedman）所说："自从19世纪30年代以来，特别是在经济政策中，自由主义逐渐和很不相同的主张联系在一起。"[①] 他认为"自由主义"这一名词已经被滥用，甚至以往属于这个名词的观点现在常常被称为"保守主义"。现在，自由主义所代表的已经不再是传统的古典自由主义，而是出现了妥协，自由主义已经承认了"最低限度社会福利可能有正当性"[②]。

20世纪70年代，以社会福利保障为主的美国在经历了30余年的快速发展以后，再次陷入危机之中。1973年10月，中东战争爆发，阿拉伯石油输出国（OPEC）为了反对以色列以及支持以色列的国家，将原油价格提高了3倍多，之后随着一次次经济危机的爆发，原油价格一路飙升，石油价格的暴涨引发了西方经济大衰退与经济危机，美国发生了经济大震荡，经济赤字、通货膨胀，再加上庞大的福利开支所产生的一系列社会问题，人们对"福利国家"感到失望。福利保障并没有成就约翰逊总统的"伟大社会"，相反，还出现了许多由此而引发的"福利病"，工人的积极性没有调动起来，反而受到了打击，婚外私生子增多，单亲妈妈数量增多，犯罪

---

① Milton Friedman, *Capitalism and Freedom*, Chicago: University of Chicago Press, 1963, p. 5.

② Milton Friedman, *Capitalism and Freedom*, Chicago: University of Chicago Press, 1963, p. 5.

率明显上升，有的人甚至明明可以去工作却依靠福利生活，这给国家造成了沉重的福利负担……看来，"福利国家"与约翰逊总统幻想的"伟大社会"破产了，经济危机随时可能爆发，社会不平等与贫富分化问题也依然十分严重。

因凯恩斯主义带来的苦果与福利政策的失败，在西方国家，不光自由主义主流派，连传统上坚持社会民主主义的政党、政治派别与理论家也开始反思福利国家、经济平等的弊端。例如，曾经在与凯恩斯论战中败北并主张依靠市场自发秩序的哈耶克的思想再度引起人们的重视，英国的工党在很大程度上放弃了传统的社会平等政策，更多地强调市场经济的作用。又如，一些传统上一直批评自由民主主义、倡导社会民主主义的思想家，如德国的哈贝马斯以及围绕在他周围的一些学者也大谈福利国家造成的"无法统治"现象，这在很大程度上反映出人们在社会福利问题上的恐慌。与此同时，社会主义运动也处于低潮时期，力量对比中工人处于劣势，特别是苏联解体以后，西方社会舆论明显向右倾斜，要求改革福利制度的呼声越来越高，20世纪80年代以来，英国的撒切尔夫人与美国的里根总统都采取了减少国家干预、改革福利保障制度的措施。

20世纪60年代以来，自由主义日渐衰落，遏制共产主义蔓延的越南战争成为美国自由主义衰退的催化剂。越南战争在政治上与道德上无法取得美国人民的赞成与理解，反战呼声一浪高过一浪，造成了美国价值观的空前混乱，大大削弱了美国社会的凝聚力。当时，几乎参与了20世纪60年代所有抗议活动的自由主义者新左派认为，越南战争是不道德的、是邪恶的，美国应该进行自我反省。然而，他们对美国道德观与价值观的攻击引发了共和党的新保守派的不满与愤怒，新保守派认为美国的意识形态与价值观念不容置疑。

这段时期，也就是20世纪60年代到70年代，关于什么是自由主义成为难以解释清楚的理论问题，出现了许多不合格的自由主义、假自由主义，自由主义与保守主义之间的界限不再清楚，存在着关于自由主义各种各样的争论。自由主义是否与经济增长、是否与资本主义之间有必然的联系成为争论的两个主要论题，甚至出现了许多截然相反甚至前后不一致的观点。例如，关注环境污染问题，甚至需要牺牲有可能缓解失业的经济增长为代价，这是不是自由主义？反对增长与国家权力过分集中是传统的自由主义的一贯立场，但是，自罗斯福新政以来，集中国家权力、增长国家经济总量的经济政治政策其实又是典型的自由主义立场。结果是政治家们与以前相比更不情愿把自己等同于"自由主义者"或"保守主义者"，而是出现了某种联合的立场。例如，吉米·卡特（Jimmy Carter）总统在人权方面似乎持"自由主义"立场，而在强调甚至以牺牲得到改善的福利计划为代价来平衡国家预算的重要性方面则持"保守主义"立场。英国情况也是如此，如在新闻审查问题以及移民问题或政治程序问题上，工党政府似乎并不比保守党更加"自由主义"，而且，工党已经变为左翼；工党里许多著名的"自由主义者"脱离了工党，组成了社会民主党，并且声称社会民主党现在扛起了真正自由主义的大旗。另外，新自由主义者和老自由主义者之间也发生了一场新争论。被称为"老自由主义者"的沃尔持·蒙代尔（Walter Mondale）等承诺要强化政府在经济事务中的调控角色，新自由主义者的代言人格雷·哈特（Gary Hart）则反对新政态度，认为那些态度不适合需要以更灵活的且区分对待的途径来对待产业政策的国家。总之，自由主义作为一个基本政治理论，其观念已经变成了一个没有任何解释力量的神话。[①]

　　就在自由主义迫切需要新的理论指导的危急时刻，1971 年，罗尔斯发表了《正义论》。《正义论》的发表成为新自由主义崛起中最重大的事件，它代表了古典自由主义在当代的复兴，罗尔斯用理性选择的新方法赋予传统的社会契约论以新的活力与含义，以宏大的理论框架将自由主义置于洛克、康德的社会契约理论基础上，对自

---

　　① 德沃金：《原则问题》，张国清译，江苏人民出版社 2005 年版，第 239 页。

边沁以来构成自由主义基石的功利主义提出了强烈批评。可以说，面对资本主义社会在发展中出现的一次次经济危机，罗尔斯通过比较严密的逻辑论证，一方面给国家干预主义和福利主义提供了比较好的理论证明，另一方面也提出了现实应对社会经济矛盾和阶级矛盾的有力措施，对在资本主义制度所允许的范围内进行了有限度的调节和处理，目的依然是维护资本主义制度。罗尔斯的《正义论》把自由主义理论提高到一个新的高度，使自由主义焕发了新的活力，被称为新自由主义复兴阵营中的领军人物。但是，罗尔斯的理论也遭到了来自各方面的批评与反对，新右派与新左派都指责他顾此失彼，新右派认为他过分地强调平等已经侵犯了人们的自由权，新左派则指责他更关心自由而疏忽了平等。

面对理论界的这种混乱局面，德沃金认为，首先应该通过研究和分析，确定哪一个立场有助于更新颖、更深刻地理解什么是自由主义的政治立场，然后通过为自由主义者形成一个新的当代计划而重新组建自由主义阵营。遗憾的是，直到 1985 年德沃金的《原则问题》发表之际，"这些研究和理论仍然尚未产生，新计划也仍然未见踪影"①。

可以说，时代的需要造就了德沃金平等思想的诞生。作为资本主义阵营中的一名学者，德沃金努力要走一条独辟蹊径的、真正的"第三条道路"。关于"第三条道路"，德沃金是这样解释的，许多政治家如今热衷于赞成一种介于过去左派和右派的两种僵化态度之间的"第三条道路"。② 但它们只是新的称谓，正如那些批评家所批评的一样，是"一些缺乏实质内容的口号"，德沃金认为这种批评大致上是正确的。德沃金要做一些真正的、实质性的改变，他想从分配正义的角度对"有关平等和责任"做一个完美的说明，他要走的是一条与老一代的平等主义者和新、老保守主义者的错误选择所

---

① 德沃金：《原则问题》，张国清译，江苏人民出版社 2005 年版，第 265 页。
② 德沃金：《至上的美德：平等的理论与实践》，冯克利译，江苏人民出版社 2003 年版，第 8 页（导论）。

不同的、与现存的资本主义和社会主义道路所不同的、能够使平等和自由都得到维护的"第三条道路"。① 在这种情形下，德沃金平等思想产生了。

二 社会现实：社会不平等引发了社会危机

美国从诞生之日起，就在《独立宣言》中宣称，"人人生而平等"，林肯在著名的葛底斯堡演说中把美国称为"怀着自由理想，献身人人天生平等信念的新民族"。后经内战废除奴隶制，一直到罗斯福新政，以及20世纪60年代开始的民权运动，一代代美国人无不把平等作为追求的目标。

可是，20世纪50年代到70年代的美国却是一个产生信仰危机的时代。朝鲜战争的失败与"冷战"给美国经济政治外交带来了不少负面影响。在美国国内，一方面，政府奉行的凯恩斯主义失灵，美国经济陷入了滞涨的困境，生产力下降、失业率上升、贫富差距拉大。另一方面，经济不平等和种族歧视带来的政治参与不平等使美国的民主退化。人们在承受经济不平等的同时，政治上又无法获得权利的平等，长期以来被奉为圭臬与理想的自由主义理论突然间遭受了来自青年人与中年人的抨击，一部分人认为个人自由太多从而导致社会道德败坏，性解放、色情、堕胎、吸毒等充满着美国年轻人的日常生活；另一部分人则指责自由主义不重视财富的再分配和消灭贫困。信仰危机由此产生，人们对政治合法性的地位产生怀

---

① 关于"第三条道路"，作者曾经于2006年发电子邮件给德沃金请教过他。在回信中，德沃金专门就第三条道路做了一个解释："The Third Way is a term politicians use to refer to a political system that is neither capitalism nor socialism."意思是：第三条道路既不是资本主义道路也不是社会主义道路。但是综合分析德沃金的论著，笔者认为德沃金并没有实现他的理想目标，他依然行进在资本主义的路上。这一点，德沃金在接受BBC电视台采访时曾经承认，他与罗尔斯、诺齐克乃是"行进在同一条路上"。参见布莱恩·麦基：《思想家：与十五位杰出哲学家的对话》，生活·读书·新知三联书店2004年版，第323页。

疑，人们的思想空前混乱，"公民精神"① 开始失落，并最终将美国社会抛进了道德危机的旋涡。最为突出的表现是爆发于 20 世纪 60 年代末的"反主流文化运动"，一批对当代美国社会充满失望之情的中青年参与吸毒、性放纵，热衷于摇滚乐以及色情文艺，借此来发泄对现实社会的不满并逃避现实社会。

与此同时，美国社会陷入了一片混乱之中，争取平等的浪潮一浪高过一浪。不得人心的越战政策及其征兵法所引起的青年学生和平反战运动，美国黑人民权运动，由于反对政府政策及传统观念遍及各著名大学的学生造反运动，以及妇女争取平等与独立的平权运动等相继发生，这一切极大地冲击了美国社会的统治秩序。

有趣却引人深思的现象是：美国法治理念深入人心，仿佛任何政治问题最终都会变成法律问题。杰克逊曾说："权力斗争在欧洲唤起了成群的军队，在美国唤起的则是律师队伍。"② 例如，德沃金认为，同属英美法系，在英国，关于最低工资的立法是否公平是一个政治问题，但是在美国，这一问题则是宪法上的问题。③ 托克维尔也说过，"在美国，几乎所有政治问题迟早都要变成司法问题。"④ 在美国，法官被赋予巨大的政治权力。"其原因只在于：美国人认为法官之有权对公民进行判决是根据宪法，而不是根据法律。换句话说，美国人允许法官可以不应用在他看来是违宪的法律。"⑤ 而这背后深层的原因得追溯到孟德斯鸠所倡导的三权分立相互制衡的思想，美国最高法院的权力正是为了"反对议会政治的专横而筑

---

① 所谓"公民精神"，是一个社会得以稳定的基础，它包括自愿地服从法规、尊重其他社会公民的权利、克制自己的欲望、不以损害社会的利益来满足自己不道德的利益。参见李小兵：《当代西方政治哲学主流》，中共中央党校出版社 2001 年版，第 99 页。

② 路易斯·哈茨：《美国的自由主义传统》，张敏谦译，中国社会科学出版社 2003 年版，第 252 页。

③ 德沃金：《认真对待权利》，信春鹰、吴玉章译，中国大百科全书出版社 1998 年版，第 15—16 页。

④ 托克维尔：《论美国的民主》（上卷），商务印书馆 1988 年版，第 310 页。

⑤ 托克维尔：《论美国的民主》（上卷），商务印书馆 1988 年版，第 111 页。

起的强大堡垒之一"①。鉴于美国的政治问题与法律问题几乎紧紧缠绕在一起的特殊情况，我们有必要回顾几起争取平等权利的法律案件。

（一）关于种族隔离政策

南北战争以后，美国废除了奴隶制，但是美国许多州依然实行严格的种族隔离制度，遵循着所谓的平等但隔离（equal but separate）的政策。例如，黑人与白人不能在同一个学校上课，也不能使用同一个洗手间，许多公共设施与娱乐场所都有给黑人指定的专门且次等的座位，黑人在公共汽车上不给白人让座将遭逮捕并遭重罚。在这种背景下，1954 年布朗（Brown）案件开启了废除种族隔离的进程。20 世纪 50 年代，堪萨斯州（Kansas）有一位名叫林达·布朗的小学三年级黑人女生，为了上学，不得不舍近求远，放弃离她家较近的一所白人小学，去一所黑人学校上学。林达的父亲奥利弗·布朗在全国有色人种协进会（NAACP）的帮助下，将教育局告到了法院，但是法院援引最高法院在普莱西（Plessy）案的判定判布朗败诉。② 后来，布朗在 1951 年 10 月将案件上诉到最高法院，历时将近 3 年，也就是 1954 年 5 月 17 日，美国最高法院九大法官终于做出判决（通称 Brown I 案），废除学校中的种族隔离政策，自此开启了废除种族隔离立法的进程，法律平等保护被推进到一个新的历史高度，这一判决的历史意义不容低估，它极大地鼓舞了当时的民权运动，有的人甚至认为它堪比《解放黑人奴隶宣言》。然而，1955 年 5 月 31 日，最高法院颁布落实 Brown I 案的裁定，通称

---

① 托克维尔：《论美国的民主》（上卷），商务印书馆 1988 年版，第 115 页。

② 1896 年一位名叫普莱西的黑人在路易斯安那州的火车上由于坚持坐在白人的座位上而被捕。他上诉到最高法院，指出"平等但隔离"原则违反了废除奴隶制与公民享有平等权利有关的宪法修正案第十三、十四条。最高法院裁决种族隔离制度并没有违宪。不过其中大法官哈兰投下了意见不同的一票。他指出："宪法并不管人们的肤色，而且既不承认也不容忍在公民中分等级。"参见李小兵：《从"普莱西案"到"布朗案"——论美国联邦最高法院与受教育权平等保护的实现》，《国家教育行政学院学报》2004 年第 6 期。

Brown Ⅱ，但是鉴于黑人与白人之间已经有 100 多年的不平等和隔离，现在要坐在一起学习实非一日之功，Brown Ⅱ 案裁定强调因地制宜地解决公立学校的种族隔离，并且允许以审慎的速度推进这一进程，这实际上迟缓了彻底废除种族隔离的日期，全国有色人种协进会前副主席米勒称："Brown Ⅰ 案是一个伟大的裁定，而 Brown Ⅱ 案则是一个巨大的错误。"的确如此，最高法院颁布了一项权利，但是人们何时能够享有这一宪法权利显得遥遥无期。Brown 案裁定后，许多白人逐渐接受不能以肤色来确定人的价值的观念。20 世纪 60 年代，美国出现了由马丁·路德·金领导的著名的民权运动。1963 年 8 月 28 日，马丁·路德·金博士在华盛顿林肯纪念堂前面对 20 多万人的示威者发表了《我有一个梦想》的著名演说，这次示威活动成为人权运动的高潮。还有一个激进派的黑人领袖不得不提一下，他是《带枪的黑人》的作者——罗伯特·威廉，他反对马丁·路德·金"非暴力"思路，主张黑人"用革命的暴力来反抗反革命的暴力"，在他的影响与鼓动下，这一时期美国曾有 100 多个城市发生了武装冲突，数千人死亡。[1] 1964 年，经肯尼迪与约翰逊两任总统的努力，美国颁布了《民权法》，这是一个标志性的事件，它意味着美国在维护种族平等方面取得了很大的进步。但时至今日，许多白种人仍然信奉种族主义，美国仍然存在着一定程度上的种族歧视问题。1997 年，克林顿在纪念"小石城事件"40 周年集会上曾经慨叹，40 年后的种族问题比以往任何时候都更加复杂，仍然有太多的地方教育和工作机会不平等，"如今，各个种族的孩子都走过同一个门，但随后他们常常出现在不同的大厅。他们不仅在这所学校而且在美国各地，都坐在不同的教室里，在不同的餐桌旁

---

① 约翰·霍普·富兰克林：《美国黑人史》，张冰姿等译，商务印书馆 1988 年版，第 571 页。

吃饭。他们甚至在足球比赛中坐在看台的不同位置。"①

（二）关于平权法案

20世纪60年代，美国政府为了纠正由于性别、种族等方面的歧视行为，针对少数种族和妇女在工作、入学和获得其他社会福利等方面，出台了一系列直接或间接予以优惠待遇的法律和政策，目的在于补偿少数种族和妇女因社会长期歧视而遭受的损害，通称"肯定性行动"（Affirmative Action）或者"平权法案"。一直以来，"肯定性行动"的反对者和支持者尖锐对立，常常对簿公堂。支持者认为，事实与结果的平等是很重要的，实行"肯定性行动"就是为了纠正偏见，弥补过错，补偿种族歧视和性别歧视的罪过。从肯尼迪总统、林登·约翰逊总统，一直到尼克松时代、卡特政府，"肯定性行动"都受到了强有力的支持。其中，有一项"费城计划"，要求建筑行业雇用一定数量的黑人。这个计划在约翰逊政府时期就得到了签署，但是遭到了白人工会的反对；到尼克松政府时期，这个计划已经扩大到所有的联邦承包商和高校。"肯定性行动"的反对者认为，在就业、升学中为少数族裔保留一定名额，是对白人的"反向歧视"（reverse discrimination），违反了宪法的平等精神，他们常常强调机会平等的重要性。最受争议的是所谓的定额制，也就是就业、入学、医疗等方面，为少数族裔留下一定的名额，以减少、避免他们受到不公正对待。"肯定性行动"中的定额制不断受到白人男性的挑战，严格种族配额制越来越受到质疑。1978年，从越南战场退伍回来的白人男性公民阿伦·巴克（Allan Bakke）申请

① 1957年9月，当阿肯色州的小石城公立学校校董会在一所高中开始实行废除种族隔离的计划时，爆发了一场震惊全美的"小石城事件"，阿肯色州州长福布斯借口公众骚乱一触即发，下令州警卫队阻止黑人进入该校，以维持当地秩序。白人示威者与州长的举动，引起全国强烈反响，舆论两极分化，各不相让。时任总统的艾森豪威尔在记者招待会上明确表态支持废除种族隔离制度，并且在9月23日一批白人阻止9名黑人进入该校的骚乱时动用了著名的101空降师前往小石城，为9位黑人学生保驾护航，帮助9名黑人学生强行进入小石城中心高中。参见 William Jefferson Clinton, "Remarks on the 40th anniversary of the desegregation of …", *Weekly Compilation of Presidential Documents*, Vol. 33, Issue 39, September 29, 1997, p. 1416.

进入加州大学戴维斯分校，然而，他没有取得入学资格。事后，巴克了解到这个学校接收了成绩比他差的少数族裔学生。巴克向法庭提起诉讼，在诉讼过程中他发现，学校的平权计划中还为那些少数族裔留下了 16 个名额。案件上诉到美国最高法院，法庭一方面承认平等权利法案符合宪法原则；另一方面，法庭又裁定，学校在招生时以种族为唯一理由来划出定额违反了宪法，因此，加州大学戴维斯分校必须接收巴克入学。此后，"肯定性行动"一直被白人男性诟病，他们声称，在美国，平等已经实现，给予黑人的优待是对白人和男人的"反向歧视"，平权法案的历史使命应该完结。但是，也有人指出，美国的今天依然存在大量不平等的社会现象，因此，平权法案应该由向少数族裔与妇女倾斜修改为向劣势阶层倾斜。这些争论牵涉"什么的平等才是真正平等"的实质性问题，牵涉美国应该追求机会平等还是结果平等的问题，牵涉联邦宪法给予少数种族和妇女优待的底线问题，牵涉免遭任何歧视这一平等传统观念与"肯定性行动"的政策取向如何协调的问题，牵涉关于宪法第十四条修正案——法律的平等保护条款——该如何解释的问题。关于"肯定性行动"的争论持续不断，1985 年，纽约时报和美国哥伦比亚广播公司第一次就"肯定性行动"进行民意调查时，美国人的意见十分对立。到 20 世纪 80 年代末，民意几乎一边倒地反对"肯定性行动"，20 世纪 90 年代初美国经济萧条时，白人对"肯定性行动"甚为敌视。随着美国经济情况的好转，反对"肯定性行动"的势头也有所缓解，但对"肯定性行动"的态度仍然"黑白"分明。黑人认为，需要"肯定性行动"纠正社会偏见，但白人认为，消除社会偏见的最好办法是废除"肯定性行动"。调查表明，大多数美国人不一概反对给予优待，他们并不要求立即结束"肯定性行动"，但明确反对在雇佣和入学上注重少数种族政策。他们认为，不应该根据种族和性别给予优待，而应该按照经济条件优先雇用穷人和录取穷人子女入学。[①] 这也可能是"肯定性行

---

① 邱小平：《法律的平等保护》，北京大学出版社 2005 年版，第 454 页。

动"未来的发展方向与民意所在。

（三）关于黑人选举权

我们知道，林肯早在《解放黑人奴隶宣言》中已经赋予了黑人自由权，但是对于政治权利，黑人并没有随之拥有。其实，没有选举权与被选举权等政治权利，自由权利就是不充分的。南北战争虽然结束了，但是黑人依然没有获得真正的平等权利，甚至比以前更糟糕，只是这种被歧视的状况比以前更为隐蔽而已。1868 年，美国宪法第十四条宪法修正案由各州批准。第十四条修正案规定："凡在合众国出生或归化为合众国及居住州的公民，任何州皆不得制定或执行任何限制美国公民特权或豁免的法律。任何州，未经正当的法律程序，均不得剥夺任何人的生命、自由或财产；亦不得对在其管辖下的任何人，拒绝给予法律的平等保护。"如果说第十四条修正案的意义是为有色人种能够享有与白人一样的平等权利提供切实的法律依据，那么 1869 年第十五条修正案则明确宣布："合众国或任何一州不得以种族、肤色或以前曾为奴隶而否认或剥夺其为美国公民应有的选举权。"这是美国宪政史上一个重要的里程碑，它赋予了黑人政治权利，此后，在法律上，黑人与白人享有的权利应是平等的。然而，由于种种原因，在长达一个世纪的漫长日子里，白人使出各种手段不停地阻挡黑人真正享有选举权。托克维尔曾说："凡是废除了蓄奴制的州，差不多都授予了黑人以选举权；但他们如果去投票，生命就会遭到危胁。他们受到迫害时可以去告状，但当法官的都是白人。法律准许黑人充当陪审员，但偏见却排斥他们出任陪审员。"[1] 除此之外，白人对于黑人的选举权做了种种限制与排挤。例如，有时候会对文化不高的黑人进行文化测试，有时候要求黑人缴纳一定的人头税，有时候要查证黑人他们的祖父是否有选举权，有时候甚至故意告错黑人选举时间让他们错失选举机会，等等。白人对黑人的偏见是如此顽固，黑人的选择权难以真正落实。

---

[1] 托克维尔：《论美国的民主》，董果良译，商务印书馆 1991 年版，第 465 页。

之后经过长达一个世纪的努力，尤其是在马丁·路德·金所领导的民权运动推动下，在 20 世纪 60 年代，黑人终于拥有了这一政治权利。1965 年《选举权利法案》是一个明显的标志，该法案授权司法部长委派联邦检查员到他认为有必要的地区检查选民登记，让所有合格的黑人登记为选民。至此，美国在民主与平等之路上终于大大地迈进了一步。

（四）关于妇女平等权

美国第二任总统亚当斯的妻子曾写信给她参加制定《联邦条例》和联邦宪法的丈夫，要他在制定这些宪法文件时，"不要忘记妇女们"[1]，但是不论《联邦条例》还是联邦宪法，都没有一处提及妇女及其权利。在美国，妇女类似于黑人，一直处于劣势，仿佛是一个下等公民。从 19 世纪 40 年代开始，美国就出现了为妇女争取选举权的运动。[2] 但是，妇女们经过长期艰苦努力，直到 1920 年才获得了选举权。宪法第十九条修正案于 1920 年 8 月 26 日正式生效，修正案将"妇女有权投票参与政治"写入了宪法，是美国女权运动取得胜利的一个里程碑。美国女权运动者在第十九条修正案的鼓励下，于 1923 年又提出了"平等权利修正案"（Equal Rights Amendment）以争取和男人的平等权利，平等权利修正案是对美国宪法提出的一项修正案，即"美利坚合众国及其各州不得拒绝或者削减基于法律的男女平等权利"，它旨在保证任何联邦、州或地方法律下的平等权利不会因性别而被剥夺。1972 年，支持平等权利修正案的力量借助民权运动和民权立法的声势，在国会两院中以压倒多数的胜利通过了这一修正案，交付给各州批准。

---

[1] John Hoff, Law, Gender and Injustice, *A Legal History of Us Women*. New York: New York University Press, 1990, p. 54.

[2] 1848 年 7 月 19 日，约 100 名美国妇女和部分男性云集于纽约州的塞尼卡·福尔斯村，召开了美国历史上第一次以女权主义为主题的妇女代表大会。大会经过充分讨论和深入辩论后，通过了一份具有深远历史意义、堪称美国妇女解放运动史册的文件——《权利和意见宣言》，宣言中阐述了男女平等的权利。参见王恩铭：《美国历史上的三次女权主义浪潮》，《中国社会科学报》2015 年 3 月 11 日第 B7 版。

在这个等待过程中，有一个起了决定性作用的典型案例必须重新提一下。1973 年，最高法院就妇女堕胎权做出了一个历史性的裁决，即 Roe 诉 Wade 案。美国是一个宗教国家，受摩西十诫中"不可杀人"戒律的影响，在 20 世纪 80 年代以前，美国绝大部分州立法均规定严禁妇女堕胎，否则依谋杀罪处罚。可是，这样做的结果是，有钱的妇女依然可以远去英国做流产手术，而大部分贫困妇女，尤其是那些受强奸和欺骗而怀孕的妇女却只能冒险到医疗设施差的地下诊所堕胎或私自悄悄地将胎儿生下。20 世纪 70 年代初，得克萨斯州女孩诺玛·迈康维（Norma Mcorvey，法庭文件中化名为 Jane Roe）怀孕了，但是她没有丈夫，又没有工作，她向法庭指控禁止堕胎的法律侵犯了她的隐私权与人权。案件上诉到最高法院，经过了一年多的法庭辩论，1973 年 1 月 22 日，最高法院做出一个折中的裁决：在妇女怀孕的前三个月（1～12 周）里，各州政府不得干预妇女堕胎的选择，不过必须规定堕胎手术要由医生来做；为了保护妇女的健康，各州政府对怀孕三到六个月（13～23 周）的妇女选择堕胎可以加以一定限制；州立法机构可以立法禁止在怀孕最后三个月（24～28 周）里堕胎，以保护胎儿的权利，不过如果母亲的生命因怀孕受到威胁又另当别论。[1] 最高法院的判决引得美国公众尖锐对立，议论纷纷。保守主义者、宗教人士，特别是认为"避孕与人工流产都是罪恶"的天主教徒更是通过大规模的抗议运动表达了强烈的不满。反对妇女堕胎的势力唯恐"平等权利修正案"通过后，妇女堕胎权会成为一项明确的宪法权利，于是转而反对"平等权利修正案"。因此，当"平等权利修正案"的最后期限——1982 年 6 月 30 日来临时，批准的州只有 35 个，未能获得 3/4 州的批准，至此，历经 60 年的"平等权利修正案"眼看就要诞生却最终胎死腹中。之后，几乎每年国会中都有支持者请求批准这项权

---

① *Roe v. Wade*, 410 U. S. 113（1973）. 参见马洪伦译：《美国联邦最高法院对堕胎权的确认——罗伊诉韦德案》，《苏州大学学报》（法学版）2017 年第 2 期。

利，但总是不了了之，可见保守势力是何其强大。

　　值得反思的是，美国人一再标榜美国宪法是忽略人种颜色的"盲人"，并且《独立宣言》开宗明义规定"人人生而平等，他们被'造物主'赋予某些不可转让的权利"①，可是，"人"并没有把黑人、印第安人包括在内，妇女仿佛也被忘掉了，只有白人男性被赋予了充分的公民权。美国的平等理念与社会现实之间是如此不协调，女权主义者、老左派、新左派都对它有所诟病。

　　基于对以上社会现象的冷静分析，作为资产阶级精英阶层学术界一员的德沃金认为，美国社会所面临的经济、政治、道德三重危机背后的总根源是美国社会经济和政治的不平等，特别是人权的不平等。人权的不平等引发政府执政的合法性危机，继而爆发政治危机，随后而来的是公民精神失落，最后是使美国社会陷入道德危机。他希望找到一个能保障公民平等权利的良策应用到社会基本结构中，将美国社会所面临的经济、政治、道德等危机依次破解。

----

　　① 关于《独立宣言》中这句话如何翻译，为了行文与理解方便，本书采用了大家熟悉的、常见的中文翻译。但其翻译一直有争议。原文如下：We hold these truths to be sacred and undeniable；that all men are created equal and independent；that from that equal creation they derive rights inherent and inalienable，among which are the preservation of life，and liberty，and the pursuit of happiness. 而经过了富兰克林、亚当斯及大会修改之后的定稿则是：We hold these truths to be self-evident, that all men are created equal, that they are endowed by their creator with certain unalienable rights, that among these are life, liberty and the pursuit of happiness. 草稿与定稿差别不大。根据定稿，何怀宏先生翻译如下。我们认为下面这些真理是不言而喻的：所有人都被创造为是平等的；造物者并赋予他们若干不可剥夺的权利，其中包括生命、自由和对幸福的追求。"all men are created equal"，一种常见见的译法是"人人生而平等"这里"所有人"的意思出来了，但说"生而平等"容易被误解为人生来是事实上平等的，没有差别，边沁就据此有过批评。同时，这一译法也没有把人是"被创造的"意思译出来，这样文中所包含的"信仰"以及所赋予权利的神圣性的含义就不明显。而这里的"平等"实际上是指对人的一种平等对待，或者平等尊重与关怀，因为所有人都是上帝的平等造物，在上帝面前人人平等。这样就赋予了平等自由等价值以一种神圣天赋的含义，作为人权它们才是不可剥夺和否认的。还有一种常见的译法是"造物者创造了平等的个人"，这里，"信仰"的因素明显了，但没有将"所有人"的意思明确地译出，而这里对"所有人"的强调是特别重要的，它在当时预示了甚至也激发了美国社会后来发展的一个主要方向。参见 Julian P. Boyd ed.，*The Papers of Thomas Jefferson*. New Jersey：Princeton University Press，Vol. 1，1950，p. 423。何怀宏：《美国大选背后的价值冲突（上）》，《探索与争鸣》2017 年第 2 期。

第二章　德沃金平等思想的理论内涵

——资源平等

第一节　资源平等观

德沃金认为："何种形式的平等归根到底是重要的。"① 这就必须从分配平等的角度进行考察。德沃金赞成"政府致力于某种形式的物质平等"，把它称为"资源平等"。② 德沃金的资源平等观是从批判福利平等观开始的。

一　对福利平等观的否定

自 19 世纪 50 年代以来，功利主义在西方伦理学界一直占据着显赫地位。然而，正如康德最早在《法的形而上学原理》一书中所提到的那样，功利主义所主张的"最大多数人的最大幸福"原则背后隐藏着一种危险，即国家或者政府对个人权利的侵犯。德沃金也正是从这一角度来批评功利主义的。德沃金首先考察了功利主义最具代表性的分配正义论，即福利平等理论。

---

① 德沃金：《至上的美德：平等的理论与实践》，冯克利译，江苏人民出版社 2003 年版，第 3 页。

② 德沃金：《至上的美德：平等的理论与实践》，冯克利译，江苏人民出版社 2003 年版，第 4 页（导论）。

（一）牛刀小试

德沃金认为，"平等是一个既令人喜爱又令人费解的政治理想"①，但是，伴随着某个方面的平等，随之而来的就是其他方面的不平等。因此，人们有必要确切地阐明何种形式的平等归根到底是最重要的。对于这个平等观的实质性区分能够确定哪一种平等观，是更有吸引力的政治理想。在德沃金看来，福利平等的要求是，"一种分配方案在人们中间分配或转移资源，直到再也无法使他们在福利方面更平等，此时这个方案就做到了平等待人"②。资源平等的要求是，"一个分配方案在人们中间分配或转移资源，直到再也无法使他们在总体资源份额上更加平等，这时这个分配方案就做到了平等待人"③。德沃金举了一个通俗易懂的例子，这个例子非常有意思。一个拥有一定财富的人有几个子女，其中，一个是盲人，一个是消费奢侈的公子哥，一个是志向远大的政治家，一个是需求甚微的诗人，最后一个是需要采用昂贵材料进行创作的雕塑家。请问，这个拥有一定财富的人该如何分配遗产呢？按照福利平等的观点，盲人确实有权得到更多，但是，问题来了，那个有着奢侈爱好的公子哥怎么办？他是否有权以奢侈爱好为理由要求获得比别人更大的份额来获得福利平等？那个政治家需要更多的钱来践行他的政治抱负，雕塑家和诗人介乎两者之间。所以父母不能留给他们平等的财产份额，否则就是不公平，因为拥有同等财富的人之间也是有着福利差异的。德沃金通过这个事例表明了自己的态度——否定福利平等观，赞成资源平等观。在他看来，福利的概念本身过于模糊且不具有实践价值，福利平等观对现实分配缺乏合理且一致的解释。

---

① 德沃金：《至上的美德：平等的理论与实践》，冯克利译，江苏人民出版社2003年版，第3页。

② 德沃金：《至上的美德：平等的理论与实践》，冯克利译，江苏人民出版社2003年版，第4页。

③ 德沃金：《至上的美德：平等的理论与实践》，冯克利译，江苏人民出版社2003年版，第4页。

德沃金对福利平等观的否定早在《认真对待权利》中就可觅到踪影，他当时在分析白人德芳尼斯与黑人斯威特应该相区别对待，以支持一个对黑人给予录取的"肯定性行动"的政策时，就认为促进社会平均福利的观点遇到了特殊困难："社会平均福利或者集体福利的含义是什么？即便在原则上，个人的福利是如何衡量的？不同的个人的福利增加是如何计算的，如何同损失作比较，因此得以证明从总体上看受益大于损失？功利主义的关于种族隔离促进社会平均福利的观点的预先假设是可以做这样计算的，但是如何去做呢？"①

在《法律帝国》中，德沃金对当时曾在英美国家产生影响的一个叫作"非故意损害法"②的经济阐释展开了批判。非故意损害法的"经济"理论主张法官对事故、滋扰和其他非故意损害所作判决提供了一种全面的阐释，在这种"经济"原则中，它找到了这些判决的关键，即人们总是应该按在整个社会开支最节约的方式行事，而立法者应该是一个具有精细的数学分析的头脑的明智者，他能够估计哪种实际协议将产生最大限度地增加社会财富的结果，而个人有道德责任和义务使社会财富最大化。例如，一列沿着毗邻一个农场的铁轨快速行驶的火车喷出火星，点燃并烧毁了铁轨附近种植的庄稼。农场主必须承担这种损失吗？或者铁路公司必须赔偿他的损失吗？设想这些经济事实如下（事例一），如果铁路公司把火车的速度放慢到不喷出火星的程度，那么该公司的利润将减少 1000 美元；如果火车用一种能使公司获得最大利润的速度行驶，那么农场主将损失有 1100 美元收益的庄稼。在这些情况下，如果火车放慢行驶速度，那么从整体上看社会财富会增加。现在假定经济事实（事例二）相反，如果火车放慢行驶速度，铁路公司将损失利润 1100 美元；如果火车不放慢行驶速度，那么农场主只损失收益 1000 美

---

① 德沃金:《认真对待权利》，信春鹰、吴玉章译，中国大百科全书出版社 1998 年版，第 307 页。

② 德沃金:《法律帝国》，李常青译，中国大百科全书出版社 1996 年版，第 246 页。

元。这时，如果火车快速行驶并烧毁庄稼，社会财富从整体上说将会增多。于是，看来渴望增加社会财富的人将为这两种情况制定不同的责任法规。在第一种情况下，他将规定铁路公司对损失负有责任，以便使火车放慢行驶速度。在第二种情况下，他会要求农场主承担损失，以便使火车不放慢速度。①

这是一种粗糙的经济原则，这种经济理论的辩护存在于两步论证之中：①人们有一种道德义务，不管在做什么，都有这种促进整个社会利益的义务，也有相应的权利要求别人总是以这种方式去做。②根据先前所描述的定义，整个社会的利益在其全部财富之中存在着，一种社会在这种意义上更富时，它也就更美好。

德沃金认为这种论证的第二步是荒谬的。他举例说：假定一个贫穷的病人需要药品，因此愿意卖掉他所喜爱的一本书，这是他得到快乐的唯一来源，以换取 5 美元的药费。如果必要的话，他的邻居愿意付 10 美元去获得此书，因为这位邻居是此书作者的著名且富裕的孙子，而且，如果作者在书上有亲笔签名，便可以 11 美元把书卖出。根据对社会财富的经济定义，如果警察从这位贫穷的病人手中拿走这本书，给其富裕的邻居，使这位穷人既失去了书又得不到药品，那么社会就更富，这是因为这本书在富人手中价值 11 美元，而在穷人手中只值 5 美元，如果从穷人手中取走这本书，那么社会总财富就会增加，甚至超过穷人和富人之间达成交易而得到的收益，因为强制性的转让节省了那种协商所需的交易代价。

那么，这种强制性转让可行吗？德沃金认为，即使我们确定富人所付的钱会高于穷人的要价，从穷人手里夺过书交给他的富翁邻居的做法的确可以使社会财富增加，我们也不会认为这种情况在任何方面更公正，或者转让后社会无论如何就会更美好。因此，德沃金得出结论：增加社会财富本身并不会使社会更美好。这些观点的

① 德沃金：《法律帝国》，李常青译，中国大百科全书出版社 1996 年版，第 247—248 页。

不合法性完全是由于一种功利主义理论，这种功利主义者混淆了个人责任与公共责任。功利主义者一贯坚持"最多数人的最大幸福"原则，他们认为，只要最终使得全社会的利益或者福利总量增加，我们每个人都有为了别人的利益牺牲自己利益的义务。正因为功利主义认为政治决定应该旨在促进整个社会的平均福利，因此对事故和其他非故意伤害的法律判决所做的成功阐释都必须以对行为和风险所规定的个人责任为开端，德沃金论证到：我们可能假定人们总有那种平等主义的责任，亦即在他们所做的每一件事中，必须始终考虑别人的利益与自己的或家庭和朋友的利益同样重要，于是事故法所实施的平等主义责任不过是普遍道德责任中的一种特殊情况。或者，我们可能力图证明，在事故中，他们即使不具有某种普遍责任，也会由于我们揭示的那种原因而在那种情况下确有那种责任。人们是不是必须始终视他人利益与自己的利益相等？我们大多数人并不承认存在这种普遍的责任，但是在过失和滋扰的情况（这是属于特殊的情况）下，其中的道德责任却是依附于法律责任的。

德沃金把法律实践承认的表面上的财产权称为抽象的权利。某人有权在自己的路基上驾驶自己的火车，正如另一个人有权在路基附近的自己的土地上种植玉米一样，这些权利就是表面的或抽象的权利。那么这些权利相互冲突时怎么办？德沃金认为，在过失和滋扰以及其他非故意损害法的其他形式的领域里，平等责任就产生了，即每个人都必须以同样的方式尊重他人的利益，这是对一般道德观念的一种公正的陈述。但这种公正的陈述与功利主义的观点是对立的。

总之，德沃金认为应把英美滋扰和过失法的归责方案纳入他的关于个人权利的理论框架内讨论，平等是通过市场交换而得到保持和维护的，他承认经济损害比较原则的合理性，但对此必须加以限制，要考虑到才能的差别、个人权利等道德的因素，只有这样，才符合一种阐释性的法律理念，即关注个人权利的平等的法律思想。而功利主义对"非故意损害法"所做的经济学阐释不但将个人责任与公共责任划分得混淆了，而且更深刻的不合法性还体现在对公共责任所要求的政府义务的范围和特点上。对此，德沃金反问："我们有义务使财富最大限度地增长吗？"① 德沃金认为，作为个人，我们没有义务平等地关怀社会中的所有成员，但是，我们的政府，有普遍的责任与义务对社会中所有的成员给予同等的关怀与爱护。福利平等要求政府在分配时尽可能使公民的个人的福利大致相等，但是，这种要求在现实中很难满足。即使政府具有惊人的本领能够设计出一套理论与实践都合理的财产分配方案，但由于公民个人的能力不同、见识不同、兴趣爱好不同、处理财富的手段不同，很快地，一些公民就会比另一些公民拥有更多的财富与福利，这样，政府的初衷也将得不到实现，政府不得不再次制订新的分配方案。但是政府的财产分配方案将永远无法跟上其变化，政府对其公民表示的平等关切将永远无法兑现。可见，在德沃金看来，将平等的关切立足于福利平等观上，根基是不扎实的。

（二）总体攻击

如果说在《认真对待权利》《法律帝国》中，德沃金对福利平等观的否定还只是小试牛刀、点到为止，那么，在 2000 年出版的《至上的美德：平等的理论与实践》一书中则展开了总体性攻击。

为了更好地理解这种攻击，我们有必要先介绍一下德沃金的论证策略。

论证从对功利主义反击开始。功利主义兴起于 19 世纪的英国，边沁、密尔都有许多著名的论述，在早期，他们作为哲学激进论者，攻击少数特权阶层，"指责他们以牺牲绝大多数人的利益为代价来维护自己的不公正特权"②，这无疑是进步的。但是，在当代自由民主国家，尤其是 20 世纪五六十年代民权运动以来，根本问题已经发生了变化，许多激烈的、引起争论的政治问题都围绕着少数人

① 德沃金：《法律帝国》，李常青译，中国大百科全书出版社 1996 年版，第 255 页。
② 威尔·金里卡：《当代政治哲学》（上），刘莘译，上海三联书店 2004 年版，第 88 页。

的权利展开，如黑人的权利、同性恋的权利、残疾人的权利等，面
对这些情况，功利主义者的回答模棱两可且含混不清。功利主义者
提倡追求"最大多数最大幸福"（Maximum Happiness），允许为了
大多数人的利益牺牲弱小个体。这与当代重视"少数人权利"的潮
流是不相符的。功利主义认为，如果说平等是政治社会的一大美
德，那么说到底它只能是福利平等。"福利平等"这个概念至少从
名称上就有一种吸引力，仿佛经济学家发明或者采用这个概念，恰
恰是为了生活本身，符合"人是目的而不是工具"的康德式道德原
则。可是，功利主义试图平等待人的"理想"最容易落空，所谓的
福利平等在很多情况下会把一部分人当成另外一部分人实现理想的
手段。

　　由于"福利是指什么"存在着若干观点，因而"福利平等"也
存在着若干种理论。德沃金把福利平等的理论分成两大类，第一类
被他称为"福利即成功的理论"（success theories of welfare），第二
类被他称为"感觉状态理论"（conscious‐state theories）。德沃金把
它们做了详细的划分，找出了这两大理论中相对应部分，如图 2.1
所示。

　　第一，德沃金区分出一种最宽泛、最不受限制、意义上的"福
利即成功的理论"，这是一种无限制的成功平等理论，这种平等理
论，应该满足每个人的政治偏好、涉他偏好和私人偏好。

　　我们先来分析一下政治偏好。政治偏好指的是有关共同体应当
如何把各种物品、资源和机会分配给其他人的偏好，这些偏好可能
是常见的、正式的政治理论。例如，物品应根据贡献或者劳动进行
分配的理论，也可能是非正规的、根本算不上理论的那一类偏好，
如许多人都有的一种偏好：希望他们喜欢或特别同情的人应得到比
别人更多的东西。但事实会怎样呢？在一个人们对于"何为分配平
等"见解不一且容易情绪化的现实社会中，对于任何分配，都会有
人赞成有人反对，不可能让每个人都满意。更难做的是，官员如何
了解到每个人的政治偏好呢？如果我们忽略实践中或偶然会发生的

	分 类			
福利即成功的理论（success theories of welfare）：个人的福利就是他在实现其偏好、目标和抱负上的成功，因而把成功的平等作为一种福利平等的观点，主张资源的分配和转移应达到进一步的转移，无法降低人们在这些成功方面的差别的程度。福利即成功的理论究其实质就是主张资源的分配和转移在满足人们成功的平等方面达到边际效用	政治偏好 political preferences	涉他偏好 impersonal preferences	私人偏好 personal preferences	
			只满足私人偏好的成功平等理论。	对应关系
		强调排除政治偏好，只满足涉他偏好、私人偏好的有限制的成功平等理论		
	要求满足包括政治偏好、涉他偏好和私人偏好的无限制的成功平等理论			
感觉状态理论（conscious-state theories）：分配应当努力使人们在其自觉的生活的某些方面或质量上尽可能达到平等。它也可以根据人们从不同偏好的实现或落空中获得"享受"和体验到"不满足"的角度分出三种与成功平等观相对应的三种形式	不限制享受来源的感觉平等			
		从非政治偏好获得的感觉平等		
			只满足私人偏好的感觉平等	

图 2.1 德沃金对于福利平等理论的分类

这些难题，假定存在着这样一个大体可以做到这种成功的平等社会：人们都坚持大体相同的政治理论，或是他们虽有分歧，但每个人基于政治原因而对一种方案的不满能够用他个人处境中的偏爱加以弥补，从而没有引起其太多的敌意要去捍卫他们所理解的别的平等。那么，这种分配理论在逻辑上将陷入悖论。为什么呢？偏执于自己的政治偏好的某人应该得到社会补偿，但是已经取得合法地位的平等观会认定这个人所偏好的平等观是错误的，从而不应该得到社会补偿。这样，我们就会得出结论："只有当人们恰好持有的政治偏好不仅普遍而且正确时，无限制的成功平等观才是可以接受的，这当然意味着说到底它是一种空洞的理想。"①

第二，将政治偏好排除之后，让我们来看一下涉他偏好与私人偏好。涉他偏好又可称为非私人偏好，私人偏好是指关于各种益品、机会、资源的偏好，这种偏好是偏好者个人想要的东西。涉他偏好是指非私人偏好，他们同某些事物而不是同他们自己或别人的生活和境遇有关。例如，有人非常渴望科学技术的进步，有人发自内心地极其盼望能在火星上找到生命，有人希望在他有生之年能有伟大的文学作品问世，有人希望某葡萄园的海岸不再继续受到海水的侵蚀。可以说，这些非私人偏好，都是一些很难实现的梦想，或是一些政府无论做什么也满足不了的梦想，何况，涉他偏好有时甚至会带有歧视性地要求黑人更少地享有资源与机会，政府为什么要满足这些不同的涉他偏好以实现这方面的福利平等呢？在这里，功利主义者也是自相矛盾的。按照功利主义的一贯平等待人主张，无论某人的涉他偏好是何等的古怪都应该给予补偿，但是补偿这种涉他偏好是否总是合理的呢？德沃金认为："在任何非个人的偏好有资格纳入成功平等的计算以前，有必要做出这种重要的细致区分。"② 而福利平等观在这方面没有提供令人信服的解释。这样，限制的成功平等理论的可信度也是遭到质疑的。

第三，德沃金关于个人成功的平等观讨论是满足私人偏好分配资源的平等观。私人偏好是指那些涉及他们自己的经历和处境的偏好，该种平等观分为两种：一种是个人相对成功的平等观，另一种是个人总体成功的平等观。前者指的是个人在实现那些自我设定的分立目标上的成功的问题。后者则认为，对个人成功与否的评价不应以相对机械的方式使自己的成就符合任何既定目标，而应根据其

---

① 德沃金：《至上的美德：平等的理论与实践》，冯克利译，江苏人民出版社2003年版，第19—20页。

② 德沃金：《至上的美德：平等的理论与实践》，冯克利译，江苏人民出版社2003年版，第22页。

总体的人生抱负从整体上评估自己的人生以发现它所蕴含的价值。例如，某人不确定自己应当做艺术家还是做律师，但他相信自己可以成为一名出类拔萃的律师，但只能成为一个不错的艺术家，他有可能将这种考虑视为选择法律职业的一个决定性理由，这说明他很重视相对成功；在同样的条件下，另一个人宁愿成为不错的艺术家，而不是出类拔萃的律师，因为他觉得艺术比律师从事的任何事情都重要得多，这说明他重视总体成功。德沃金进而指出，由于在现实生活中，人们对于"何谓成功"看法不同，对诸如身体健康、事业有成、家庭幸福等一些成功目标的重要性排序不同，因此在政治共同体中，个人相对成功平等观是无法真正实现的。同理，由于在政治共同体中每个公民个人的哲学信仰和价值判断以及评价标准是如此的不同，因而找不到一条能合理地衡量各方总体成功与否的检验标准来进行公平分配。可见，个人总体成功平等理论也是没有用处的。

概而言之，"福利即成功的平等观"是无法践行的，此种困境源自于在该种福利平等观中更多地要考虑人的主观感受，以至于无法确定一个标准的、公认的"公平份额"用来进行分配。

至于"感觉状态的福利平等观"（conscious - state theories），是指感觉状态的数量或者程度上的平等。德沃金认可用"享受"这个词来表示这种感觉状态。同样的道理，就像"福利即成功的平等观"一样，在现实生活中，因为其同样无法提供一个大家都相对认可的公平份额而归于失败。"福利即成功的平等观"和"感觉状态的福利平等观"都是从主观意义上进行讨论的，可以肯定的是：从较为客观的角度论证福利平等必须设定一个有关公平分配的独立的理论，而这正是福利平等观所不能自足的，是福利平等观的硬伤。德沃金建议引进"合理遗憾"的有关社会资源公平份额的独立的理论。在德沃金看来，人们对生活中未能做什么事情的"合理遗憾"越多，其生活的总体成功就越小，而人们对于自己没有得到他们有权得到的那份物质资源，是可以合理地表示遗憾的。在德沃金看来，总体成功的理论，如果不让类似于"合理遗憾"这种观点起作用，那它便与合理的分配平等理论无关。当然，"某种遗憾是否合理"也是需要一系列复杂的证明的。

总之，德沃金认为，"福利平等观并不像人们时常认为的那样，是个具有内洽性的或有吸引力的理想"①，它有可能在面临实际困难时滑入泥坑，用勤快人的成果去奖励那些能够工作却游手好闲的人，这不仅侵犯了自由，而且损害了平等，这样的世界是相当荒唐的。它难以使我们建立对分配正义的信心。

二 资源平等观及其证明方法

（一）资源平等观的根据——伦理学个人主义的两个基本原则

作为自由主义阵营的精英人物，德沃金公开为自由主义辩护。德沃金的理论是奠基于个人主义的思想基础上的。在德沃金看来，"最重要的价值是个人主义的价值，即每一个独立存在的人的命运和尊严。"② 德沃金在《至上的美德：平等的理论与实践》一书中开门见山，直陈要点，提出了伦理学个人主义的两个原则。他认为，伦理学个人主义的两个原则对于完备的自由主义理论至关重要，它们共同支撑着他所阐述的资源平等观。③ 德沃金的伦理学个人主义的两个基本原则分别是：重要性平等原则（the principle of equal importance）与具体责任原则（the principle of special responsibility）。

重要性平等原则是指："从客观的角度看，人生取得成功而不被虚度是重要的，而且从主观的角度讲这对每个人的人生同等重要。"④ 重要性平等原则不主张人在所有事情上一样或平等，即不要

---

① 德沃金：《至上的美德：平等的理论与实践》，冯克利译，江苏人民出版社 2003 年版，第 63 页。

② 德沃金等：《德沃金复旦大学讲学纪要》，朱伟一等译，载许章润编《认真对待人权》，广西师范大学出版社 2003 年版，第 18 页。

③ 德沃金：《至上的美德：平等的理论与实践》，冯克利译，江苏人民出版社 2003 年版，第 6 页（导论）。

④ 德沃金：《至上的美德：平等的理论与实践》，冯克利译，江苏人民出版社 2003 年版，第 6 页（导论）。

求他们具有同等的智识、品格与人生价值。重要性平等原则不涉及人们的任何个人特性，而是强调人生要有一定的意义且不能被虚度的重要性。然而，重要性平等原则确实要求人们以平等的关心对待处在某种境况下的一些群体。更重要的是，平等关切是施政者特殊的、必不可少的美德，他们应该对忠诚于他们的公民一视同仁。因此，这项原则要求政府采用法律或政策保证在其所能做到的范围内，使公民的命运不受个人的经济背景、性别、种族、特殊技能或不利条件的影响。

具体责任原则坚持认为："就一个人选择过什么样的生活而言，在资源和文化所允许的无论什么样的范围内，他本人要对做出那样的选择负起责任。"[①] 该原则坚持自由主义一贯所秉承的中立原则，它不对任何伦理价值的选择表示认可与支持，它既不谴责日常平淡的生活，也不否定新奇怪异的生活，只是要求这种生活是他个人所决定（不是别人强加于他的）要选择且愿意承担责任的。也就是说，对于每个人而言，人生的成功虽然有着客观上平等的重要性，但是，"个人对这种成功负有具体的和最终的责任——是他这个人在过这种生活"[②]。因此，具体责任原则要求政府在它所能做到的范围内，应该努力使公民个人的命运同他们自己做出的选择密切相关。

（二）资源平等观及其分配方法的论证

德沃金根据伦理学个人主义的两个基本原则建构了所谓的资源平等观的分配正义理论。德沃金强调在分配中彻底贯彻自由主义的个人主义两个原则：一是应该提倡重要性平等原则，对于其治下的公民表示平等的关怀与尊重，这也是民主国家里每个人应有的权利，他们有权要求政府平等对待；二是应该遵循具体责任原则，它

---

① 德沃金：《至上的美德：平等的理论与实践》，冯克利译，江苏人民出版社2003年版，第7页（导论）。

② 德沃金：《至上的美德：平等的理论与实践》，冯克利译，江苏人民出版社2003年版，第6页（导论）。

要求道德主体对其个人选择承担后果，无论个体选择什么样的生活，一种合理的分配正义都不应该干涉，因为那是道德主体个人自觉自愿的选择。

关于"资源平等"，德沃金的定义是这样的，"资源平等就是在个人私有的任何资源方面的平等"。① 德沃金的"资源"分为人格资源（personal resources）和非人格资源（impersonal resources）。具体而言，个人的身体健康状况、体格、技能等属于人格资源，其他一切可以私人占有和转让的财产、生产资料和合法机会都是非人格资源。② 这里必须强调的一点是，德沃金对资源的区分是很有特色的。在他看来，一个人的身体状况属于人格资源，一个身体健康的人与一个残疾人相比，他们的人格资源是不平等的，正义的分配首先应弭平他们在资源上的差别，然后让个人就其要过什么样的生活作出选择，并为其选择承担责任。德沃金采用的论证方式是："选择非人格资源和人格资源作为平等的尺度；把他人付出的机会成本作为衡量任何人占有非人格资源的尺度；以一个虚拟的保险市场作为再分配税收的模式。"③ 具体构想分为两大方面，即荒岛拍卖和虚拟保险市场。

在此，德沃金申明：尽管全面的平等理论一定会涉及公共资源，必须包括政治权力的平等，但为了论证方便，他假定所有制的问题已经得到充分的理解，因此关于制度问题（也就是什么样的私有制模式适合资源平等）的讨论，不属于资源平等观探讨的范围。他仅讨论在经济市场条件下，人们如何达致分配平等。在这里，市场处于核心位置，而不是像人们通常所误解的那样——平等是效率、自由这些价值的对立面或者牺牲品，对市场要加以限制或者用不同的

---

① 德沃金：《至上的美德：平等的理论与实践》，冯克利译，江苏人民出版社 2003年版，第 66 页。

② Ronald Dworkin, *Sovereign Virtue: The Theory and Practice of Equality*, Cambridge, Mass.: Harvard University Press, 2000, p. 300.

③ 德沃金：《至上的美德：平等的理论与实践》，冯克利译，江苏人民出版社 2003年版，第 8 页（导论）。

经济体制部分或者完全地取代它。市场，在德沃金的资源平等观中，具有特别的重要性。接下来，我们看看德沃金的论证策略。

1. 荒岛拍卖

尽管德沃金对罗尔斯正义论基点的"原初状态"颇有微词，但是他还是没有摆脱对罗尔斯论证方法的依赖，为了证明资源平等观是一种好的分配正义理论，德沃金也设想了一个初始分配的理想模型，我们把它称为"荒岛拍卖"。

"荒岛拍卖"假设：有一条遇难船只的幸存者被海水冲到了一个荒岛上，岛上资源丰富，没有人烟，若干年之内都得不到救援，有点像罗尔斯的原初状态。这些移民接受了一条原则：对于这里的任何资源，谁都不拥有优先权，而是只能在他们中间进行平等的分配（假定他们还没有认识到，保留一部分共同资源归他们有可能创立的国家所有，也许是明智的）。他们也接受（至少暂时如此）对资源平等分配的检验标准，即"嫉妒检验"（envy test）：一旦分配完成，如果有任何居民宁愿选择别人分到的那份资源而不要自己的那份，则资源分配就是不平等的。[①] 那么，岛上的资源该如何平等地分配？这些资源外形不同，质量有好有坏，有的可以根据人数平等地分割成 n 份，有的却不可以分成 n 份，如奶牛，它的数量正好不够分成 n 份。有的资源更适合于这个人，有的更适合于那个人。在这个时候，由于缺少平等分配的可操作的手段，分配是不可能让每个人满意的，难以通过嫉妒检验。为了克服分配的任意性与可能的不公平，分配者需要一种手段——拍卖。在这里，拍卖者利用了岛上随处可见的东西——贝壳——来衡量各种资源的价值，设想最终通过贝壳使分配趋于平等。彼时彼刻，贝壳起到了钱币的作用。

在岛上，除了移民自身不能被拍卖，岛上的所有资源，如小房屋、土地、木头、水果、奶牛、布料，甚至小动物等都能被明码标

---

① 德沃金：《至上的美德：平等的理论与实践》，冯克利译，江苏人民出版社 2003年版，第 69 页。

价，拍卖者此时也是分配者，他不停地调整价格，看每一份物品是否能够卖出去。如果有两人同时看上了一块 12 个贝壳的土地，拍卖者就得抬高价格，这个价格不能抬得过高，如果卖 18 个贝壳的时候两个人都放弃了，那拍卖者必须再压低价格，他必须小心翼翼地压低价格到有一人且只有一个人愿意购买，直到所有物品被清场。也就是说，拍卖者必须考虑：在那个特定的价位上是否只有一人购买，而且每一份都能卖出去，不然，拍卖者就得调整价格直到清场。最后，经过缓慢地不停地修改价格，所有的物品都被清场，这时候，人人都表示满意，物品各得其主，分配通过了嫉妒检验，每个人都希望获得自己的这一份而不是别人的那一份。资源分配达到了初始平等，人们应该被认为获得了平等的关切。

在这个拍卖过程中，有许多因素被忽略了。例如，岛上资源具有偶然性的事实和人们嗜好的不同分布，如果岛上只有牛奶、树木、葡萄，没有爱好摄影的保罗所需要的昂贵摄像机，也没有路易斯所钟爱的名贵香槟酒，那该怎么办？或者来岛上的人恰好都喜欢喝香槟酒，香槟酒又不够分配怎么办？德沃金的假设是——岛上的资源充足，即使移民们不幸被冲到一个没有更多他们所需要的东西的岛上，也不能抱怨说，对他们找到的实际资源的分配是不平等的。而且资源平等是不会为更正各种偶然因素提供类似于福利平等观的那种理由的，福利平等观会主张人们共同分享坏运气从而拉平差距。在资源平等条件下，假定每个人都有大致相同的自然禀赋，给予每个人的资源是平等的，机会是平等的，拍卖过程中，他们完全可以根据自己的喜好选择那些对自己来说重要的资源，至于结果的差异正是反映了每个人生活愿景的不同与生活态度的不同。这个拍卖过程充分地尊重了每个人道德上的平等，充分地保证了个人选择上的自由，重要性平等原则和个人责任原则在这里都得到了贯彻。德沃金认为初始分配是公平的，它是自由主义理念下的分配平等。

2. 虚拟保险市场

拍卖成功以后，大家都处于平等的起点，每个人都可以利用他自己选择的资源，自由地去追求他想要的良善生活。但是，这种平等的起点是相当短暂的。拥有不同平等资源（已经经过了嫉妒检验）的人们，每个人有着不同的爱好，不同的技能，另外，还存在一个"运气"的问题，万一辛苦经营的公司遭遇大火，在一夜之间化为乌有怎么办？万一出门遇上山洪暴发崖石砸断双腿怎么办？当然，还有的人天生就有残疾，他能竞争过健康的人吗？一句话，拍卖完成后人们受到了各种偶然或必然因素的支配，差距就会拉开，嫉妒检验再次失灵，公平还是不能保证。

像罗尔斯一样，德沃金也在追求一种正义观，这种正义观有3个主要目标：尊重人的道德平等，缓和自然偶得与社会偶得的任意性，为我们个人的选择承担责任。德沃金认为，如果允许因自然天赋或家庭出身等不同缘由而拥有差异较大的资源份额，那就不能说分配是公正的，这不符合平等原则。何况，一个人的自然天赋与家庭出身等这些偶得因素也不是个人自主选择的结果，这不符合个人责任原则，让个人为自己有残疾负责，这太不公平了，同理，个人也没法为自己出身于破败的家庭负责。如何才能达致分配平等的目标？德沃金独具匠心，他想到了"保险"，德沃金用"虚拟保险"来处理再次分配。

第一，运气和保险。运气是影响人们资源分配的重要因素之一。它分为选择的运气（option luck）和原生的运气（brute luck）[1]。选择的运气，是个自觉的和经过计算的赌博如何产生的问题——人们的损益是否是因为他接受自己预见到并可以发生的孤立风险。原生的运气则是个风险如何产生的问题，从这个意义上说，它不同于自觉的赌博。[2] 也就是说，如果个人因为选择的运气而面临资源的不

---

① 在冯克利先生所译的《至上的美德：平等的理论与实践》一书中，brute luck 被翻译为"无情的运气"；而笔者认为 brute luck 一词在德沃金的语境里更强调"不能选择的运气"，故而倾向葛四友先生在《正义与运气》中的译法，译为"原生运气"。

② 德沃金：《至上的美德：平等的理论与实践》，冯克利译，江苏人民出版社 2003 年版，第 76 页。

平等，那么他不能有所抱怨。如果结果是个人完全不能预见的，那么这是一个原生的运气。如果我的股票上涨了，这只股票是我个人所选择的，我就是交上了选择的好运。如果我被天上掉下的陨石砸中，这个是我个人所无法预料的，这个运气就是原生的运气。在我看来，原生运气分为好的原生运气与坏的原生运气两种类型。但是德沃金更为强调的是坏的原生运气（原生的运气就可以理解为无情的坏运气），认为坏的原生运气需要保险给予补偿；至于如何才能弥平好的原生运气，德沃金并没有过多提及，也许他认为处理好运气可以类比于处理坏运气去购买虚拟保险，可以忽略不提。但是，客观地说，这也是造成资源不平等的原因之一。例如，某房地产老总的儿子，生下来就拥有几十亿元的财产，锦衣玉食，而许多同龄人却没有那么好的运气。这也是社会因素的偶得，应该修正。

德沃金认为，原生的运气不应该要求选择主体对之负责。德沃金利用保险把原生的运气和选择的运气联系在一起，因为是否购买这种灾难险，是每个人深思熟虑后的决定，通过保险，原生的运气就转化成了选择的运气。一个人如果遭遇了他自己无法选择的不幸，保险就会给予补偿，这依然能够实现资源平等的目标，也依然遵循着德沃金所倡导的伦理个人主义的两个原则。当个人通过选择运气出现一些不平等，在德沃金看来，也是可以接受的，因为每个人都必须为他的选择负责。例如，选择了赌博的人，最后即使败光了家产，也没有理由要求别人给予补偿。因为资源平等要求人们为他们的选择付出代价，自由主义者应保护个人所选择的迥异生活，而不是谴责这种差别。当然，在柯恩（Cohen）那里，这个问题会变得复杂一些，他很可能会认为，这个选择赌博的人，天生有这种昂贵的嗜好，对于这种昂贵的嗜好，也应该给予补偿。

至于残障问题，德沃金认为这是一个"原生运气"的问题。有残障的人可以被认为是遇到了不可选择的坏运气，一开始就处于不平等的起点，他有权要求资源补偿，因此明智的办法，作为拍卖的补充手段，是建立一个虚拟的保险市场，让荒岛上的移民为自己的选择负责，以此来改变残障风险带来的坏运气。

第二，劳动技能和虚拟保险。劳动技能的差异是影响资源平等分配的最重要的一个方面，也是德沃金认为最难处理的一个方面。我们知道，初始拍卖以后，人们在起点上拥有平等的资源，但是由于每个人拥有不同的劳动技能，很快每个人就又处于不平等的资源状态，这是德沃金所反对的。他的初衷是，资源平等不仅是在起点上的资源平等，也不应该只是人生某一个特定时刻的平等，而应该是人生任何时候的资源都是平等的。德沃金认为："资源平等的要点从本质上是要让人们能够支配同等的外部资源，在各种不同的特点和技能条件下，达到他们自己所能达到的目标。"①

现实生活中，人们很可能都会遭遇到缺乏某种技能而导致的不平等风险，如何应对这种不公平呢？德沃金认为，并不像残疾的问题可以设立保险市场，我们不能为技能差异也设立一个保险市场，但是，缺少技能与残障问题又有着不少相似性，也应该给予一些补贴。因此，处理技能差异的保险只能是一种"虚拟保险"。② 这里涉及的问题是，在一个人人拥有平等资源的保险拍卖中，人们针对没有特殊技能水平会购买多少保险？与残障的情况不同，人们很难分辨出特定时刻获得的财富，哪些是由于技能，哪些是由于抱负，这样我们就很难设计出一套税收方案，为进行再分配而对由于技能而获得的财富去征税。在实际的市场中，为劳动技能建立虚拟保险制度是可行的。由于人们一般不会选择赌博式的保险，因此我们应该从正常的投保中测算出一个平均保额的大致水平和数额，让人们购买保险。这样，再分配就会变得有理有据。

事实上，在谈到劳动技能时，德沃金是按两条线索进行的：一条线索是天赋劳动技能，另一条线索是后天劳动技能。但是这两条

---

① 德沃金：《至上的美德：平等的理论与实践》，冯克利译，江苏人民出版社 2003年版，第 90 页。

② 德沃金：《至上的美德：平等的理论与实践》，冯克利译，江苏人民出版社 2003年版，第 98 页。

线索是很难分清楚的,尽管难以分清楚,德沃金还是认为:"它也为至少分辨出针对技能差别的公平分配政策的最低要求的问题,提供了一个理论上的解决办法。"① 我们可以强调残疾和相对缺少技能的相似性,由此决定补贴水平。也就是说,人们可以把不同的天赋劳动技能看为程度不同的残障问题,对于天赋劳动技能差异所导致的资源不平等,德沃金认为可以依靠保险市场予以解决。至于后天劳动技能导致的不平等问题,德沃金没有过多讨论,但是按照德沃金一贯的分配理念,这与每个人的选择与抱负息息相关,因此,由于后天劳动技能所导致的不平等,应该是可以接受的。其实,后天劳动技能与先天有天赋的劳动技能很难分清楚,它们也总是紧紧缠绕在一起的。估计这也是德沃金没有全力论证的原因吧。

第三,作为保险费的税。作为保险费的对应物是真实世界里的税。德沃金考虑从人们的实际收入中进行调节,他针对技能的不同而提出的虚拟保险市场就可以转化为失业保险市场,通过失业保险市场来矫正人们因天赋劳动技能的差异而产生的资源不平等状况,从而实现他的分配理想。当然,虚拟保险不能完全对应真实世界的税收,如果严格地按照虚拟保险市场建立征税方案,那会侵犯个人的隐私权,或者管理成本太高,或在其他方面效率太低。但德沃金依然认为:"把再分配与实际收入而不是挣钱能力挂钩的方案,与我们可以制订的其他方案相比,是一种接近于模拟保险市场理想的更好的次优方案。"②

论证至此,我们可以还原一下德沃金的理论。平等的份额经过购买虚拟的保险,可以先保证人们处于平等的境况;然后经过拍卖,可以保证每个人根据自己的理想抱负进行自由选择。德沃金自豪地认为他的理论已经实现了自由主义平等主义的分配目标——敏

---

① 德沃金:《至上的美德:平等的理论与实践》,冯克利译,江苏人民出版社 2003年版,第98页。

② 德沃金:《至上的美德:平等的理论与实践》,冯克利译,江苏人民出版社 2003年版,第108—109页。

于选择而钝于禀赋。这是德沃金的设想。但是，这种设想现实吗？理查德·阿内森（Richard Arneson）就曾经反对过德沃金的这种方案。在阿内森看来，一个有着出众的表演技巧的电影明星，我们往往搞不清楚她是发展了她的天赋，还是选择了后天努力。我们如何去测量它呢？事实上，我们根本没法去确定个体责任的大小，甚至只是进行尝试都会明显侵犯隐私。① 德沃金的资源平等观计划消弭人们在自然天赋与社会偶得因素方面的差异，但是，实际情况是，自然残障、社会偶得并不是导致人们境况不平等的绝对因素。两个身体、智力、财富、能力大体相当的弟兄二人，选择了种菜的老大很可能因遭遇一场蝗虫自然灾害而颗粒无收，选择了网球游戏的老二则没什么影响。这个时候，按照德沃金的观点，老大仿佛不应该得到补偿，因为选择种地是老大的选择。老大仿佛又应该得到补偿，因为蝗虫这种灾害不是他自主的选择。德沃金的分配方案在这里明显地自相矛盾，德沃金有时候也承认论证的顾此失彼，他说，我们只能实现两个论证中的一个。② 尽管如此，德沃金依然认为经由其设想的荒岛拍卖模式和虚拟保险市场—税收模式能够实现他的资源平等观，也能体现他"敏于志向而钝于禀赋"的分配理念。

第二节　德沃金的反思

按照以赛亚·伯林的观点，德沃金是一个刺猬型的哲学家。无论是对权利论的坚持，还是对法律规则的批判，以及对实践问题的评论等，都有自己的一体化观点。多年来，"在狐狸已经统治学院

---

① 威尔·金里卡：《当代政治哲学》（上），刘莘译，上海三联书店 2004 年版，第152 页。

② 威尔·金里卡：《当代政治哲学》（上），刘莘译，上海三联书店 2004 年版，第154 页。

哲学与文艺哲学数十年"① 的时间里,他总是不厌其烦地一遍遍陈述与解释,然后根据同行们的反驳与质疑再修正与辩护,最后形成一套逻辑缜密的思想体系。同样,德沃金对于自己的资源平等观也进行了反思。

一　资源平等观的优势

资源平等观与其他公正理论相比较,优势何在?德沃金对此做了一番对比与剖析,通过比较,德沃金认为他的资源平等观是一种有吸引力的分配理论。

(一) 与功利主义的理论相比较

德沃金认为,资源平等观与一种不同于福利平等的功利主义可能存在着有意义的相关性,这种功利主义要求总体福利的最大化。德沃金曾申明:"我们的理论作为一个整体,不能期待它会致力于任何意义上的全社会福利的最大化,除非存在着一些有关个人效用函数的特殊而十分宽泛的假设。"② 但是,德沃金又承认"以经济能力的抽象平等分配为根据的平等拍卖物品与服务的设想,也许显示出这种理论中有一些功利主义色彩,因为较之把现有物品机械地分成平等份额,这种拍卖能够更好地促进整体效用,如果存在着这种微弱的相似之处,我不认为它完全是偶然的"。③ 同时,德沃金认为功利主义的部分吸引人之处就在于使总体边际效用最大化的分配这样一个事实。对于目前大学的法律圈里十分流行的财富最大化的公正理论所主张的使财富最大化的理论,德沃金也认为它似乎具有直觉上的合理性的原因。不过,德沃金认为这两种分配如果是公平的分配,也是因为平等,而不是因为效用和财富的最大化。

---

① 德沃金:《刺猬的正义》,周望、徐宗立译,中国政法大学出版社 2016 年版,第 1 页。

② 德沃金:《至上的美德:平等的理论与实践》,冯克利译,江苏人民出版社 2003 年版,第 117 页。

③ 德沃金:《至上的美德:平等的理论与实践》,冯克利译,江苏人民出版社 2003 年版,第 117 页。

（二）与诺齐克的理论相比较

对于诺齐克（Nozick）的理论，德沃金从两个方面进行了比较。

1. 关于起点平等

德沃金认为诺齐克式的起点公平论与他的资源平等观相去甚远，这种理论几乎不能把它说成是一种严谨的政治理论。诺齐克的理论认为，假如人们以相同的处境作为起点，相互之间既没有偷也没有骗，那么人们保留自己通过技能得到的东西就是公平的。德沃金认为这种起点论的两项原则——公正要求平等的初始资源和此后实行自由放任政策——不太容易和谐并存，而且这两种非常不同的公正理论站不住脚的结合具有游戏的成分，其特点是允许运气或者技能发挥任意性的作用。他反对的理由是：假如公正要求的是移民上岸时进行平等拍卖，那么公正后来也会再要求平等拍卖。如果公正要求后来采取自由放任的政策，那么它在移民上岸时也必须要求这样做。诺齐克的理论始终如一地区分初始获取的公正和转移的公正，因为他的初始获取的公正理论声称要为有那种结果的产权制度辩护：转移的公正性来自在获得财产时获得的权利。然而，资源平等理论，甚至没有打算为这种财产权进行辩护。

2. 关于自由市场

尽管德沃金所主张的对社会所控制的全部物品的抽象经济权力进行平等分配的观点，在诺齐克的理论中无存身之地，但是德沃金承认他的资源平等观与诺齐克的独特私有产权公正论理论之间，至少还存在着一种表面的相关性。他们都赋予市场概念以突出的地位，并建议通过得到适当定义和限制的市场来完成分配。不过，这两种理论利用市场的方式之间的差别是相当清楚的。[①]

在诺齐克看来，在为分配提供正当性方面，市场只有消极的和偶然的作用。如果有人公正地获得了某种东西，决定用它去交换别

---

① 德沃金：《至上的美德：平等的理论与实践》，冯克利译，江苏人民出版社 2003 年版，第 118 页。

人的物品或服务，那就不能以公正的名义反对由此导致的分配。对于美国的篮球巨星张伯伦的巨额财富，诺齐克认为他是依靠技能而获得的，因此是公正的，而德沃金承认张伯伦的财富与个人的技能以及对生活的选择有关，但是他仍然认为张伯伦应该交税。在这一点上，德沃金认为自己的理论越来越远地脱离诺齐克那个只充当守夜人的国家。

在德沃金看来，在资源平等条件下，市场是落实平等的最佳手段，它一旦出现，就会表现出更为积极的面貌。但是，当分析表明从任何角度看市场都完不成平等分配社会资源这项任务时，或一种完全不同的理论或制度设计更为出色时，就必须放弃或限制市场。就这一目的而言，虚拟的市场对于实际的市场显然有着理论上的重要性。

（三）与罗尔斯的理论相比较

在与罗尔斯的理论相比较时，德沃金首先批判了罗尔斯的机会平等观。机会平等观认为："如果有人通过超常的努力或技能，用他那份平等的资源创造出了多于别人的物品，他就有资格为此而获利，因为他的所得不是以份额少于他的人为代价而产生的。"[1] 德沃金反驳道：利用自己的初始份额做出更多努力的人在这样做时没有减少别人的东西的价值，这种说法是不对的。因为移民们在初始拍卖后，形成了一个单一的经济体而不是一些相互分割的经济体，因此一个人那份资源的价值的提高必定会减少另一个人那一份资源的价值。[2] 另外，在实际生活中，所谓的"机会均等"的说法也是骗人的。资源平等主义者相信：假如人们以相等财富起步，并且具有大致相同水平的原始技能，那么市场配置将保证没有一个人可以有

---

[1] 德沃金：《至上的美德：平等的理论与实践》，冯克利译，江苏人民出版社2003年版，第90页。

[2] 德沃金：《至上的美德：平等的理论与实践》，冯克利译，江苏人民出版社2003年版，第91页。

合理理由抱怨就其整个生活而言比不上别人。① 但是在现实中人们并非具有相同的起点，有些人一开始便具有明显家庭财富优势或者正式教育和非正式教育优势，有些人则因为他们的种族出身而遭受了种种不幸，有些人在找工作等决定命运的关键时刻遇上了坏运气……撇开这些明显的不平等，人在原始技能、智力或其他原始能力方面并不相同，因此在市场经济中，与别人相比能力较弱的人并不具有真正平等机会。

其次，德沃金从两个层面提出了相关的问题。第一个问题，资源平等观的论证在多大程度上是来自罗尔斯阐述的论证结构？也就是说，它们在多大程度上依靠这样的假设：处在罗尔斯描述的初始位置上的人，会在无知之幕中选择资源平等原则？第二个问题，资源平等的要求与罗尔斯建议人们在那种处境中选择的两条原则有多大区别？

德沃金先从第二个问题入手，通过比较资源平等与罗尔斯的第二条公正原则——差别原则（difference principle），努力证明资源平等的吸引力，捍卫它的内洽性和实践能力。罗尔斯的差别原则要求"基本益品"上的绝对平等不可改变，以此作为对生活最差的经济阶层的利益保障。② 德沃金认为罗尔斯的这一差别原则不同于他所批判的福利平等观，相比较而言，德沃金认为差别原则接近于或者相似于他的资源平等观，但是，差别原则与资源平等观相比较，有如下不足。

其一，差别原则从灵敏度方面而言，并不具备资源平等观良好的反应能力。差别原则面对弱势群体的考察太过粗略，这个群体在罗尔斯的视野里其运气只是由一个平均水平或者有代表性的成员来衡量的，这种衡量实在是不足以对德沃金所重视的那些天生的残障者处境做出恰到好处的反应。不过，德沃金认为罗尔斯对于这类残

---

① 德沃金：《原则问题》，张国清译，江苏人民出版社 2005 年版，第 270 页。
② 德沃金：《至上的美德：平等的理论与实践》，冯克利译，江苏人民出版社 2003 年版，第 120 页。

疾人的补救原则（principle of redress）其实就是资源平等观所描述的方式。但是罗尔斯并不承认差别原则包括补救原则，正常情况下它也不发挥作用。

其二，差别原则与资源平等观相比，不足以多层次地反映除生活最差的经济阶层之上各阶层的分配多样性。德沃金认为，差别原则好像更关注生活最差的经济群体，"事实上不同的经济阶层的命运是'拴'在一起的，因此生活最差阶层的改进事实上至少会伴随着在他们之上的另一些阶层的改进。"① 德沃金反问："在任何情况下，是否真的是最差群体的处境决定着何谓公正？"②

德沃金认为他的资源平等观从根本上说是保障每个个体都必须受到平等的关怀与尊重的问题，而不是一个如何消解群体糟糕的处境的问题。德沃金的资源平等理论强调重要性平等原则，在他看来，政治共同体中的任何个体都有平等的权利，我们应该认真对待这种权利。因此，在资源平等观中，无论是荒岛拍卖还是设置虚拟保险，德沃金都尽量充分地考虑了每个个体的具体情况，包括他们残障概率问题、天赋与技能问题、个人嗜好与抱负问题等。从这个角度说，德沃金认为资源平等观是更为细致的，它保障了每个个体的平等权利。而罗尔斯的差别原则由于实践的原因从一开始就是从阶层的角度来建构的，罗尔斯把公正与某个阶层（生活最差的群体）挂钩的原因，不是把它作为对某种原则上更个人化的、更深层的平等观的一种次优的实践性调整，而是确定何为最基本的公正的初始位置的选择。③

按照德沃金的平等观逻辑，政府应该把每一个公民当作一个平等的人对待，平等本身不要求对一些人给予更多的特殊关注，任何

---

① 德沃金：《至上的美德：平等的理论与实践》，冯克利译，江苏人民出版社 2003 年版，第 121 页。

② 德沃金：《至上的美德：平等的理论与实践》，冯克利译，江苏人民出版社 2003 年版，第 121 页。

③ 德沃金：《至上的美德：平等的理论与实践》，冯克利译，江苏人民出版社 2003 年版，第 122 页。

财富转移对另一些人来讲都是不公平的。而差别原则却通过财富转移阻止生活最差的群体蒙受重大的损失。假如生活最差的群体中一些有残疾的个人或目前失业并将继续失业的个人，在某种税制下的生活将得到改善（和其他阶层中的某些成员一起），但是生活最差的阶层中的一般成员或有代表性的成员的生活会变得更差。把生活最差的群体作为一个整体看待的差别原则会指责这种税收，而资源平等会推荐采用它。

到此，德沃金再回过头来分析第一个问题：罗尔斯的一般方法是否能够提供这样的辩护？或更具体地说，能否从中找到这种辩护？德沃金希望能够证明："处在罗尔斯的初始位置上的人，会在他们的无知之幕中不是选择差别原则，而是选择资源平等或某些中间性的宪政原则，如果是这样的话，当无知之幕升起时，也许会发现资源平等能够比差别原则更好地满足这些原则。"①

德沃金承认：平等分配所依赖的环境，如虚拟保险市场的环境，需要做出反事实的假设，即人们不知道他们事实上很可能知道的事情。但是这种论证在两个方面不同于根据初始位置做出的论证。

其一，德沃金认为他的论证允许人们尽可能多地知情。具体地说就是允许人们作为个人有足够的自我了解，完整地保持他们自己的个性意识，尤其是对他们的生活价值观的意识，而罗尔斯的初始位置的核心却是人们完全缺少这种知识。

其二，德沃金认为他的论证虽然也是在假设的背景下建立起来的，但并不打算建立这个背景，而罗尔斯的论证则有此打算。德沃金认为他的论证是要落实公正的基本设计而不是制定公正的基本设计。

总之，德沃金认为，罗尔斯的差别原则只针对资源平等所承认的平等的一个方面，即基本社会益品的平等，既不考虑个人的抱

① 德沃金：《至上的美德：平等的理论与实践》，冯克利译，江苏人民出版社2003年版，第125页。

负、嗜好、职业或消费差别，也不考虑生理条件或残疾上的差别。因此，罗尔斯对"平等的这种单一维度的分析显然是不能令人满意的"①，而且，罗尔斯的"初始位置的方法并不能被合理地当作政治哲学的起点，它需要更深层的理论支持"②。

二　资源平等观的不足与改进理论

在政治哲学中，一种常用论证方法是经常利用幻想来强化理想，利用理想对各种失败做出选择，从而找出有实践可能性的理想方案。德沃金承认，自己构思出一个资源平等的幻想，在这个幻想的世界里，任何东西都可以拍卖，这在现实中的确是不可能的。但是，对于荒岛拍卖这样的假设还是必不可少的。德沃金在晚年的时候，曾经强调过他的假设与罗尔斯那种无知之幕的幻想的不同。他在《刺猬的正义》一书中辩解道："分配正义理论还在另外一个不同的意义上是高度虚假的。它们严重依赖幻想设备（furniure of fantasy），如永远不会写下来或售出去的杜撰的古代契约、失忆者之间的协议和保险单。罗尔斯设想了一个无知之幕，有了它的遮蔽，人们就会忘记他们的实际所是、所想和所欲，而人们正是在这个无知之幕后面，协商一部原初宪法的具体条款。我设想了一个需耗时数月才能完成的荒岛拍卖会。然而，后一种虚幻性是不可避免的。如果我们拒绝承认政治就是正义的最终裁判者，我们就必须提供其他东西来确定正义所要求的是什么，提供其他方法来表明，平等的关心与尊重实际的要求是什么。如果我们的经济结构错综复杂、深刻不公，自身又有着深厚的历史，那么，不大胆地做些反事实的假设，想做到这一点将是困难的。"③

德沃金认为，对政治哲学家来说，比无济于事更糟糕的就是去

---

① 德沃金：《至上的美德：平等的理论与实践》，冯克利译，江苏人民出版社 2003 年版，第 124 页。

② 德沃金：《至上的美德：平等的理论与实践》，冯克利译，江苏人民出版社 2003 年版，第 126 页。

③ 德沃金：《刺猬的正义》，周望、徐宗立译，中国政法大学出版社 2016 年版，第 380 页。

描述一个天国般的乌托邦，让人们总是沉浸在幻想之中。德沃金反对这种政治幻想。不过，他的荒岛拍卖模式是为现行的英美制度寻找出路的大胆假设，类似于哲学家们所建象牙塔上的漂亮公主，能够吸引我们慢慢地爬得更高。

现实中的共同体是至少存在着生产和交易的复杂共同体，从技术的角度说，不可能取得或维持符合假想拍卖模式的理想平等分配。这是由于：第一，现有的法律体系与现有的私有财产分配体系是不完美的：在法律规则中得到确立的自由/限制体系和以往的司法解决，并没有解决人们利用其财产权的方式与别人的用途之间发生冲突这个方面的所有问题。第二，即使在分配完成之后，它也不可能完全满足嫉妒检验，因为人们不但在个性方面，而且在生产能力方面总会存在差别，在运气方面也难免有好有坏。虚拟保险市场不可能完全消除人们在运气方面的劣势，因此作为资源平等观的标准——嫉妒检验依然无法满足。[1] 鉴于上述情况，德沃金提出了接近于资源平等观的理想的"改进理论"（a theory of improvement）。德沃金认为，一种平等观，除非它不仅描述一种理想的平等主义分配，而且可以作为对明显不平等的分配的一种平等主义的改进办法，不然它就是没有价值的。所以德沃金提出了一种改进理论，它符合资源平等，并且能够成为使我们自己的社会比现在更加平等的指南。

德沃金在资源平等观改进理论的目标中提到了一个会计学上的概念——公正权益赤字（equality deficit），德沃金把"公正权益赤字"定义为一个人在自己社会中的所得低于他在理想的平等主义分配中应得的程度或水平，或他的处境达到比他应当得到的更差的程度。[2] 德沃金认为，由于无法准确发现在这种分配中任何具体的个人会得到什么，因此对公正权益赤字只能做出大约的和主要是比较

---

[1] 德沃金：《至上的美德：平等的理论与实践》，冯克利译，江苏人民出版社 2003 年版，第 205—206 页。

[2] 德沃金：《至上的美德：平等的理论与实践》，冯克利译，江苏人民出版社 2003 年版，第 179 页。

性的判断。为了给资源平等理论提供与现实生活相比较的尺度，德沃金进行了更进一步的会计学区分，将公正权益赤字分解为两个尺度，一个是"资源赤字"（resource deficit），一个是"自由赤字"（liberty deficit），① 所谓的资源赤字就是指他拥有的资源与他在采用公平底线的拍卖可以得到的资源之差。个人的自由赤字就是个人因法律限制而导致的做某些事的能力的损失，在可为之辩护的分配中，他本来是可以做这些事的。自由赤字由他的生活变差的那些方面所构成，此外还有由于其社会中的自由限制体系不符合资源平等的要求而表现为资源赤字的那些方面。

这个赤字的提出对于不擅长经济学的读者来说比较陌生，但是德沃金执着地坚持他烦琐的论证。他认为资源赤字其实是很容易计算的，也是比较容易确定的。但是自由赤字的计算比较困难，资源平等观不能够比较同一种限制产生的自由赤字。② 例如，不允许任何人创作讽刺雕塑，就完全无法从金钱的角度计算这一限制使人生活变差的程度。由于两个人的自由赤字具有不可比性，有时会使整个公正权益赤字也变得失去可比性。

论证至此，希望为平等做更多事情的官员与公民会变得非常沮丧，因为技术上可行与否成为阻碍论证顺畅的一个关键点。德沃金预先设想了一个他称作"技术上可行"的理想分配状态，这种理想的分配状态称为"可为之辩护的平等分配"，"我假定我们能够描述一种经济制度，根据我们目前的状况，它在技术上是可能的，而且对它不可能再有进一步的明显改进。"③ 当我们跟着德沃金的思路，对他这种平等分配充满期待且重塑信心的时候，德沃金却回到了真

---

① 德沃金：《至上的美德：平等的理论与实践》，冯克利译，江苏人民出版社 2003 年版，第 181 页。

② 德沃金虽然认为同一种限制而产生的自由赤字是不可比的，但是他承认，资源平等观能够比较起因于不同的限制而产生的自由赤字，例如禁止读书比禁止吃菜花对于自由的限制要严重得多。

③ 德沃金：《至上的美德：平等的理论与实践》，冯克利译，江苏人民出版社 2003 年版，第 185 页。

实世界，德沃金坦白，这种"技术上可行"的分配平等状态应该是英美国家现有的社会制度还远没有达到的理想状态。原来，德沃金费尽周折地论证只是为了对现实英美制度进行改进与修补。

按照德沃金的改进理论，它要求每个人所拥有的资源赤字与自由赤字必须与理想的平等分配相一致。但是，真实的世界是一个充满不平等与不自由的世界，这样，每个人的自由赤字与资源赤字都是相当大的。当社会给他的成员蒙受了自由赤字时，他实际上是蒙受了牺牲。为此，德沃金煞费苦心地假定了这样一条"牺牲原则"（the principle of victimization）[1]，即通过限制一些自由的法律或措施来达到某种实质性的平等。例如，通过法律禁止富人把自己的金钱用于政治选举、私人医疗服务和契约自由等方面。但是，德沃金的结论是，牺牲原则是要不得的。在我们的现实政治世界里，这种牺牲原则会彻底动摇自由，因为它把所有的自由，甚至我们视为基本的自由，置于一种危险的境地，所以，牺牲原则实际上反而侵害了人们的基本自由。在德沃金看来，如果因为要减少生活最差者的物质资源赤字就禁止那些十分重视政治的人发表言论，那么他们就蒙受了牺牲，这同他们的贫富无关。德沃金明确宣布："我的论证不会使这些基本自由受到威胁，即使在一个极不平等的社会里也是如此。"[2]

在此，德沃金自由主义的立场便完全暴露出来了。按照这种理论，不管平等处于一个多么糟糕的境地，都不得损害自由，更不能损害现实中英美国家的基本政治制度。说到底，德沃金的平等思想是要对资产阶级内部的不平等现象进行"纠偏"，而不是要突破资产阶级现有的根本的政治经济制度。这也正是德沃金平等思想在英美国家盛行的原因之一。

---

① 德沃金：《至上的美德：平等的理论与实践》，冯克利译，江苏人民出版社 2003 年版，第 192—197 页。

② 德沃金：《至上的美德：平等的理论与实践》，冯克利译，江苏人民出版社 2003 年版，第 198 页。

第三章　德沃金平等思想的实质

——自由主义式的平等

第一节　公民的良善生活

自由主义者能过上良善生活吗？这个问题提出的主要原因是：在德沃金看来，自从启蒙运动以来，自由主义政治理想就受到了许多伦理学意义的指责。尼采和浪漫派的"偶像破坏者"否认在自由主义社会里可能有真正的良善生活，他们或者认为自由主义的道德观是普通人出于嫉妒用来禁锢伟人的牢笼，或者认为致力于创造并驾驭新生活和新天地的诗人和英雄才会迷惑于自由主义的平等。[①]马克思主义者虽然没有指责自由主义彻底排除了良善生活的可能性，但是谴责自由主义忽视了资本主义民主制度下生活的异化和贫困化的性质，认为它对个人成功关心得太多，把私人目标置于了社会公正之上。而马克思主义者坚持社会公正的优先性，哪怕意味着有些人必须牺牲个人生活的品质和全部成功。保守主义者针对自由主义者在伦理上的彻底中立提出质疑，认为既然几乎所有关于良善生活的理论都能跟自由主义相容，自由主义就不能用任何这样的理论来为自己辩护，它不能把人们只有在自由主义国家里才能过上良

---

① 德沃金：《至上的美德：平等的理论与实践》，冯克利译，江苏人民出版社 2003年版，第 272 页。

善而公正的生活作为根据。另外，保守主义认为自由主义忽视传统
道德观所提供的社会稳定和根基的重要性，没有认识到只有当生活
扎根于共同体制定的规范和传统之中时才是安全的。总之，这三种
批评意见都认为，自由主义太注重权利而太不注重良善，前者指公
正原则，后者指平等与人们生活的道德价值。

自由主义真的犯有这些被指控的罪名吗？它确实排除任何良善
生活或降低这一目标的地位或对它视而不见吗？自由主义平等能否
具有伦理权威以应对这些在伦理学上唱高调的各种反对者？德沃金
认为，自由主义者必须为自己的政治观点做出正当的解释。

一　良善生活的正确理解

德沃金认为，最合理的哲学伦理学是以一种自由主义信念为基
础的，自由主义平等既不排斥也不威胁或忽视人们生活的良善性。[①]
他的观点是，一种良善生活论，就像任何重要的思想分支一样，既
复杂又有着严密的结构。在伦理学的某些相对具体的层面上，如生
活的细节，自由主义能够并且应当中立，但是在某些更为抽象的层
面上，它不能也不应当中立，因为此时人们是在哲学伦理学的高度
上讨论问题，这时任何人都必须有自己的哲学立场。

在哲学伦理学上，德沃金认为至少可以区分出 3 个这样的问题，
即根源、责任和标准的问题，具体是：第一，这个伦理学问题的根
源何在？我们为什么要为怎样生活而担忧？第二，使生活良善是谁
的责任？是社会的、集体的，还是个人的责任？第三，良善生活的
标准是什么？我们拿什么来检验良善生活的成败？[②]

其实，对于这些抽象的伦理问题的回答，德沃金在《至上的美
德：平等的理论与实践》导言中已经提到了。自由主义平等观的两
条原则已经为前两个问题——根源和责任问题——提供了令人信服

[①] 德沃金：《至上的美德：平等的理论与实践》，冯克利译，江苏人民出版社 2003
年版，第 276—277 页。

[②] 德沃金：《至上的美德：平等的理论与实践》，冯克利译，江苏人民出版社 2003
年版，第 273—274 页。

的回答。重要性平等原则回答了伦理学的根源问题，我们为什么要为怎样生活而担忧？因为每个人都是重要的且是同等重要的，人的生命一旦开始，使其成功而不是虚度光阴，便有着很大的客观重要性。具体责任原则回答了谁应对良善生活负责的问题，过某种生活的具体个人是他自己生活的责任者，他对于自己生活的成功负有首要的、不可推卸的责任。至于良善生活的标准是什么，要想正确地回答这个问题，我们首先要正确理解两种幸福概念与两种哲学模式。

（一）两种幸福概念

是什么东西组成了良善生活或幸福生活呢？德沃金认为必须超越功利主义者从伦理价值的唯一的要素——"承载者"的角度加以度量和比较的做法，既承认幸福概念的复杂性，又承认它的内在结构，为此他提出了两种幸福概念。

一种是意愿的幸福（volitional well – being），另一种是反省的幸福（critical well – being）。所谓意愿的幸福和反省的幸福，就是"如果一个人确实拥有或得到了他需要的东西，他的意愿的幸福便因此而得到了改进。如果他拥有或得到了使他的生活更良善的东西，他的反省的幸福就得到改进"[①]。如何把握意愿的幸福和反省的幸福的具体含义以及相互的区别和联系呢？

例如，扬帆航行或不必看牙医，就是某人的意愿的幸福之一部分，他需要它们，当他得到它们时，他的意愿意义上的生活就变得更美好；而与子女关系亲密，工作上获得一定成功就是某人反省的幸福，假如他没达到或完全无法达到这些目标，他的生活就不是成功的生活。

意愿的幸福有着主观性，反省的幸福有着客观性，生活不会因为看牙医等变得更差，扬帆航行也是来自需要；但与子女的亲密关

---

① 德沃金：《至上的美德：平等的理论与实践》，冯克利译，江苏人民出版社2003年版，第277页。

系的重要性却不依赖于自己认识到与否，无论如何，与家人的亲密
关系会影响到自己的幸福感。

　　意愿的幸福和反省的幸福的区别，不是仅限于此，这两种利益、
两种幸福模式，是截然有别的。人能够合理要求某种东西，而不必
判断拥有它是否真的会使自己的生活更美好。意愿的幸福与反省的
幸福有时会"携手同行"，意愿的利益通常与有关反省意义的利益
的看法相一致：人们一般要求他们认为符合自己反省的利益的东
西，假如他们认为与子女关系亲密符合他们的反省的利益，他们就
会有这种要求。除了两种幸福模式本身外，不可能存在第三种更高
的幸福范畴。当反省的幸福与意愿的幸福有冲突时，人们为了过良
善生活而能够做的，就是听从自己的反省的幸福。幸福是由意愿的
利益和反省的利益之间的正确结合或平衡构成的想法，虽然诱人，
但是没有意义。

　　德沃金的结论是："为自由主义寻找伦理基础的任何尝试，都
必须集中在独立于意愿幸福的反省的幸福上。"[①] 而我们寻找伦理学
的基础，就是为了寻找一种规范的一体观，即我们应该拥有什么样
的政治共同体以及我们应当如何生活于其中。

　　（二）两种哲学模式

　　如何理解良善生活的标准？不同的人们，理解也是不同的，在
某些方面甚至是相互对立的。德沃金把影响人们伦理信念的方式概
括为两种模式：作用模式与挑战模式。

　　1. 作用模式

　　作用模式认为，良善生活的价值在于它的产品，也就是说，在
于它给世界上的其他人造成的结果，一个人的生活的作用，是指他
的生活给世界的客观价值带来的变化。[②] 例如，我们指出青霉素、

---

　　① 德沃金：《至上的美德：平等的理论与实践》，冯克利译，江苏人民出版社 2003
年版，第 281 页。
　　② 德沃金：《至上的美德：平等的理论与实践》，冯克利译，江苏人民出版社 2003
年版，第 289 页。

《费加罗的婚姻》和马丁·路德·金为其族群和国家做出的贡献，来解释我们为何赞赏他们的人生。这种模式主张，一种生活有无价值或者价值多少，不是因为它对一个人的生活在某个方面有着更多的内在价值，而是由于以某种方式生活能够产生更美好的结果。如果一幅画增加了世界的价值，按照这种作用模式，其作者的生活因他创作了这幅画而更美好，这种模式不是把伦理价值的类型而是其数量，与一种生活的结果的价值联系在一起。作用模式受到习惯性的伦理观念和习语的支持，但它很难适用于或解释另一些常见的伦理观念习惯，例如，被人们视为非常重要的许多目标，根本就不是一个结果问题，如一个对天文学知识有一定了解但又水平一般的人，不会给这个世界带来什么积极的变化，他只是在自己的信念的鼓励下用自己的方式做事、真诚地生活。如果按照作用模式来理解，这种有关反省的利益的常见观点就变成了无聊的自我陶醉。

作用模式没有否认人们有反省的利益，但它描述这种反省的利益的方式实际上是对伦理价值加以限制。作用模式认为，生活的好坏取决于利益得到满足的程度，生活美好的质量只能视它们对事物状态之客观价值的作用而定。

2. 挑战模式

挑战模式认为，良善生活的良善性在于它作为一种表现的内在价值，它采用亚里士多德的观点，即良善生活具有一种技能表现（skillful performance）的内在价值。① 也就是说，生活其实就是一种面对生活挑战而发挥的技能，其价值完全存在于它本身，不依靠任何特殊的作用或独立的价值。例如，成功地攀登喜马拉雅山这件事本身就很有价值，其价值不是因为这件事独立的重要性，也不是因为它使得世界上有持久性的价值的总量增加了，而是因为它意味着

————————————

① 德沃金：《至上的美德：平等的理论与实践》，冯克利译，江苏人民出版社 2003年版，第291页。

我们已经成功地应对了挑战。

德沃金的结论是：作用模式使一些人的伦理信念看起来很无聊，如果由衷地接受这一模式，这些信念很可能将不复存在。但是正如我们看到的，挑战模式也可能使一些信念显得很古怪，但毕竟这些信念只是极少数人实际坚持的信念，因此德沃金否定作用模式而肯定挑战模式。

德沃金利用这两种模式指导人们面对伦理学困惑问题做出解答，但是他客观地承认，这两种哲学模式虽然可以解释一些问题，但不能从根本上为伦理价值提供任何普适性的论证，这两种模式仅仅是对大多数人的伦理经验的解释。

二 良善生活的伦理困惑

在德沃金看来，尽管人们对良善生活的标准莫衷一是，但大体涉及如下几方面的问题，这些问题构成了良善生活论的主要问题域，正是在对这几个具体困惑问题的回答中，德沃金解释了他所认可的良善生活的标准。

（一）第一个伦理困惑

第一个伦理困惑即伦理生活的意义问题。良善生活有无意义？我们如何调和这两种观点——生活什么都不是？还是，我们如何生活意味着一切？

作用模式认为，一种特定的生活方式的价值依赖于其结果所具有的独立价值，生活的意义就在于其所导致结果的价值多少。作用模式容易受到的指责是：即使是最强大的人，他能够给宇宙中的价值状态带来的变化也是微不足道的。作用模式的应对是：只要人们接受某种客观价值论，认为人们所能做的事情对世界、对宇宙有着真正的重要性（其重要性程度大于反对者认为它能达到的程度），作用模式就能够使伦理学得到拯救。例如，审美精英主义认为宇宙间最伟大的价值是审美价值（一件伟大艺术品的价值，不可能因为前后数十亿光年里根本不存在审美价值而有所减损），因此艺术天才有着伟大的人生。可是，德沃金反问：假如艺术是宇宙间唯一有意义的价值，大多数人的生活就没什么意义，伦理学将只为伟大的灵魂而存在。① 显然这是荒谬的！

挑战模式以非常不同的方式回答"意义问题"。它认为良善生活具有一种技能表现的内在价值，因此，生活其实就是一种面对生活挑战而发挥的技能，其价值完全存在于它本身，不依靠任何特殊的或独立的价值。② 例如，成功登上月球这件事本身就很有价值，其价值不是因为这件事给这个世界带来了什么，而是因为它意味着我们已经成功地应对了登月挑战。按照挑战模式，任何创新与发明对其生活的良善性做出的贡献这件事本身都非常重要，有着他所创造的东西的独立价值之外的重要意义。德沃金的意思是：可以把生活本身看作一种挑战；将伦理价值视为一种为了应对生活本身的挑战而具有的技能表现的价值。但是，我们不能因"挑战"这个词而产生误解，认为只有过充满挑战的那种所谓的英雄生活才是成功的生活，并且得出只能够取得这类成功的生活才是真正有价值的生活这种精英主义的观点。

（二）第二个伦理困惑

伦理价值是先验的，还是有背景的？这两种都有强大的直觉作为后盾的观点，哪一个正确，又必须放弃哪一个呢？

作用模式将伦理价值与事物的独立价值联系在一起，根据这种独立价值的正确理论，对个人生活的评价完全是看他为世界增加了多少客观而永恒的价值。根据这种模式，伦理价值必然是先验的（使生活良善的作用的独立价值取决于这种作用的时间和地点的这种说法是非常不合理的），价值的尺度也必须是客观的。也就是说，尽管由于具体环境的不同，人们认为什么是使人们幸福的东西是不同的，但是衡量幸福的尺度在任何地方都是一样的。

———————————

① 德沃金：《至上的美德：平等的理论与实践》，冯克利译，江苏人民出版社 2003 年版，第 292 页。

② 德沃金：《至上的美德：平等的理论与实践》，冯克利译，江苏人民出版社 2003 年版，第 293 页。

挑战模式则主张，伦理价值是背景的而不是先验的。挑战模式将伦理价值判定为应对生活挑战而具有的技能表现。例如，德沃金认为一幅绘画作品具有两种价值，即产品价值和艺术价值。产品价值是它激起审美体验和另一些可贵体验的能力。艺术品的价值不仅在于其反映它作为产品的价值，还在于其反映人们对生产该艺术品的技能展示的尊敬，认为它是应对挑战做出的技能反应。因此，艺术包含着既要定义成功又要保障成功的挑战，艺术家没有蓝图可用，甚至在学院派中间或沿袭成规的时候也是如此。当法国现代派画家杜尚把自己的尿壶挂在画廊的墙上时，他是想用过去不为人知的表现创造艺术价值，他希望它们能够扩展或至少改变被视为艺术的传统。同理，如果美好生活也可以视为一项挑战，那么，对怎样才算生活美好加以定义，便也是这种挑战的内容之一，而伦理价值可以视为一种表现的价值而不是一种产品的独立价值。事实上不存在有关生活技能的固定标准，有些人的生活做出了伦理技能的宣示后，甚至有可能形成一种美好生活的新模式。总之，挑战模式给人们应当让生活变成一件原创性的艺术品这种浪漫主义要求留出余地，然而它并不坚持这种理想，也不认为缺少原创的生活就是不成功的生活。这个类比意在说明伦理价值如艺术一样，不是先验的，而是有背景的。生活之美好，如同艺术之卓越一样，艺术家有其由特定历史时代的政治、经济、技术和社会诸条件所构成的参数，伦理生活也有相同的背景含义，它们都要求人们正确应对必须做出抉择的复杂环境。

（三）第三个伦理困惑

既然伦理生活意味着以恰当的方式对环境作出反应，那么接下来便包含这样一个问题，即对于任何特定环境中的任何人来说，正确的伦理回应是什么？或者对于任何特定环境中的特定的个人来说是否存在唯一正确的回应？

对于这个问题，在作用模式的任何合理的版本中，任何人实际生活中的整个环境对其生活的质量都构成限制。① 环境限制着这种理想的实现程度。假如一个人以享受天伦之乐作为人类的理想生活，但是有限的寿命却限制了大多数人一直拥有这种理想生活。当然，如果人类的寿命足够长，那么大多数人都能享受到这种理想生活。但是现实的情况是，人类的寿命是有限的，何况，还有财富、个性、生理能力、医疗技术等也会对人的实际生活产生限制。

挑战模式并不在抽象的何为理想生活这一层面上回答这个问题，它仅仅强调个人要对环境的全部特性做出回应。挑战模式认为，过美好生活就是个人对环境做出的正确回应。至于何为美好生活，是没有样板的，因为我们每个人的生活环境都是非常复杂的。这些环境包括健康、种族、信仰、传统、语言，以及生活于其中的宪政体制与法律制度等千万种因素。生活中的这些环境因素有一些可能被一些人视为有助于人们定义良善生活的"参数"，而另一些就有可能被另一些人视为"限制"。至于生活中的哪些因素是对生活有助的参数，哪些因素又是阻碍生活的限制，则不存在区分它们的哲学模式。这也是由于每个人的生活环境不同，对良善生活的看法迥异。不过，有一点是肯定的，即人们不能把与自己环境有关的一切都当作参数，或把一切都当作限制。假如某人把自己在物质财富、教育、情趣和抱负等当下的处境中的一切作为美好生活背景参数，这种美好生活就不可能再提供任何挑战，这会毁掉自己的伦理学。其实，我们的许多伦理参数都具有规范性，它们有助于确定人们将面对的挑战。基于这个原因，不允许出现这种挑战的生活就不是美好的生活。

（四）第四个伦理困惑

行为不公正能够让人过上良善生活吗？伦理学与道德观有着怎样的关系？从反省的角度说，人们应该如何看待公正与良善生活的

① 德沃金：《至上的美德：平等的理论与实践》，冯克利译，江苏人民出版社 2003年版，第 298 页。

关系？

我们可以认为，美好的生活完全独立于公正的生活；我们还可以认为，公正是反省的幸福之要素，但不是它的全部；我们还可以接受柏拉图的观点：在公正和自利之间根本不存在冲突——因为一个人不可能通过不公正的行为而有反省意义上的良善生活。

德沃金将这个问题分解为二：第一，一个人的不公正行为对其生活之反省意义上的价值有何影响？第二，社会不公正——尽管与一个人本身的行为无关——这一事实对一个人生活之反省意义上的价值有何影响？[1] 作用模式对第一个问题没有立场，因为不公正行为对于人们能否过上良善生活，决定性不强。例如，张三逃避服兵役是不公正的，但是，他逃避服兵役以后周游世界学习摄影，这确实使得他的生活变得很伟大。李四的父亲给小学老师送钱要求关照孩子，李四很可能由于老师的放松管理而失去了成长与成才的机会，以致他长大后无法拥有良善生活。至于第二个问题，作用模式的立场明确，它认为，一个人能否过上良善生活取决于其是否创造了有益于世界的价值。

挑战模式认为，良善生活就是符合公正所要求的环境的生活，因此我们必须尽可能地确定一种良善生活的资源参数，以便使它们符合我们的公正意识。德沃金认为良善生活首先就会要求资源平等分配。一个拥有公正的资源份额，并且生活在较为富裕的共同体或时代里的人，可以面对更有意义或更有价值的挑战，而面对更有价值的挑战是良善生活方式之一。

这里还有一个复杂的问题，那就是德沃金区分硬参数和软参数（hard and soft parameters）。硬参数是指某种特殊表现的基本条件：如果这些条件受到破坏，那种表现就会彻底失败，无论它在其他方

---

① 德沃金：《至上的美德：平等的理论与实践》，冯克利译，江苏人民出版社2003年版，第302页。

面多么成功。① 软参数也限定一种安排，软参数受到破坏虽然也是
严重而有害的缺陷——是金杯上的裂缝——不过这种损害不是致命
的，也是可以克服的。② 德沃金认为一首十四行诗的形式结构就是
硬参数：多增加一行也不行，不管诗写得多么精彩；竞技性花样滑
冰中的规定动作就是软参数：滑冰者做出了偏离要求的动作，虽然
会被算作失误而导致失分，但从整体上说也许比毫无特色的完美表
现得分更多。对生活的成功加以限定的参数都是软参数。生命过早
结束虽然有损于生活的美好，但短暂的生命也可以取得辉煌的成
功，如莫扎特。有些软参数由于有可能引起冲突或困境，要求做出
选择，这种情况下挑战模式比作用模式赋予了所有这些情况和困境
更多的意义。

现在的问题是：公正是一个硬参数，还是一个软参数？

如果说公正是个硬参数，资源就应该公平分配，正确的环境就
应是公正的环境，良善生活意味着以公正的方式对公正的挑战做出
反应。这样，如果一个人可利用的资源超过了他有资格得到的数
量，他便不可能使自己反省意义上的生活得到改进；而当环境非常
不公正时，过良善生活也是非常不易。从这个角度看，柏拉图的观
点似乎是正确的：公正是伦理学的一个硬参数，受到不公正的国家
中的不幸状况玷污的生活，不可能得到救赎。在德沃金看来，这未
免太严厉了！

如果把公正视为软参数，根据这种观点，利用不公正财富的人，
虽然不可能在挑战上完全成功，但是他也可以拥有非常良善的生
活，尽管他不大可能用剩余做一些慈善，去尽力弥补以前的不公
正。当然，也有一些得到不公正财富资助的天才——美第奇家族资
助米开朗琪罗——可以实现一种比公正的国家里任何人都更伟大的

---

① 德沃金：《至上的美德：平等的理论与实践》，冯克利译，江苏人民出版社 2003
年版，第 301 页。

② 德沃金：《至上的美德：平等的理论与实践》，冯克利译，江苏人民出版社 2003
年版，第 301 页。

良善生活。考虑到这些特殊情况，公正应该被视为软参数。

（五）第五个伦理困惑

人们对于良善生活的思考是增益的，还是结构性的？我们该支持哪一个？

增益观认为，个人的认可如同加在蛋糕上的糖粉，虽不能改变其伦理价值，但能增加其生活的良善性。结构观认为，不得到一个人的认可，任何成分都不可能促进他的生活价值。[①] 这一组困惑与伦理价值的单位，与伦理学致力于使其良善的那个实体有关。一方面，我们觉得伦理学完全是个人的事，我们每个人都对确定什么样的生活是正确的和个人生活取得充分成功负有最终责任；另一方面，我们又相信它以不同的方式与共同体联系在一起。我们感到最基本的伦理单位是集体，而不是个体，我的生活是否不错这个问题，对于我是其中一员的某个团体来说，取决于我们的生活是否不错。这两者之间并不存在冲突。

按照作用模式，伦理价值是增益性的，是独立的，是完全客观的，不可能依靠一个人对于它增加了多少价值有何看法。即使一个人认为自己的生活较差，他也能过一种较之他选择的其他生活更为良善的生活。按照挑战模式，信念与价值的关系是结构性的，个人的生活不可能因为一些自己认为没有价值的特征或成分而更良善，甚至这种模式的抽象形式（如意图）也倾向于强调结构观，厌世者的生活就不会因为他不屑一顾的友情而变得更好。德沃金认为，我们应该支持挑战模式，即人们对于良善生活的思考应该是结构性的。

这里要分析几种伦理判断的复杂现象。

作用模式接受外科手术式的家长主义（植入的行为对于人们来

---

① 德沃金：《至上的美德：平等的理论与实践》，冯克利译，江苏人民出版社 2003 年版，第 245 页。

说是良善的，而被切除的是恶劣行为①），允许因为这种模式把伦理价值与伦理选择加以分离，认为国家通过强迫人民采取他们认为会使自己的生活变得更差的方式能够使得他们的生活变得更良善，这种家长主义的核心——强迫一个人接受他认为没有价值的行动或节制，可以使其生活得到改进。例如，国家让人们系上安全带以免他们受到伤害，还有一些所谓共同体主义者强迫人们去投票，其理由是：只有具备公民觉悟的人才能过上更良善的生活。② 挑战模式则融合价值与选择，认为非自愿的服从没有任何伦理价值，它坚持改进除非被过着一种生活的人自己视为改进，不然不可能有任何人生的反省价值的改进，这使外科手术式的家长主义不攻自破。③

替代式的家长主义（substitute paternalism）为一种禁令辩解时，不是说它所禁止的事情是恶劣的，而是指出它所提供的替代的生活有正面价值。④ 但是难题是：认为自己的一生与自己的伦理信念相对立的个体，他怎么会认为自己的生活是更美好的生活呢？德沃金认为判断一个人的生活之良善性应该坚持伦理真诚的优先性。当一个人的生活是出于他的信念所认为的恰当的生活，而他可以得到的其他生活，按照正确的判断，不可能是对他的伦理环境参数的明显更佳的反应，他便做到了伦理真诚。⑤ 这样就把生活和信念合并为一个伦理成功的参数，替代式的家长主义显然缺少这种伦理真诚。

文化家长主义（cultural paternalism）通过教育中的限制和机制，从人们的观点和想法中剔除那些坏的选择，保护人们不去选择那些

---

① 德沃金：《至上的美德：平等的理论与实践》，冯克利译，江苏人民出版社 2003 年版，第 310 页。

② 德沃金：《至上的美德：平等的理论与实践》，冯克利译，江苏人民出版社 2003 年版，第 308—309 页。

③ 德沃金：《至上的美德：平等的理论与实践》，冯克利译，江苏人民出版社 2003 年版，第 315 页。

④ 德沃金：《至上的美德：平等的理论与实践》，冯克利译，江苏人民出版社 2003 年版，第 310 页。

⑤ 德沃金：《至上的美德：平等的理论与实践》，冯克利译，江苏人民出版社 2003 年版，第 311 页。

浪费人生的或恶劣的生活。① 维护文化家长主义的人主张，适合伦理思考的环境是完全杜绝了恶劣或无益的生活的环境，每个人可以根据一份精心制定的菜单决定其生活。德沃金认为，它也由于破坏了伦理真诚而动摇了伦理价值，根据挑战观，生活良善意味着对经过正确判断的环境做出恰当反应，这样，文化家长主义的诱惑也彻底消失了。但这并不是说政府对人们据以决定如何生活的文化背景没有责任，打算为选择如何生活的公民提供正确环境的政府，可以努力让其共同体的文化提供良善生活的典范；以集体手段赞成并鼓励没有得到文化充分支持的伦理理想……所有这些都是来自挑战模式赋予信念的关键性结构作用。

（六）第六个困惑

第六个困惑关于伦理学与共同体。

伦理学是否具有社会的而不是个人的性质？如果有，其程度如何？伦理整合有意义吗？是否也预设了一种本体论的优先性？是否像有些哲学家认为的那样，它假设宇宙中基本的人类单位是群体而不是组成该群体的个体？如果不是，又如何解释伦理整合？伦理学既是个体的又是集体的，这说得通吗？如果说得通，那么在何时采用这种视角才是合适的？②

伦理整合是指人们反省的利益不但涉及他本人的经验和成就，而且涉及他所属群体的经验和成就。③ 这种看法对吗？一方面，我们觉得这完全是个人的事，我们每个人都对选择过什么样的生活负有最终的责任，但是在某些时候和情况下，把伦理世界划分为我自己的生活和别人的生活却是无效的。我们感到，最基本的伦理单位是集体而不是个体，我的生活是否不错这个问题，取决于我们的生

---

① 德沃金：《至上的美德：平等的理论与实践》，冯克利译，江苏人民出版社 2003年版，第313页。

② 德沃金：《至上的美德：平等的理论与实践》，冯克利译，江苏人民出版社 2003年版，第316页。

③ 德沃金：《至上的美德：平等的理论与实践》，冯克利译，江苏人民出版社 2003年版，第316页。

活是否不错。德沃金的观点是：一方面，个人的生活成功仅仅是个人的责任；另一方面，相信个人的成功又以不同的方式与共同体联系在一起，这两者之间并不存在冲突，足够完备的伦理学是可以调和这两种理想的。

作用模式认为，每个人的反省的良善存在于他对世界的作用之中，它要想为伦理整合辩护，就必须证明当个人不是考虑自己的作用而是他所属的群体的作用时，他有时可以发挥更有价值的作用。博弈论以及随之出现的道德和政治哲学设定的一种情景，即所谓的囚徒困境，能够使这一观点成立，但是作用模式无法以囚徒困境的架构来解释我们的实际信念。例如，囚徒困境如何解释越南战争使个人感到的耻辱？德沃金认为有关作用模式可以提供伦理整合的任何论证都会误入歧途，伦理整合有时提供了集体理性所需要的动机，但反过来说就不对了。

挑战模式以完全不同的方式看待伦理整合。为此只需证明，伦理整合可以怎样合理地成为对个人环境中的重要参数——他的生活与形形色色的共同体中的另一些人纠结在一起这个事实——做出反应。挑战模式对于证明这一点有关生活良善的十分广泛的观点是非常自然而不牵强的，挑战模式本身就是支持这一类信念的机制，它认为生活的良善性是一个表现而非作用的问题。

总之，德沃金利用良善生活论的两种哲学模式详细分析了6个伦理困惑，他否定神学或功利主义所倡导的作用模式，肯定挑战模式，他认为只有挑战模式在面对现实生活的根本问题时才能给予客观的、正确的、唯一的解释。德沃金在《客观性与真：你最好相信它》一文中曾经解释他肯定道德客观性的理由："我们希望我们的生活很体面、值得一过，回首往昔时充满自豪而不羞愧。我们希望我们的社群充满公平和善，法律开明而正义。这些都是非常困难的目标，部分关键议题是复杂和令人迷惑的。当我们被告知，在任何情况下，无论哪种我们为之努力奋斗的信念，都不可能是真的，或假的，或客观的……我们必须回应说这些诋毁性的意见都是假的，只是糟糕的哲学。但是这都是毫无意义的、毫无益处的、令人厌烦的干扰，我们必须期待滋养了它们的消沉的当代精神（the leaden spirits of our age），很快会振作起来。"[1]

三　从伦理到政治

无论是罗尔斯还是德沃金，他们都主张人们过一种所谓的良善生活，但是这种良善生活需要政府做出什么样的政治与法律制度安排呢？让我们来考量一下德沃金对这一问题所采取的自由主义立场。

（一）政府中立原则

政府中立（neutrality of state）原则是自由主义的一贯主张，罗尔斯、诺齐克等人都对此有过专门的论述。这一原则的主旨是：自由主义的出发点是个人主义，它不含价值判断且保持价值中立。因此，政府要尊重与保证公民个人的选择自由权，政府不能强迫公民认可自己的价值观，更不能强制公民过政府所提倡的良善生活。对于自由主义者来说，政府中立原则是根本性政治原则。

关于政府是否应该中立的问题是当代自由主义与社群主义论争的一个关键性论题，自由主义强调政府中立原则，而社群主义则更强调国家与政府应当保护和尊重共同体的传统和主流生活方式，中立原则不可能充分保障自我决定所必需的社会环境，不可能维系实践上的共同体。在此问题上，德沃金立场坚定，他主张政府必须坚守中立原则。

德沃金的这种主张是一贯的，德沃金早期在《认真对待权利》一书中已经表达了这样的观点：一是政府行为必须有道德限制；二是政府必须是理性的且不允许有矛盾的判断（即相同情况相同处理）；三是该社会相信它的所有成员生而平等，他们有权利受到平

---

[1]　Ronald Dworkin, "Objectivity and Truth: You'd Better Believe It", *Philosophy & Public Affairs*, Vol. 25, No. 2, Spring 1996, pp. 87 – 139.

等的关心和尊重。① 在《原则问题》一书中，德沃金阐述了其政府中立的思想。他说，自由主义的平等观建议，"政府必须在有关什么是良善生活的问题上保持中立……政治决定必须或尽可能地独立于任何特定的良善生活观念"②。所以，自由主义共同体应该遵循自由主义的基本理念，将社会每一个成员都视为平等者来对待。

在资源平等观中，德沃金对于政府中立原则是这样论述的。首先，体现在初始资源的分配上，政府应该保证其治下的所有公民在原始的起点上是平等的，即"最重要的是人们以平等的条件进入市场"③。其次，政府中立原则在动态的经济社会中要保持一贯性与稳定性。由于每个人的天赋不同、技能有别、对幸福生活的追求不相同，因此政府必须在公民处置资源的过程中保持中立，它不应该提倡什么良善生活，对公民在生活中遇到的矛盾也要保持理性的缄默，只有这样，公民的选择才能要求他们自己负责，资源平等观也才能反映各自的理想抱负，政府也才能通过资源平等观做到平等待人。由此可见，德沃金所主张的中立原则的政府既不是诺齐克等所倡导的"守夜人"，也不是对国民经济过多干预的"保姆"。

（二）对四种共同体的批判

德沃金秉承了自由主义的一贯立场，提倡政府保持中立原则。在德沃金这里，只有政府的中立原则得以真正的确立，伦理个人主义的两个原则才能得以真正落实，公民所认同的共同体才肯定是自由主义共同体。同时，德沃金批评了四种错误的共同体概念。

第一种共同体是民主共同体。它仅仅把共同体当作一个具体的、数量上的政治群体的简单象征。该种共同体认为"民主的多数有权

---

① 德沃金：《认真对待权利》，信春鹰、吴玉章译，中国大百科全书出版社 1998 年版，第 16 页（中文版序言）。

② Ronald Dworkin, *A Matter of Principle*, Cambridge, Mass. : Harvard University Press, 1985, p. 191.

③ 德沃金：《至上的美德：平等的理论与实践》，冯克利译，江苏人民出版社 2003 年版，第 73 页。

为全体人民规定伦理标准"①，"塑造民主共同体伦理环境的问题，应由多数的意志来决定"②。这实际上是倡导实质性而不仅仅是程序性的多数至上主义，是一种主张对共同体的伦理环境应采取赢者通吃的方式来进行集体决策。对于这种决策方式，德沃金批评道："判断一个共同体的资源分配是否公正，必须考虑到公民拥有的自由的程度。如果坚持人们拥有资源的价值，必须由个人选择的互动而非多数的集体决策来决定，那么我们也就是在断定，多数人没有权利决定每个人必须怎样生活。"③ 这与德沃金所强调的认真对待权利的主张是一致的，德沃金反对忽视少数人的权利，并且认为少数人有不服从的权利。

　　第二种共同体是家长主义共同体。它把共同体定义为：不仅是一个政治群体，而且有着一些共同而明确的责任。家长主义共同体的起点非常有吸引力，其观点是："真正的政治共同体必须不仅是个霍布斯式的互利集团，每个公民把所有其他人当作达到自己目标的有用的工具，还必须是每个人对别人的幸福本身有一份特殊关切的社团。"④ 德沃金否定了这种求助于意愿式幸福的而非反省式幸福的家长主义的论证。他的意思是：一个人的生活是否良善，就要看他是否同意它们有益于他的反省利益。德沃金的观点是：即使一个人同意我们为他带来的变化，但是假如我们用来保障这种变化的机制削弱了他通过反思考虑这一变化之关键性优点的能力，那么我们并没有改进他的生活。⑤ 例如，刑罚就威胁与破坏了一个人的判断

---

① 德沃金：《至上的美德：平等的理论与实践》，冯克利译，江苏人民出版社 2003年版，第 239 页。
② 德沃金：《至上的美德：平等的理论与实践》，冯克利译，江苏人民出版社 2003年版，第 240 页。
③ 德沃金：《至上的美德：平等的理论与实践》，冯克利译，江苏人民出版社 2003年版，第 243 页。
④ 德沃金：《至上的美德：平等的理论与实践》，冯克利译，江苏人民出版社 2003年版，第 243 页。
⑤ 德沃金：《至上的美德：平等的理论与实践》，冯克利译，江苏人民出版社 2003年版，第 246 页。

力，即使他同意了某种观点，我们也不能据此认为他已经加强了反省以及转变是真诚的。因此，家长主义共同体也是德沃金所反对的。

第三种共同体实质上是"实体论"共同体。它将"共同体视为一个有自身权利的实体，它是各种影响和利益的来源，不可以化约为哪一个具体个人的贡献"①。该种共同体主张："人们需要一个道德同质性的共同体，作为道德和伦理生活的一个必要的观念背景。"② 有观点称，宽容仿佛可以作为这个道德同质性受到人们的认可或者反对，但是我们没有理由认为共同体的这些工具性益处要求道德同质性。有人认为，伦理学必须有一个所谓的定泊之锚——一个处在行动者信念之外的立场，一个政治共同体绝不怀疑的共同信念。事实上，大多数人会拒绝由它来提供的那个定泊之锚。德沃金的观点是：一个社会有它自身的传统习俗与以此为基础的客观道德，没有必要不断地根据具有道德同质性的某种更高的、独立的标准加以检验和修正。

第四种共同体是（德沃金认为最重要、最有意义的一种）反对自由主义宽容的共同体主义，也称为"一体论（或人格化）"的共同体。持有该种概念的人认为，自由主义者将个人幸福与政治共同体的幸福作了严格的区分是错误的，因为他们认识到"个人生活和他们的共同体的生活是一体的"③，政治共同体对于公民个人来讲具有优先性。一体论的共同体概念采用的是拟人化论证方式，它主张共同体的共同生活是某种超人式的生活，它与形成共同体的每个公民个人有着同样的形态，面对着同样的道德及伦理的分歧与困境，遵循着同样的成败标准。德沃金把接受这种观点的人称为"公民共

---

① 德沃金：《至上的美德：平等的理论与实践》，冯克利译，江苏人民出版社2003年版，第239页。

② 德沃金：《至上的美德：平等的理论与实践》，冯克利译，江苏人民出版社2003年版，第250页。

③ 德沃金：《至上的美德：平等的理论与实践》，冯克利译，江苏人民出版社2003年版，第252页。

和主义者"（civic republicans），公民共和主义者会像关心税制与经济援助计划一样关心共同体的伦理健康，包括性道德问题。德沃金认为这种论证依靠的是一种拟人论与幻觉，接受这种观点的人可以认为共同体也有性生活。这明显是违背常识的。当然，德沃金也承认一体论已含有真理的颗粒，但其根本缺陷在于没有将个体成员在共同体中的定位找准。德沃金提倡一种改进版的"一体论的共同体"，将其视为自由主义共同体。

（三）自由主义共同体

德沃金认为，人们应该持有一种改进版的"一体论的共同体"（简称"一体论"）概念，它必须采纳德沃金所推荐的依靠社会实践和态度的一体化解释，即实践的观点（practice view）（不是那种形而上学的观点）。根据这种观点，当一个一体化的共同体存在时，它的公民有关它的成败的言论，不仅是指他们自己作为个体的成败的统计学总和。一体化的共同体有它自己的利益和关切，有它自己的生活，它是真实的现象，共同体是由各种态度和实践所创造并体现在这些创造中的，而不是先于它而存在的。[①] 例如，一支交响乐团具有集体生活，不是因为这支交响乐团在本体论上比其中的音乐家更具根本性与优先性，而是因为这些音乐家热爱这个集体并且用他们的具体实践行动维护了这个集体。

在这里，德沃金依靠实践的观点，解释了集体行为单位如何形成，以及个人成员在其中如何定位，并描述集体的特点。第一，集体行为是一种共同体的行为，而不是作为个体的共同体成员的行为。第二，集体行为与个体行为总是协调一致的，而不是偶然协调一致的孤立行为。第三，共同体的成分（其中的成员）要为集体尽力，集体行为构成了它的共同生活。例如，一个交响乐团是一个集体，它的成员便是音乐家。交响乐团的共同生活仅限于演奏音乐，

---

① 德沃金：《至上的美德：平等的理论与实践》，冯克利译，江苏人民出版社 2003 年版，第 256 页。

不是像形而上学的一体观所认为的那样，体现着人类生活的全部特征与各个方面。尽管音乐家很热爱这个交响乐团，把它的成败看作自己的成败，但是，第一小提琴手并不关心同事的性习惯与性心理。

自由主义共同体的生活是什么呢？德沃金认为："共同体的集体生活包括它的正式的政治行为：立法、裁决、实施以及政府的其他行政职能。"这种观点也许在公民共和者看来有点贫乏，但是对于自由主义宽容的论证足够了。因为政治决策的成功要求自由主义宽容。

德沃金主张："把共同生活限制在政治活动上——不让政治公正超出自由主义者已接受的范围。假如共同体的生活只限于正式的政治决策，假如因此共同体的反省意义上的成功只取决于它的立法、司法和裁决的决策，那么我们就能接受共同体生活的伦理优先性，而不必放弃或伤害自由主义在良善生活上的宽容和中立。"①

自由主义者不同于那些接受一体论的公民共和者，他会把他本人的生活与共同体的生活分开，"只会为他认为符合公正的政治决策而投票、工作和游说"②。假如他在尽了最大努力后，他的共同体依然存在着极严重的不平等、种族歧视和其他一些不公平的问题，"他不会因此而认为自己的生活也不太成功，除非他本人因这些不同形式的歧视而遭受损失"③。

自由主义者能过上良善生活吗？当许多流派质疑自由主义共同体中伦理主体，认为它势必面临价值多元论的困扰时，德沃金主张：如果人们认可自由主义共同体的概念，坚持反省意义上良善生活的标准，用挑战模式来解释伦理困惑，支持政治共同体具有伦理

---

① 德沃金：《至上的美德：平等的理论与实践》，冯克利译，江苏人民出版社2003年版，第262页。

② 德沃金：《至上的美德：平等的理论与实践》，冯克利译，江苏人民出版社2003年版，第263页。

③ 德沃金：《至上的美德：平等的理论与实践》，冯克利译，江苏人民出版社2003年版，第263页。

优先性，并对自己的生活做出恰当反应时，那么自由主义共同体中的公民就是在过一种良善生活。当然，良善生活的前提是，我们的社会必须是一个公正的社会，我们的共同体必须是一个公正的共同体，因为"任何由不公正来维持的生活，即使是他们的生活，也有损于生活的良善性"①。德沃金潜在逻辑是这样的：一个人要想拥有良善生活，就必须要求"公平的环境"，而"公平的环境"就要求资源平等以及与之相适应的政治共同体。

可以说，德沃金为我们描绘了一幅类似于柏拉图理想国的良善生活的理论场景：在一个接受资源平等观的公正社会，人们一致认可自由主义共同体的概念，认同反省意义上幸福的概念，用挑战模式来解释伦理困惑，并对自己的生活能够做出恰当的反应……然而，在现实生活中，由于信仰问题、原生家庭问题、性格倾向问题，许多人未必认可反省意义的幸福观，也未必接受良善生活的标准，许多人反倒会自觉不自觉地运用作用模式去思考伦理问题，这样，良善生活就必然会与之背道而驰。因此，德沃金的良善生活论可以说是虚幻的，它并不具有普适性。

第二节 自由主义式的平等

一 自由和平等

政治哲学承认，在几个基本政治理念中，最重要的理念是自由和平等。不幸的是，自由和平等总是发生冲突：有时提升平等的唯一有效手段要求对自由加以限制，有时提升自由的后果损害了平等。② 对平等与自由的这种令人头痛的内在紧张关系，近代以来，西方不同的学者有不同的主张。大多数右翼哲学家认为，自由是自

---

① 德沃金：《至上的美德：平等的理论与实践》，冯克利译，江苏人民出版社 2003 年版，第 266 页。

② 德沃金：《原则问题》，张国清译，江苏人民出版社 2005 年版，第 245 页。

由主义世界的根本价值，当自由与平等相互冲突时，应当选择自由而放弃平等。大多数左翼学者认为，在自由主义体系里，自由和平等也有可能协调共存，万一有冲突，自由应当让位于平等。

当代自由至上主义者诺齐克和哈耶克（Hayek）强调自由至上而排斥平等。另外一位哲学大师罗尔斯则力求达致社会平等，它的差别原则就是为消弭社会不平等的正义原则，当然，处于无知之幕下的人未必会选择具有平等倾向的差别原则。① 德沃金在自由与平等的关系问题上做了令人钦佩的努力，他认为，平等是自由主义的原动力，自由和平等可以和谐地共存于资源平等观之中。

（一）早期的思考

早在《认真对待权利》一书中，德沃金就从权利论角度对平等与自由的关系进行了思考。德沃金否定了抽象的自由权。德沃金认为，在全部政治领域内，自由权可谓家喻户晓，为从国际性的民族解放战争到争取性自由和妇女解放斗争的每一种激进运动都提供了支持。同时，自由也为保守派服务，早期的新政就由于它侵犯了普遍意义的自由权而受到反对。现在，美国通过黑人与白人学童坐同一辆校车实现种族公正的努力，以及英国通过限制私人教育实现社会正义的尝试都受到同一理由的强烈反对。② 可见，从古到今，自由权已经成为人们滥用的词语。德沃金认为，此纯属误入歧途的认识，因为，"很明显，不存在什么一般的自由权"③。

自由的传统定义认为，自由就是意味着：如果一个人想做某事，那么，一个政府不应对该人可以做的事情施加限制。④ 这实际上正

---

① 按照德沃金的逻辑，当无知之幕升起时，人们有可能选择他的资源平等，而不是具有平等倾向的差别原则。参见德沃金：《至上的美德：平等的理论与实践》，冯克利译，江苏人民出版社 2003 年版，第 125 页。

② 德沃金：《认真对待权利》，信春鹰、吴玉章译，中国大百科全书出版社 1998 年版，第 349 页。

③ 德沃金：《认真对待权利》，信春鹰、吴玉章译，中国大百科全书出版社 1998 年版，第 353 页。

④ 德沃金：《认真对待权利》，信春鹰、吴玉章译，中国大百科全书出版社 1998 年版，第 350 页。

是伯林的"免于干涉的自由",也就是消极自由的概念,自由就是不受任何人的妨害和强制,能够做自己喜欢做的事情,否则就是不自由的。伯林对于自由的定义是:"在我使用这个术语的含义,自由的意义不仅包括没有挫折,也包括对可能的选择和行为不设障碍——在个人决定要走的那条路上不设路障。"① 边沁就曾说过类似的话,无论什么样的法律都是对自由的"违背"。德沃金称这种自由概念其实是个中立性的概念,德沃金指出,正是这种中立意义的自由观导致了在"自由与平等关系问题"上的历史性讹误,其引出的混乱似乎远比其澄清的混乱多。② 显然,自由与平等在这里是相互冲突的。

为了论证方便,让我们暂时搁置自由权,先了解一下权利的含义。德沃金主张,人们享有一种更为强有力意义的平等权,这种权利标志着一个人有反对国家的与众不同的权利,是美国宪法的核心。德沃金认为,"所谓的自由权根本不能与强意的权利,如平等权,相抗争"③,对于强硬意义上的平等权而言,根本就不存在与之对抗的自由权,有的只是某些特定自由的权利。也就是说,德沃金不为任何一般意义上的自由权(genenal right to freedom)辩护;相反,他赞同建立在不同基础之上的自由权(right to libety)。德沃金的观点是:一切个人的基本自由都是从抽象的、强硬意义上的平等权利中派生出来的。例如,言论自由权,伦理独立权、财产自由权等都是从抽象的、一般性的权利中派生出来的。就这样,德沃金否定了普遍的自由权,肯定了抽象的平等权,并且将具体的自由权置于抽象的平等权之下,认为平等权属于第一阶梯,自由权属于第二阶梯。

---

① 以赛亚·伯林:《自由论》,胡传胜译,译林出版社2003年版,第189页。
② 德沃金:《认真对待权利》,信春鹰、吴玉章译,中国大百科全书出版社1998年版,第351页。
③ 德沃金:《认真对待权利》,信春鹰、吴玉章译,中国大百科全书出版社1998年版,第353页。

（二）晚期的论证

如果说在《认真对待权利》一书中，德沃金对平等与自由的关系是从权利的角度切入的，那么，在《至上的美德：平等的理论与实践》一书中，德沃金则是从规范意义上来展开讨论的。当我们在规范意义上讨论平等与自由的关系的时候，实际上面临着不同意义的平等观。因此，我们有必要分析各种平等观的类型，考察它们对待自由的态度。

功利主义的平等观宣布，当政府通过制定并执行长远看有助于最大平均福利的政策，并以同样的方式对待社会每个成员的福利时，它便是表达了平等关切。福利平等观坚信只有当政府的政策目标是使每个人的福利尽可能与其他人平等时，才算是做到了平等关切。[1] 他们对待自由的态度是：自由是保证平均福利最大化或落实福利平等的最佳手段，但是保护自由有时会减少而不是促进社会的平均福利。这种观点可以认识到平等与自由的冲突的可能性，功利主义的平等观或者福利主义平等观需要否定自由。

自由放任的平等主义者认为，平等关切意味着充分尊重自由，不去干涉任何人的生活，（除必要的情况外）让人们的命运由他们自己的能力、主动性和运气来决定。[2] 这种极端的无政府主义的自由观，显然会与平等发生冲突。他们的态度是：凡是侵犯他们赞成的自由权的政治决策，都会破坏而不是促进他们所理解的平等。[3] 德沃金评价道："既不禁止杀人越货，也不禁止损害公共财产的践踏草坪的行为的社会，不可能是平等的社会；它也不可能是安全

---

[1] 德沃金：《至上的美德：平等的理论与实践》，冯克利译，江苏人民出版社2003年版，第143页。

[2] 德沃金：《至上的美德：平等的理论与实践》，冯克利译，江苏人民出版社2003年版，第147页。

[3] 德沃金：《至上的美德：平等的理论与实践》，冯克利译，江苏人民出版社2003年版，第147页。

的、繁荣的、强大的或幸福的社会。"①

那么，德沃金所推崇的资源平等主义者是怎样看待自由与平等的关系呢？在此，德沃金不打算让自由隶属于平等，而是想证明，我们在政治论证和分析中经常加以区分的这两种美德，其实只是一种人道主义理想中相互影响的两个方面而已，他的结论是平等与自由并不冲突。

德沃金认为，必须明确是在哪种意义上使用的这两个词，因为在实践生活中，有时候人们是在规范意义上使用它，有时候又是在浅显的描述性上使用它。当表达大家所赞成的政治美德或者理想的时候，我们是在规范意义上使用它。德沃金在规范意义上对自由与平等的概念下了定义，即：平等指的是资源平等，自由指的是消极自由，也就是不受法律限制的自由。德沃金对讨论的范围也做了限定，即"只想讨论自由与平等分配之间的关系"②。

德沃金既没有如自由至上主义者那样认为自由就是一切，也没有如功利主义或者福利主义者一样依靠有关保护任何特殊自由之长远后果的任何工具主义。德沃金的观点是：在资源平等条件下，自由于公正之所以如此重要，是"因为一个不维护其成员的自由的社会，就是没有——也不可能——在最恰当的意义上给予他们平等关切"③。在这里，讨论自由并不是要把它变成平等的工具或从属，关心它也不是仅仅因为它是有益于达到公平的资源分配的一个条件；而是因为，在理论层面上二者互相关联，在现实世界里也相辅相成，可以说，自由没有了，平等也就缺少了，损害自由就是损害平等。

德沃金否定自由和平等是理论上相互独立的两种美德。因为假

---

① 德沃金：《至上的美德：平等的理论与实践》，冯克利译，江苏人民出版社2003年版，第137—138页。

② 德沃金：《至上的美德：平等的理论与实践》，冯克利译，江苏人民出版社2003年版，第130页。

③ 德沃金：《至上的美德：平等的理论与实践》，冯克利译，江苏人民出版社2003年版，第199页。

如像自由主义者那样承认二者概念上的独立性，自然就会出现这两种美德的关系以及在发生冲突时何者优先的问题。与此相反，德沃金坚持认为："自由和平等不是相互独立的美德，而是政治合作组织的同一个理想的两个方面，因此当我们宣布自己的自由信念时，我们不过是在肯定我们所赞成平等的一种形式，也就是说，我们只是在宣布平等意味着什么。"① 同理，"如果不能确定财产和机会的何种分配能对所有人给予平等的关心，那么你也无法确定自由要求的是什么。"② 这是一个联立方程式（simultaneous equation）的问题。

为了论证自由的地位，德沃金介绍两种论证策略：利益战略（interest‑based strataged）和创设战略（constitutive strataged）。利益战略分两步走，先关注利益，再把自由作为工具性手段加以列出，通过以利益为中心的论证来表明自由的重要性或价值。由于利益战略总是以这样或那样的方式，使自由于公正的作用取决于人们在具体处境中偶然持有或可能持有的信念或偏好，因此自由在利益战略中没有独立的价值。这种策略的问题是，自由的重要性依赖于它所能带来的利益的分量，因此自由很可能通过利益权衡而牺牲掉。

德沃金否定利益战略而肯定创设战略。创设战略是一步走的策略，它从一开始就将自由定义在资源平等观中，它主张必须在理想分配的定义中考虑到自由，所以不存在调和自由与平等的问题。由于这种论证方法过于简单，德沃金认为这一方法有循环论证的弊端。为了避免循环论证，德沃金设想了一种架桥式论证。架桥式论证的预设是，先否认自由有其自身独立不依的内在价值，他认为自由和平等只是一种政治美德的两个方面，既借助于自由来定义平等，又在一个更抽象的层面上借助于平等来定义自由。架桥式论证

---

① 德沃金：《至上的美德：平等的理论与实践》，冯克利译，江苏人民出版社 2003 年版，第 200 页。

② 德沃金：《刺猬的正义》，周望、徐宗立译，中国政法大学出版社 2016 年版，第 4 页。

方法好比是从两端开始的一种架桥活动，先两边后中间连成一体。现在，桥的两头的结论都是我们可以承认且信赖的，一端是我们都同意抽象的平等原则，另一端假设是我们都已经接受了资源平等的观念。一端抽象的平等原则要求政府保持对每个人都必须平等关切，而另一端资源平等是对它的最佳解释或理解。架桥战略不会对资源平等要求的自由权利做出全面的解释，也就是超出分配平等理论，把对政治平等和民主的解释都包括进来。德沃金在这里只强调自由对于分配平等的重要性，并且假定常见的一般限制是任何合格的底线中所固有的。①

在资源平等的拍卖模式中，德沃金采用了机会成本这样一个特殊概念，即"它把个人所拥有的任何可转移资源的价值，确定为因为他拥有它而使别人不得不放弃的价值。当每个人的全部可转移资源有着用这种方式计算而来的相同的机会成本时，它便认为这些资源是平等分配的"。② 荒岛拍卖就是为取得这一结果而设计的。但是，在假想的荒岛拍卖中，不同的拍卖对机会成本的确定会有所不同，因此，架桥战略必须找到某种办法以确定一份资源是我们所谓真正的机会成本。如果我们能使真正的机会成本这一概念成立，我们就可以问一下有关自由的底线条款中的哪一条最有可能确定和反映真正的机会成本，由此选出这种条款作为沟通抽象平等原则和进行妒嫉检验的最佳桥梁。为此，德沃金又提出了一个"真实的机会成本"的概念。

真实的机会成本（the true opportunity cost）在荒岛拍卖中至关重要，当拍卖开始时，经过无数次的后悔与重新选择，如果人们能

①　背景或底线的自由/限制体系是必不可少的：这个系统将具体说明当事人是否以任何特定的自由开始参与拍卖。即使拍卖购物品和当事人的爱好和计划始终相同。如果底线要求，当事人虽然可以把黏土用于他喜欢的其他目的，但他不能用它创作政治讽刺塑像，那么人们对于黏土的需要就会少于没有这个背景限制的情况，于是就可以用较低的价格买到它。拍卖者做出的每一项底线决定，以这种方式反映在整个拍卖过程中。

②　德沃金：《至上的美德：平等的理论与实践》，冯克利译，江苏人民出版社 2003 年版，第 163 页。

够做出有差别的选择通过嫉妒检验，从而能够真实地反映人们各自的理想和偏好时，它就是真正的公平分配。当拍卖结束时，每个人为他得到的东西付出的代价就是这个东西的真实机会成本。在真实世界里，它反映着个人为了得到某个东西愿意付出的代价以及由此愿意承担的具体责任。

在这里，真实的机会成本有着两张面孔。一张面孔朝向平等，另一张面孔朝向自由，从而使两种美德合为一体；它又是一关键性概念，处于传统上所说的平等主义关切与自由主义关切的交会点。[①]它一方面假定私有产权制度保障人们拥有平等资源（根据这些资源给别人造成的真实成本来判断时，它便做到了平等地对待人们），另一方面假定必须尽可能通过设定一种自由规范来测算这种真实机会成本。总之，通过这种架桥式论证，德沃金得出结论，与任何其他底线相比，自由主义底线都更好地表达着资源平等对抽象的平等主义原则的解释。在这种资源平等理论中，自由与平等的冲突消除，二者真正融合。

二 自由主义者为何应当关注平等

研究德沃金的平等思想，不能忽视他的自由主义的世界观。20世纪70年代中期，他在接受英国广播公司采访的时候，曾经明确宣称，他和罗尔斯、诺齐克乃是"行进在同一条路上"[②]——那就是坚决保卫政治上的自由主义理念。

（一）自由主义应当关注资源平等

德沃金认为，自由主义者关注平等存在着两种基本形式：第一种是基于中立的自由主义，这种自由主义认为，政府不必介入道德争论，政府只支持被证明为该原则之结果的平等尺度即可，它被那些无拘无束的人看作一种消极理论，并且它既没有有力地反驳当下

---

① 德沃金：《至上的美德：平等的理论与实践》，冯克利译，江苏人民出版社2003年版，第200—201页。

② 布莱恩·麦基：《思想家：与十五位杰出哲学家的对话》，生活·读书·新知三联书店2004年版，第323页。

时髦的功利主义，也没有为经济不平等的现实提供合理的辩护，因此不能给被里根政府削减福利等经济计划吓倒的人们提供足够的哲学支持。而第二种基于平等的自由主义则认为，政府应该将其公民作为平等的人来对待，政府只是在该平等所要求的程度上保持道德中立。德沃金认为第二种自由主义不存在第一种自由主义的任何一个缺陷，它能反驳当下时髦的功利主义，这就是基于资源平等的自由主义。①

基于资源平等的自由主义相信这样一个经济制度：在其中没有一个公民应当更少地享有共同体资源，以便其他人可以占有他被剥夺的份额。这不是通常被称为"结果平等"的平等，不是要求每一个公民应当在其生活的每一个时刻都具有相同的财富。结果平等的理念要求政府必须不断地再分配财富，消灭由市场交换产生的在财富上的任何不平等。而德沃金的经济正义接受在动态经济运作过程中难以维持的两个原则：第一个原则要求的是，在其生活的每一个方面，市场进行资源配置；第二个原则要求的是，对市场配置加以纠正，以便摒弃由于初始优势、运气和先天能力等的各种差异因素，使人们尽可能分享他们本来应当分享但实际上没有分享的各种资源。②

显然，声称尊重这两个原则的任何一个实际计划的运作都将有所欠缺，因为即使从原则上讲，要想确切地发现任何一个人的经济地位的哪一些方面来自他的选择以及哪一些方面来自与那个选择无关的各种优势或劣势是不可能的；即使我们能够为某些特殊的人逐一地做出这个决断，然而，为整个国家开发出一个使第一层留下的负担只由第二层来填补的税收制度，也是不可能的。因此，不存在完全正当的再分配计划。然而，从全盘考虑，与各种可行出路相比，德沃金还是建议我们应当关注资源平等的理念，虽然这个理念

---

① 德沃金：《原则问题》，张国清译，江苏人民出版社 2005 年版，第 268—269 页。
② 德沃金：《原则问题》，张国清译，江苏人民出版社 2005 年版，第 270—271 页。

存在着复杂性，但毕竟可以为现实的美国社会提供一种可行的解释。

（二）自由主义必须始终坚持资源平等

德沃金认为，自由主义应当关注资源平等，并且应该始终坚持资源平等，无论给国民经济带来多大损失。在这个问题上，德沃金分两步论证。

首先，许多经济学家认为，通过再分配减少经济不平等正在损害整个经济，从长远来看，是一种使自己的目标无法实现的做法。他们说，福利计划是由通货膨胀引起的，为支持那些计划所必要的税收制度抑制了投资，因而抑制了生产。有人断言，只有通过减少税收，通过采取在短期内产生高失业因而给已经处于经济底层的人民带来其他特殊损害的其他计划，经济才能得到重新振兴。这个损害将是暂时的，因为一个更具有动力的经济将带来繁荣，这最终将为残疾人和其他真正需要的人提供更多工作岗位和更多金钱。[1]

这种观点真的如那些经济学家所说的那样——暂时的损害是为了将来的繁荣——为忽视现在处于经济最底层的人们找到了一个借口吗？假如由于现在的银根紧缩政策而损失的每一个人从长远来看将实际地会更好些，那么这个论证是站得住脚的。但是被冷落多年的没有受到有效重新培训的那些人不太可能在将来挽回损失，何况还有他们难以补偿的心理损失；即使在经济有可能得到复苏的情况下，被剥夺了适当哺育与教育机会的儿童、无论如何都活不到去分享那个经济复苏的时刻的老人，都是难以补偿的。德沃金用"可疑的、错误的、粗心而片面的、荒谬的"等一连串词表达了对这种观点的不满。[2]

德沃金的结论是：现在流行的论证，即我们现在必须减少福利以便取得将来的总体繁荣，只是一个功利主义的托词，试图使"为

---

[1] 德沃金：《原则问题》，张国清译，江苏人民出版社2005年版，第273页。
[2] 德沃金：《原则问题》，张国清译，江苏人民出版社2005年版，第273页。

了大多数人的利益而将不可挽回的损失强加给少数人"成为合理的选择。赞同这种功利主义并且避免特别关注极度贫困者的里根政府，其经济政策就会使那些穷人将承受永久的损失。这显然违背了基于资源平等的自由主义的基本原则——应当平等地关注每一个人。这种经济政策或许可以强迫人们接受这样的安排，但他们不会永远安于现状，因为他们认为政府没有对他们的独立与权利给予平等的关切。

德沃金认为，从20世纪初一直到20世纪60年代，自由主义曾信心十足地认为马上减少贫困无论如何都有利于更大的共同体，也就是所谓的社会正义将造就伟大的社会。[①] 但是自由主义者一直没有解决以下问题："当繁荣受到正义威胁而不是促进的时候，自由主义必须提供什么？就什么是艰难时期的经济权利而言，他们没有给予连贯而可行的考虑。"[②] 德沃金的观点是，不应该为了更大的善而任由人民处于水深火热之中，不应该为了所谓的经济繁荣损害平等。

其次，假定两个这样的论证。第一个论证关注的是由通货膨胀导致的损害，那种损害最终会损害所有公民荣辱与共、休戚相关的公共环境，继而偏离了我们所追求的平等的社会理想。按照这个论证，因原本为了抑制通货膨胀和重新振兴经济而设计的计划要求遭受损失的人做出牺牲，理由不仅是为了私人意义上别人的利益，而且是出于对我们自己社会公共制度的忠诚感。第二个论证呼吁关注后代的利益。它认为，假如我们现在强烈赞成平等，那么我们将如此地压制共同体财富，以至于未来美国人将比现在的穷人生活得更加糟糕。这个论证的关键是，当前的贫困者之所以要做出牺牲，以

---

① 1964年5月22日，美国约翰逊总统在密歇根大学演讲中宣称，他要使美国步入"一个伟大的社会"，这是美国自罗斯福新政以来最全面的社会改革计划。1965年，他开始把以"向贫困开战"为主要内容的"伟大计划"付诸实践，内容包括：向贫困大学生贷款和奖学金制度、医疗照顾法、禁止对黑人选举歧视、住房歧视以及其他不公正待遇。20世纪70年代，美国陷入越战泥潭，"伟大社会"成为一句空话。

② 德沃金：《原则问题》，张国清译，江苏人民出版社2005年版，第277页。

支持他们现在的同胞，是为了防止将来给更多公民带来更大的不公正。

这两个论证好像都没有明确违反平等自由主义要求对人尊重与关切的根本原则，但它们都诉诸这样一种功利主义的观念：每一个公民作为共同体的成员，在那个共同体命运中应该担负起某种专门的责任，借着那个共同体的伟大和未来的名义，可以公平地要求他做出牺牲，并以此为荣。

德沃金认为，这个说法是不成立的。他认为，资源平等的平等关切将承认这样一个限制并确立这样一个限度，否则，无论出于何种理由导致的对资源平等的背离都是被禁止的。① 这个限度是：对其自身独立性和平等价值有着适当见解并能为他的共同体而感到骄傲，把自己等同于共同体的未来，并且义无反顾地为之做出牺牲。②

其实只有当共同体处于生死存亡的紧急关头，这种不平等才是被允许的。例如，在一场防御战中，我们期待有服役能力的人能够比别人承担更大危险。当然，"对其自身的平等价值具有一种亲切感的人，为他们的自身信念而自豪的人，仍然会接受为整个共同体而背负起特殊负担的某些理由。"③ 比如，政府应当把专门资源用于培养极有天赋的艺术家和音乐家，尽管这样做会减少其他成员拥有的份额。我们接受这种理念，不是因为艺术家的生活比其他人的生活更有价值，而是因为共同体应该提供一个尊重公民的意愿并使他们能够更富于想象力地生活的环境。

德沃金的理论在当代自由主义社会还是相当激进的。可以说，他是一个能够把理论与现实联系起来并且勇于对现实问题发声的斗士。他说："假如政府只有通过当前的不公平——只有通过以在任何意义上他们都被排除在外的共同体的名义迫使公民做出牺牲——才能提供一个迷人的未来，那么无论它多么迷人，我们中的一些人

---

① 德沃金：《原则问题》，张国清译，江苏人民出版社 2005 年版，第 272 页。
② 德沃金：《原则问题》，张国清译，江苏人民出版社 2005 年版，第 275 页。
③ 德沃金：《原则问题》，张国清译，江苏人民出版社 2005 年版，第 272 页。

都应当抛弃那个未来，因为我们将不把它当作我们的未来。"① 在《原则问题》中，德沃金毫不客气地批评"现任政府提出或颁布的经济社会计划显得如此卑鄙下流和没有人性"②，因为它们将减少而不是扩大它们要求其做出最大牺牲的这个阶级的政治参与和社会流动性。另外，德沃金对美国政府削减像食品援助计划、有子女家庭援助计划、用来资助穷人接受较高层次教育的联邦基金计划等都不赞成。并且对于政府糊弄公民的行为紧追不放，"假如像这些计划那样的'有目标的'计划过于昂贵或过于低效，那么政府必须表明取代它们的其他计划将如何兑现这些计划原来做出的对未来的承诺。"③ 德沃金坚持，穷人的福利水平不应该有所下降，而且，"福利的缩减不应当与援助计划和其他公民权计划的任何总体减少扯到一起，也不应当与《选举权法》中撤销反对各种改良的任何努力扯到一起"④。

三　自由主义式的平等

（一）什么是自由主义

关于什么是自由主义是一个麻烦的问题，不同的时代、不同的派别对自由主义的理解大相径庭。但是，无论是赞扬还是拒斥，自由主义依然是西方社会的主流价值观、基本的政治信念、较为稳定的政策取向。从词源学意义上说，自由主义源于 19 世纪初西班牙的一个政党名称"Liber-Les"，但它却在英语世界里得到了最广泛的使用和认同，它的思想渊源一直可以追溯到古代希腊、犹太和基督教的思想和信仰中。自由主义真正兴盛是在近代的西欧，其社会根源出自中世纪漫漫长夜后的文艺复兴在西欧的反专制、争自由的滔天巨澜，⑤ 英国哲学家洛克等对它做了经典的阐释。"自由优先于权

---

① 德沃金：《原则问题》，张国清译，江苏人民出版社 2005 年版，第 277—278 页。
② 德沃金：《原则问题》，张国清译，江苏人民出版社 2005 年版，第 276 页。
③ 德沃金：《原则问题》，张国清译，江苏人民出版社 2005 年版，第 276 页。
④ 德沃金：《原则问题》，张国清译，江苏人民出版社 2005 年版，第 276 页。
⑤ 顾肃：《自由主义基本理念》，中央编译出版社 2005 年版，第 3 页。

威，自由是自然的人类状态，政治权威不是自然的，而是约定的。人民的同意是政治社会形成的基础。'同意'不仅在建立政府时是必要的，而且也是政府要求人们服从的持久条件，一旦人们确信政府不再履行保护的职责，便可以收回对政府的服从；政府权威不是无限的，它具有限制自身的义务。从维持个人的自由权利出发，洛克主张从权力结构上分权，以宪法及法律原则来确定政府的权限和公民反对政府的权力；反对对异教信仰者进行迫害，提倡宗教宽容和信仰自由等。这一切奠定了自由主义的思想基础。"[1] 美国的《独立宣言》《权利法案》，法国的《人权与公民权宣言》等则以政纲及法律形式阐述并确立了洛克所提出的自由主义原则。然而，自由主义这一概念在以后的历史演变中形成了诸多混乱。20 世纪后半期，许多政治理念都不适当地被扣上了自由主义的标签，英、美、意、德，甚至日本和第三世界不少国家的政党都冠以"自由党"的名称，自由主义本身具有的含混性使得它遭受的批评与抨击甚至比其自身的内涵还要丰富多样。伯林的自由主义区分了自由的两个概念：积极自由和消极自由。伯林的价值多元论引发了自由主义本身更多的理论困境。保守主义政治哲学大师斯特劳斯（Strauss）一针见血地指出，伯林著名的"两种自由概念"无异于宣告"自由主义的危机"。[2]

在美国，越南战争以前，自由主义仿佛有着某些明确的政治立场，并把它作为一些自由主义事业。例如，自由主义者赞成更大的经济平等，赞成国际主义，赞成言论自由，反对新闻审查，赞成种族之间更大的平等，反对种族隔离政策，赞成宗教和国家明确分离，赞成给予被起诉的嫌疑犯更大的程序保护，赞成对"道德规范"犯规者实施非刑事处理，尤其是对吸毒者和成人间自愿的性关系违规实施非刑事处理，赞成大胆运用中央政府权力以达到所有这

---

① 郁建兴：《自由主义批判与自由理论的重建》，学林出版社 2000 年版，第 30 页。
② 甘阳：《伯林与"后自由主义"》，《读书》1998 年第 4 期。

些目标。① 但是20世纪60年代和70年代的一系列发展产生了自由主义究竟是不是一个明确政治理论的疑问。越南战争暴露了自由主义和剥削之间隐藏的联系，也质疑了自由主义是人性党的观念。自由主义与保守主义的界限越来越含混不清，学术界相应地开始产生模糊二者立场的一些论题，这样，关于到底什么是自由主义，更加莫衷一是，出现了形形色色的自由主义思潮，左派、右派、温和派、伪装的、变种的、保守的，简直五花八门，可谓各领风骚。

德沃金认为关于自由主义基本道德的任何一个令人满意的描述都必须具有可靠性、完备性、明确性和深刻性4个条件。其中，明确性非常重要，它必须表明最新自由主义阵营的那些政治立场，而支持那些立场的人就可以统称为"自由主义者"。那么自由主义的核心原则是什么？是否存在着一条贯穿核心自由主义立场并且使这些立场区分于相应的保守主义立场的原则思路？

诚然，保守主义更关心自由，更不关心平等。新自由主义者相对而言更关心平等而更不关心自由，但是如果认为自由主义就在于对平等基本原则和自由基本原则做出了不同的掂量，那么此判断未免失之简单。德沃金认为自由主义的要旨就是有一个自由主义式的平等概念，正是它把自由主义与保守主义区分开；根本的自由主义信仰是对平等的关心和尊重的权利；自由主义是一个真正的且连贯的政治道德，它要求政府应该对于它所统治的所有人给予同等的关注与尊重。他说："在一个假设是自由主义的平等概念所支配的国家里，政治理论的最高问题是：在这样一个国家里，在利益、机会和自由等方面，什么样的不平等是允许的以及为什么？"② 德沃金论证的是，资源平等观，是自由主义的平等观，它是自由主义的核心。从德沃金的这些表述中，我们得出的结论是：德沃金是一个中间略偏左的自由主义者，他认为应该强调平等是判定自由主义的尺

---

① 德沃金：《原则问题》，张国清译，江苏人民出版社2005年版，第235页。
② 德沃金：《认真对待权利》，信春鹰、吴玉章译，中国大百科全书出版社1998年版，第357页。

度，自由主义应该主张国家干预，通过累进税制实现福利和通过再
分配实现平等。不过，他赞成的是一种务实的、有选择的干预，他
反对过分激进的制度变革。

（二）自由主义式的平等观

自由主义平等观中最有特点的观点是：它坚持认为自由、平等
和共同体是一种政治观中相辅相成的 3 个方面。但是，只有采取适
当的方式来理解自由、平等和共同体时，它们才能和谐共存。那么
适当的方式是什么呢？

首先，要说明的是，"自由主义的平等观"有两个不同的原则：
"第一个原则要求政府把其所有公民当作平等的人来对待，即给其
所有公民以平等的关切和尊重。……第二个原则要求，在分配某些
机会资源或者说至少是工作资源的过程中，政府平等地对待其所有
公民，以保证这样一些态势：在那个方面他们是平等的或者比较接
近平等的。"① 德沃金断定，第一个原则是根本的，第二个原则是派
生的。有时，平等地对待人民是把他们作为平等的人来对待的唯一
办法；但有时并非如此。例如，对于受到洪水袭击的两个人口相同
的地区进行紧急救援，对两个地区的公民给予平等对待的要求是向
受灾更严重的地区提供更多的援助，而不是平分可以使用的救援基
金。这实际上是肯定了公民所具有的抽象的平等权利。

其次，在理论上肯定了公民所具有的抽象的平等权利以后，在
现实中该如何安排？政府在经济与法律上应该采取哪些制度与措施
来保证权利平等，而公民个人又有哪些具体的自由权以此来彰显公
民平等权利？对于自由主义政府而言，政府必须保持中立原则。这
里不得不提到现代价值观的问题，从休谟的"从事实无法推出价
值"（或从实然无法推出应然），到韦伯提倡的"世界去魅"（dis-
enchantment of the world）以来，现代价值观否认价值命题具有客观
性。既然"什么样的人生是最理想的人生"这个问题没有客观答

---

① 德沃金：《原则问题》，张国清译，江苏人民出版社 2005 年版，第 247—248 页。

案，它因人的不同而有差异，那么政府当然也就应该在"人们如何生活"这个问题上保持中立性，对于不同的人生方式及理想给予同样的尊重。政府的主要任务不是要告诉或者教育公民什么，而是应该为其公民可以自由追求他们各自的理想生活与成功人生提供一种制度安排。因此，政府应该做到平等待人，给予所有的公民同等的尊重与关心。在经济上，德沃金认为资源平等观可以实现这个目的；在政治上，伙伴式民主观和代议制政府是民主政治最好的安排。

民主理想至少有两个版本，伙伴式民主观与多数民主观。多数民主观认为政治决策要符合多数人的意志。伙伴式民主观不同于多数民主观，它并不认为只有多数人才能掌握政治根本权力。伙伴式民主观认为："所有的人都把他人作为伙伴来对待，并一起伙伴一样来行动。"[1] 也就是说，他们都必须带着对所有其他伙伴平等的尊重和关心而行动。两个概念之间的差别是："多数民主观只对民主做了程序意义上的界定。伙伴民主观则要求民主必须符合某些实质合法性条件。"[2] 这个合法性的条件是：政治共同体必须使它对政治权力的分配反映该共同体对每一公民平等的关心和尊重。通俗地理解，多数民主观其实就是一个数人头的规则，它极有可能施行"多数人的暴政"，伤害少数人的权利，它不是一个公平原则。例如，大海上的救生艇由于不堪重负需要有一个人跳海的时候，多数人就会决定某个人的生死，这比抓阄决定还不公平。

代议制政府是现代西方民主理论的主流形式。按照约翰·密尔的观点，代议制政府是好政府的最好形式。德沃金肯定现实中已经流行的这种民主观点，但是他认为多数民主观为代议制政府提供不了解释与辩护，因为它认为主要问题应该交给全民公决，如英国就

---

[1] 德沃金：《刺猬的正义》，周望、徐宗立译，中国政法大学出版社 2016 年版，第417页。

[2] 德沃金：《刺猬的正义》，周望、徐宗立译，中国政法大学出版社 2016 年版，第417页。

通过公投脱离了欧盟。伙伴式民主观能够为代议制政府提供合适的正当理由，因为在选举产生了官员之后，官员被赋予了代表全体公民参政议政的巨大权力，根据合理的推理，选举产生的官员能够比普通民众大会更好地保护个人权利免受公众意见的威胁。另外，这种民主一般不会把根本性问题交由全体公民公投决定。因此，伙伴式民主观能够为代议制政府做出合理的解释。另外，德沃金认为，伙伴式民主观有 3 个维度：人民主权、公民平等、民主对话。当然，这只是一个政治理想，因为"没有哪个国家已经或能够做到公民对官员的完美控制、公民之间完美的政治平等或不受非理性玷污的政治对话"①。德沃金承认美国在这 3 方面做得都不好，但是，他建议我们可以把民主的 3 个维度作为一个最高或者最好的理想目标，朝着这个方向努力。

最后一个问题，一个尊重自由主义式的平等的政府可以根据何种理据来限制自由呢？传统的自由主义者认为对于"如何实现抽象的平等权利"这一问题，政府应采取自由放任的政策。德沃金认为，事实上，人并没有普遍的自由权，因此否定传统的自由主义者那种自由至上观。德沃金认为，一个尊重自由主义的平等概念的政府要根据某些非常有限的证明类型来适当地限制自由，② 德沃金把这种有限的证明类型分为"原则的论点"和"政策的论点"。③"原则的论点"是为了保障某些人的特定权利免受因行使某种自由受伤害而支持对自由做出某种限制；"政策的论点"是为了实现某些国家事务的要求而支持对自由做出某种限制，政策的论点依靠所谓理想主义或者功利主义的观点来解释，或者说是为了社会理想，或者说是为了大多数人的利益。德沃金反对这种由"政策性论点"而对

---

① 德沃金：《至上的美德：平等的理论与实践》，冯克利译，江苏人民出版社 2003 年版，第 421 页。
② 德沃金：《认真对待权利》，信春鹰、吴玉章译，中国大百科全书出版社 1998 年版，第 359 页。
③ 德沃金：《认真对待权利》，信春鹰、吴玉章译，中国大百科全书出版社 1998 年版，第 359 页。

自由做出限制的观点，因为每个人抽象的平等权利是天生的、强硬的，公民必须获得平等的尊重，他有权选择自己理想的生活，不需要谁来告诉他什么生活是最好的，也不应该为了大多数人的幸福牺牲自己的人生。德沃金肯定"原则性的论点"，因为原则性的论点限制人们的自由是出于尊重每一个公民抽象的平等权。例如，我们反对诬陷从而限制了某种自由正是为了平等地尊重每一位公民。当然，我们始终要明白，德沃金并不反对自由，他只是认为维护自由不能牺牲了平等，而应该证明何种分配正义是自由社会的最佳选择。例如，资源平等观是自由社会的最佳选择，它要求市场经济的自由，这个自由必须得到维护。这就是德沃金所坚持的自由主义式的平等观。

作为自由主义平等主义者，德沃金倡导大革命时期的自由主义理念——自由、平等、博爱——在当代美国的现实意义，他坚决反对极端的自由主义观。因此，德沃金的自由主义不同于诺齐克那种个人自由权利至上的极右的自由主义观，亦不同于罗尔斯那种建立在高度正义之上所持的极"左"的自由主义观。相对而言，他是一位温和的、乐观的、中间稍偏左的、现实的自由主义者，尽管他们来自同一个阵营。德沃金本着自由主义者对现实的批判和解构精神以及对美好社会生活的向往，用乐观主义者的态度对待美国社会发展所面临的困惑，以巨大的理论勇气要求政府将平等原则贯穿于实践，并坚信这是政府的至上美德。此是德沃金理论的积极意义所在，其平等思想对我们建构和谐社会也是有借鉴意义的。但是，需要注意的是，作为资产阶级自由主义阵营的精英学者，德沃金的平等思想依然是资产阶级意识形态，其目的是为资本主义现存的政治经济制度寻找济世良方。总体上看，德沃金的平等思想有其局限性，这种局限性主要表现在以下3个方面。

第一，只谈权利不谈义务，视平等的权利为最高原则与最终真理。德沃金极力肯定个人所拥有的平等权利，并且一再要求要"认真对待权利"，但是，在其理论阐述的过程中，他自始至终闭口不

谈与平等权利相对等的义务，实际上，权利和义务是对等的。德沃
金的观点失之偏颇。在马克思看来，"没有无义务的权利，也没有
无权利的义务。"① 并且，马克思一贯主张，对权利的平等要作具体
的历史的分析。"权利，就它的本性来讲，只在于使用同一的尺
度。"② 可是，"这种平等的权利，对不同等的劳动来说是不平等的
权利。它不承认任何阶级差别，因为每个人都像其他人一样只是劳
动者；但是它默认，劳动者的不同等的个人天赋，产生不同等的工
作能力，是天然特权。所以就它的内容来讲，它像一切权利一样是
一种不平等的权利。"③ 例如，在一定的劳动场合，首先把人只当作
劳动者，不再把他们看作别的什么，这当然是平等的。但是，一个
劳动者已经结婚，另一个则没有；一个劳动者的子女较多，另一个
的子女较少，如此等等，就不可能是平等的。如果在劳动成果相
同，从而由社会消费品中分得的份额相同的条件下，一个人事实上
所得到的比另一个人多些，也就比另一个人富些，也不可能是平等
的。因此，马克思认为："要避免所有这些弊病，权利就不应当是
平等的，而应当是不平等的。"④ "权利决不能超出社会的经济结构
以及由经济结构制约的社会的文化发展。"⑤ 所以，在资本与劳动存
在对立的情况下，就不能抽象地期望有"平等的权利"，不能抽象
地把"平等的权利"当成最高的原则和最终的真理。

第二，分配理据没有得到合理的证明。首先，德沃金的分配对
象是"资源"，他的分配理念是"资源的平等"。可是，这个分配对
象却是难以操作的，这就使得德沃金的分配正义观过于耽于幻想而
难以落到实处。德沃金把资源分为人格资源与非人格资源，意图把
个人的身体健康状况、体格、技能等这些具有天赋的资源拉平，使

① 《马克思恩格斯选集》第2卷，人民出版社1995年版，第610页。
② 《马克思恩格斯选集》第3卷，人民出版社1995年版，第305页。
③ 《马克思恩格斯选集》第3卷，人民出版社1995年版，第305页。
④ 《马克思恩格斯选集》第3卷，人民出版社1995年版，第305页。
⑤ 《马克思恩格斯选集》第3卷，人民出版社1995年版，第305页。

得分配正义"钝于禀赋",可实际上,禀赋是"天然的特权"①,是难以拉平的,在分配正义时,我们不能完全排除这类运气的影响。马克思曾指出:"分配本身是生产的产物,不仅就对象说是如此,而且就形式说也是如此。就对象说,能分配的只是生产的成果。"②其次,德沃金认为公民要求平等地分配一切资源的核心根据就是作为"公民的身份",根据这一点,只要是具有"公民身份"资格的人就有权享有公民基本的政治权利和经济权利。问题是:具有公民身份的罪犯有无资格被政府平等对待,他能否要求平等地分配资源?为人类带来极大灾害的人和为人类的幸福与社会进步做出伟大贡献的人,具有应当得到平等的关心和尊重的权利吗?杀人犯与慈善家应该资源平等吗?德沃金坚持认为存在着"男人和女人对于平等的关系和尊重的自然权利,这一权利不是由于出生、特征、品质或优秀而获得的,而是作为人的权利"③,这样的理据能得到合理的证明吗?诚然,人与人在道德上应该是平等的,有得到平等的关心与尊重的权利,但是据此就认为他们不分贡献大小应该获得平等的资源,这样的理由是不能成立的。其实,德沃金的分配主张正如拉萨尔所谓"劳动所得应当不折不扣和按照平等权利属于社会一切成员"的谬论一样,是脱离社会客观现实空谈"平等权利"和"公平的分配"的观点,是马克思早在《哥达纲领批判》中已经批驳过的。

第三,忽视不同条件下资源平等应有不同内涵和水平,而抽象地视之为普适性的分配方案。德沃金认为,资源平等观是具有普适性的分配方案,其重要性平等原则是人人都会承认的伦理个人主义原则。但是,现实情况是,当今任何一个政府只代表本国人民的利益,政府不会不分国籍地、平等地对待每一个人并且公平地分配资

---

① 《马克思恩格斯选集》第 3 卷,人民出版社 1995 年版,第 305 页。
② 《马克思恩格斯选集》第 2 卷,人民出版社 1995 年版,第 13 页。
③ Ronald Dworkin, *Taking Rights Seriously*, Cambridge, Mass.: Harvard University Press, 1977, p. 182.

源。其实，德沃金也承认其理论的局限性。2002 年，德沃金在清华大学演讲时，与会者曾问："您说所有人都是平等的，请问，可以适用于主体为国家的场合吗？"这实际上引出一个"更棘手的问题"，即"一个国家的政府对本国公民与外国人是否必须一视同仁，表现出平等关怀"。对于这个难题，德沃金的回答是自相矛盾的，他一方面宣称重要性平等原则理论上的普适性，另一方面又承认"在实现世界大同之前，在我们有一个政府之前，我想本世纪还没有这个可能"①。很明显，德沃金资源平等观在现实中很难实现。马克思主义是坚决反对那种超越社会—历史的绝对的普适价值的。按照唯物史观关于社会存在决定社会意识这一最基本的立场，我们不能脱离具体的社会—历史状况去抽象地幻想某种观念的普适性问题，否则，就会掩盖其背后真实的社会经济关系，从而使其沦为一种空洞的和伪善的口号。事实上，平等是一个历史的、具体的和相对的范畴，任何从抽象原则出发推导出的绝对平等的理论在面对现实时必然"流于荒谬"，② 因为世界上没有绝对的平等，绝对平等只存在于人们的观念、幻想之中，现实生活中我们只能追求相对的平等，追求与社会政治、经济、文化发展水平相适应的平等。平等的真正实现归根到底要依靠生产力的高度发展，依靠整个社会全面协调可持续的发展。

---

① 德沃金等：《德沃金复旦大学讲学纪要》，朱伟一等译，载许章润编《认真对待人权》，广西师范大学出版社 2003 年版，第 30 页。
② 《马克思恩格斯全集》第 26 卷，人民出版社 2014 年版，第 359 页。

第四章 德沃金平等思想的理论争论

德沃金自 1981 年在《哲学与公共事务》上发表 "平等是什么" 两篇论文①以来，他的平等思想在英美国家引起了激烈的理论论战。针对德沃金否定福利平等而肯定资源平等的观点，柯恩（Cohen）提出了 "可及利益的平等"，阿马蒂亚·森（Amartya Sen）提出了可行性能力平等，沃尔泽（Walzer）提出了复合平等，这些争论实际上都是关于 "什么的平等" 之争。

第一节 柯恩与德沃金的交锋

关于到底应该是 "什么的平等"，怎样才能保证分配正义？分析马克思主义的创始人、牛津大学教授柯恩与德沃金有一场精彩的学术论战。柯恩在对德沃金进行毫不留情地内部批判时提出了他的 "可及利益的平等"（equal access to advantage）（或者称为 "中期福利平等"）。为了澄清与维护各自的观点，德沃金与柯恩这两位互相欣赏的学者之间展开了激烈的正面交锋。

---

① Ronald Dworkin, "What is Equality? Part 1: Equality of Welfare", *Philosophy and Public Affairs*, Vol. 10, No. 3, Summer 1981, pp. 185–246.

Ronald Dworkin, "What is Equality? Part 2: Equality of Resources", *Philosophy and Public Affairs*, Vol. 10, No. 4, Autumn 1981, pp. 283–345.

一 关于资源平等观的意见

(一) 柯恩的平等观

在《论平等主义正义的通货》一文①中,柯恩在对德沃金的资源平等观做内部批判时阐述了他的 "可及利益的平等",即公民应当是平等的,每个人在他们所拥有的可及利益上应当是平等的。后来,柯恩又把它称为 "中期福利平等" (midware)。柯恩的平等观点相似于阿马蒂亚·森的可行性能力平等 (equality of capabilities) 观。柯恩的中期福利平等,指的是处于某种资源和效用之间的东西。柯恩认为,能力以及能力的使用只是中期福利的一部分,资源对人们有什么用,既不同于人们能够用资源做什么,也不同于人们实际上用它做什么。他与阿马蒂亚·森的细微差别可以用婴儿的例子来加以说明,食物分配给一个成人与一个婴儿,两个人都能够得到营养,然而,并不是两个人都具有可行能力。婴儿由于得到喂养获得了中期福利,可他不具备可行能力。

柯恩与德沃金一样,既反对福利平等的观点,也反对阿内逊的福利平等理论。但是柯恩认为,否定福利平等并不能使得平等主义者反过来拥护资源平等,并且认为德沃金对福利平等的一些反对不能以阿内逊的方式处理,对它们的正确回应应该是被柯恩称为的可及利益的平等,这里 "利益" 被理解为包括福利,但比它要宽泛。在可及利益平等之下,对平等主义者而言,根本性区分是塑造人们命运的选择与运气。

(二) 柯恩的意见与德沃金的回应

柯恩对资源平等观有两种反对意见,首先我们来看一下柯恩的第一种反对意见:

资源平等不会允许一个共同体以平等的名义给某些人做出特殊规定。他们或是需要昂贵药品以减轻痛苦,这种痛苦尽管十分严

① G. A. Cohen, "On the Currency of Egalitarian Justice", *Ethics*, Vol. 99, No. 4, July 1989, pp. 906 - 944.

重，并不会使他们失去落实个人计划的能力；或是持久而严重的，虽然不至于让他们失去能力，消沉或忧郁，破坏了他们的生活，而他们却无法从中解脱出来。①

柯恩举了一个双重不幸者的例子来反驳德沃金的资源平等观。

柯恩的这个不幸者的腿瘫痪了。为了四处活动，他需要一个昂贵的轮椅。平等主义者当然倾向于建议给予他。在他们看来，残疾人需要得到足够的资源，无论他们是否需要这些资源才是或才能够是幸福的。但是，柯恩继续描述这个人的不幸：他的手臂也有些问题，他能够如常人那样移动它们，甚至可以非常灵活地使用它们，但它们仍然有一些很严重的问题：每次移动后，他的手臂肌肉都会非常痛。现在有一种昂贵的药物，定期服用，可以抑制那种本来会伴随其运动的那种疼痛，这种药因为没有副作用而非常昂贵。②

按照平等主义的一般观点，应该支持给予这个人这种药物，即使这种药物如轮椅那么昂贵。但是按照德沃金的观点，这种药物并不能代表对一种资源缺陷的补偿，因为，"在相关的意义"上这个人移动他手臂的能力比绝大多数人都要好（至少比没有手臂的残疾人好）。

还有一个例子，更能说明资源平等观的不足。考虑不列颠的穷人，他们受苦于寒冬的不适，需要给他们以资源补偿。但是，人们在同样的低温下遭受的不适是相差很大的，因此为了消除这些不适所需要的资源数量也是大不一样的，有些人需要昂贵的大衣和许多燃料以获得一般水平的温暖福利。就温暖而言，他们具有德沃金所称的昂贵嗜好：他们需要不同寻常的资源量来达到普通的福利水平。在德沃金的资源平等观之下，如我们所看到的，他们会是失败者，因为德沃金的资源平等观本身就反对对昂贵嗜好进行补偿。

---

① 德沃金：《至上的美德：平等的理论与实践》，冯克利译，江苏人民出版社 2003 年版，第 342 页。

② G. A. Cohen, "On the Currency of Egalitarian Justice", *Ethics*, Vol. 99, No. 4, July 1989, pp. 914 – 923.

　　然而，这两个例子在柯恩那里都应该得到补偿，因为他们遭遇到了"非自愿的不利"，这是那类没有反映主体选择的不利。与"可及性平等"这个背景下的选择模式相对比而言，当不平等反映的是可及利益的不平等时，人们的利益是不正义地不平等的。严重的实际不利是一个相当可靠的可及利益不平等的标记，但是综合考虑，规定的平等并不是利益本身而是可及性的平等。

　　在《至上的美德：平等的理论与实践》一书中，德沃金对柯恩的批评做了回应。

　　首先，针对柯恩的"可及利益的平等"的概念，德沃金提出质疑，因为柯恩并没有系统阐释什么东西能够确切地算作利益。这一点，难以逃脱德沃金的指责。在德沃金看来，柯恩的平等观是福利平等的变种。德沃金指责说："恰恰是通过保持抽象性，从而保持它的模糊性，福利平等才具备它的吸引力，福利或幸福的平等可以有不同的解释。因此只要对一种特定的幸福观做出具体的规定，这种理想就会失去其号召力，这大概解释了为什么那些捍卫福利平等的人，极少尝试做出任何这样的具体规定。"①

　　其次，对于这些柯恩主张给予补偿的情况，德沃金一方面声称，柯恩误解了他的资源平等观；另一方面从理论与实际两个角度来考察柯恩的主张：第一，处在这些不幸状态中的人，从原则上说有资格得到补偿吗？第二，假如把这种方案在现实世界付诸实施，是否有可能为那些处境中的人提供补偿呢？

　　第一个问题的答案显而易见。德沃金认为，无论是处于生理或精神上虚弱的状态中，还是处于一种没有贵重药品或服装便无法摆脱的痛苦、消沉或不适感的状况中，都是显而易见的类似于"残障"的问题。处在这种虚弱状态的人并没有选择它，因此引起痛苦的虚弱状态是缺少人格资源的一个典型例子，资源平等从原则上说

---

　　① 德沃金：《至上的美德：平等的理论与实践》，冯克利译，江苏人民出版社2003年版，第330页。

能够对此做出补偿。

对第二个问题，德沃金认为，既然柯恩设想这种痛苦能够用药物加以消除，那么一种假想的保险方案几乎能够提供购买这种药物的足够资金。同样，消沉的人或需要厚套衫来保暖的人也可以得到这种帮助。但是为柯恩的这些不幸者提供补偿，并不意味着我们把福利平等作为一个目标，而是因为他的生理状况表明他的资源不足。同时，德沃金还要对柯恩的指责进行说明的是，他并不想排斥政治哲学以任何方式思考人们的福利或幸福的概念，他仅仅是否认福利平等是公正的标准。显然，德沃金对柯恩的回应是非常有力的。

现在，让我们看看柯恩对资源平等的第二种反对意见：

就算人们不能合理地声称，他们有哪些嗜好和抱负是运气不好，但他们肯定能够声称，与另一些人的嗜好和抱负相比，他们所需要的东西太昂贵，是交上了坏运气。我能够得到多少我所需要的东西，其实取决于另一些人需要什么。在某些情况下，假如别人需要同样的东西，我就能得到更多我所需要的东西，因为制造这种东西的单位成本会较低；在另一些情况下，人们的相同偏好会使我所需要的东西更贵。例如，在拍卖场所。但是，别人的偏好（或在这种偏好对价格的影响中起着支配作用的某些物品或原料的稀缺性），肯定不是一个我的选择或我的判断的问题。柯恩坚持说，它们是个坏运气的问题，因此即使从德沃金本人的观点看，也应当得到补助。①

德沃金认为，如果我们接受柯恩的主张，认同路易斯这类人选择了香槟酒嗜好却并未选择这种嗜好的昂贵性是他们的运气不好，那么，不管满足其嗜好和抱负多么省钱，任何一个人都可以抱怨自己的运气不好，因为如果别人的嗜好或供需运气不是那样的话，他

---

① 德沃金：《至上的美德：平等的理论与实践》，冯克利译，江苏人民出版社2003年版，第344页。

们的嗜好会更加便宜。

德沃金反驳道，如果从伦理学入手，思考一下运气、选择和判断如何形成我们个人的责任感，我们就会认识到：假设别人的嗜好或偏好是一个运气问题，它可以使我们摆脱对自己的行为和环境的责任，这无疑是错误的。其实，别人的嗜好或偏好不是一个运气问题，不是能够在我们之间进行公正或不公正分配的资源，而是我们在判断何为不公正或公正要求什么时必须考虑的因素之一，即公正的参数。例如，我们不能说，小偷去偷别人的东西是由于被偷者具有一种使盗窃容易产生的偏好，因此小偷无罪。

二 关于选择与运气的区分

1. 德沃金的区分

德沃金认为，我们有关个人责任和集体责任的判断，取决于在机遇与选择之间的关键区分。这就是：我们的命运中的一些事情要面对承担责任的要求，因为它是人们选择的结果。还有一些事情不适合责任要求，因为它并非出自人为，而是自然或运气不佳使然。

在什么时候，在多大程度上，个人独自承担他们自身处境的不利或不幸是正当的？相反，在什么时候，别人——如他们生活于其中共同体的其他成员帮助他们走出这种逆境或消除这种逆境所导致的后果是正当的？正是在回答这些问题时，德沃金对选择和机遇做出了区分。他曾说，从原则上说，应当解除个人因其运气不佳的处境的不幸特点而造成的结果的责任，但不应解除他们对那些应被视为出自他们自身选择的结果的责任。[①] 如果某人天生没有双腿，从而不具备普通人具有的劳动技能，这是他运气不好，公正的社会应对他的坏运气给予补偿，因为这种厄运不是他所选择的。但是，假如他过早地在奢侈品上花费太多，或他选择不工作，或选择了比别人报酬低的工作，使他的现有资源少于别人，那么他的状况就是选

---

① 德沃金：《至上的美德：平等的理论与实践》，冯克利译，江苏人民出版社2003年版，第332页。

择而非运气的结果，他也没有资格得到任何补偿以弥补他当前的
不足。

　　2. 柯恩的批评与挑战

　　柯恩认为，德沃金的"切割"是不合理的，需要重置德沃金的
切割。

　　首先，对于平等主义干涉的目的来说，德沃金的切割中只有一
个维度。德沃金的根基性思想是，没有人应该受苦于坏的原生运
气。但是德沃金的资源平等观只要求对资源缺失进行补偿，即人们
因为物质资源欠缺、精神的和生理上的能力不足，可以得到补偿，
而对疼痛和其他一般而论的困苦则不补偿，对可以追溯到其嗜好或
偏好的短缺也不补偿。这样，在德沃金的理论中，没有为福利平等
以及其他的考虑留下一点微小的空地。对于福利不利的不补偿，德
沃金显然没有忠实于平等主义的目标。因而柯恩认为德沃金的切割
没有忠实于他的根基性思想。

　　其次，在单个资源维度内，德沃金并不把责任的缺失放在最重
要的位置来作为正义补偿的必要条件。德沃金提议对能力缺失而补
偿，但对昂贵嗜好则不。但是柯恩相信，我们应该对超出个人控制
的一般而论的不利进行补偿。从平等主义观点看，个人因为不负责
地获得（或无可指责地选择发展）昂贵嗜好与一个人不负责地失去
（或无可指责地选择消费）有价值的资源，这两者之间没有任何道
德差异。因此，柯恩认为正确的切割应该是在责任与运气之间，而
不是像德沃金那样在偏好与资源之间。

　　在德沃金主要的昂贵嗜好者的例子中，路易斯为了得到普通的
福利水平，他要求得到年代甚久的葡萄酒与凤头麦鸡蛋。按照德沃
金对他的描述，他不仅仅沉迷于他的嗜好，而且他培养自己进入这
个嗜好。柯恩与德沃金都拒绝路易斯得到特殊津贴的请求，但两人
拒绝的理由不同。德沃金说：抱歉，路易斯，我们平等主义者并不
资助昂贵嗜好；然而柯恩说：抱歉，路易斯，我们平等主义者不资
助人们选择发展的那种昂贵嗜好。

保罗喜欢摄影，而弗莱德喜欢钓鱼。价格是这样的悬殊，以致弗莱德可以轻松地追求他的消遣，而保罗则承受不起，结果保罗的生活少了很多的乐趣，他的生活意义就此而比弗莱德的要少，这甚至都可能是真的。柯恩认为平等主义要做的事情就是资助保罗的摄影。但是德沃金不可能那样认为，按照他的资源平等的嫉妒检验标准，保罗也可以如同弗莱德那样轻松地去钓鱼。但是保罗的问题在于他憎恨钓鱼，这不适合他的自然倾向。如这个例子表示的，在德沃金与柯恩之间存在这样的差异：柯恩比德沃金对市场价格机制的要求少。

柯恩认为，如果有一些昂贵嗜好是一个人情不自禁地形成或者现在不能改变的，那么相对比而言，有一些昂贵嗜好是他能够负责任的，因为他能够预见它们或者现在忘却它们。在这种情况下，无论发展这种昂贵嗜好的原因是什么，平等主义者有好的理由不去侍奉那种有意培养的昂贵嗜好。但是，对于非自愿嗜好，资源平等也拒绝补偿。这在柯恩看来是不合理的。

总之，柯恩对这种选择和运气的划分方式提出了挑战。他指出，即使人们的不幸处境是其自愿选择的结果，这种选择也可能是受制于他无法选择的身体或人格特征。假如有人受不了普通自来水的味道——对于他来说有着不堪忍受的刺激味道——因而他选择购买较贵的瓶装水。诚然，他能够选择是否这样做。但是，拥有这种特征——一种特殊的感官反应——并不是他的选择，而这种特征使得不做以上选择就令他烦恼。这种生理状况是他的运气不好所致，因而他应当因自己的不幸而得到补偿，他应当得到额外的资源，使他不会因为购买瓶装水而过得比喝自来水的人更糟。同理，必须用大部分收入购买昂贵的照相机和镜头的摄影家，正如使那些在其他方面有残疾的人——天生双目失明、天生残疾、天资愚钝，也是不能由自己选择的，因此承担这种状况的经济后果也是有失公平的，应该得到社会很好的补偿。

柯恩不否认人们可以自由选择，如他不否认这个摄影家有不购买昂贵设备的自由。他只是坚持认为，假如这个摄影家确实决定购买设备，他不应被迫陷入经济困境。同时，柯恩坚持：当人们是自觉培养自己奢侈的嗜好时，他们应当对这种嗜好承担后果责任，因此社会应当补贴的是摄影家，而不是路易斯——那个嗜饮香槟酒的人，因为摄影家对摄影的嗜好出于别无选择，而路易斯"不只是陷在自己的嗜好里不能自拔，而且还培养自己这种嗜好"①。

因此，柯恩认为，资源平等与福利平等一样，是一个不恰当的政治理想，它未能在人们与生俱来的昂贵嗜好与自觉培养的奢侈嗜好之间做出区分。因而他摒弃福利平等和资源平等，赞同想象中的第三种理想：在确保福利的机会上使人们达到平等。既然路易斯在培养自己的奢侈嗜好之前，有着与其他任何人同等的福利机会，因此没有必要为此而奖励或补贴他。但是摄影家没有选择他所热衷的志向，它完全是在不知不觉地控制着他，他没有平等的机会得到福利，他理应为此而得到补贴。

3. 德沃金的反驳

柯恩声称与生俱来的昂贵嗜好与自觉培养的奢侈嗜好之间的区分至关重要，但是德沃金认为他是凭空想象的。第一，喝香槟酒的路易斯并不是以尽情享乐不断满足欲望的方式培养他这种铺张的嗜好。因为即使在一个赞同福利平等的共同体里，他终究只会得到较少的享乐。第二，路易斯培养高级的嗜好，是因为他认为既然他身为法国波旁皇室的后裔，那么这种嗜好对他是合适的，我们也可以说，他有着对高雅嗜好的嗜好。但是，引起他的行为的这种背景嗜好，与摄影家对摄影的嗜好一样，都不能"归因于"选择。因此，柯恩的区分是不能证成的。

至此，柯恩有两条退路可以选择，但是德沃金认为都没有用。其一，假如柯恩把路易斯后天培养的嗜好描述为"次级"嗜好，然

① G. A. Cohen, "On the Currency of Egalitarian Justice", *Ethics*, Vol. 99, No. 4, July 1989, pp. 914 – 923.

后提出一个补偿非经培养的一级（而非次级）嗜好的原则，德沃金认为这样做也是没有用的。假如柯恩认为，如果他的摄影家买不起昂贵的镜头就会受苦，那么德沃金也坚持认为，那个爱喝香槟酒的路易斯发现自己只能沮丧地在边看电视边吃面包晚餐中度日，也是在受苦，都应该得到补偿，但是这还原成了柯恩本人所要摒弃的单纯的福利平等。其二，假如柯恩以我们的一些"昂贵"嗜好并非出于我们的选择为由，对其结果不承担任何责任，那么德沃金认为，按照柯恩的逻辑，我们对所有这些嗜好都不承担责任，根据柯恩的原则，社会有责任保证我们不蒙受由此造成的任何相对的经济损失。这也还原成了单纯的福利平等。

总之，德沃金认为，柯恩的论证其实就是一个支持简单的福利平等的论证，而这一论证与德沃金的区分是，柯恩依靠的是运气和选择的一种区分，而德沃金是（个人）偏好与（环境）资源的区分。德沃金认为自己遵循了正常人的一般伦理经验，也就是说，作为道德主体的普通人在日常生活中应该对他们自己的人格承担后果责任。在德沃金这里，人格与人格资源是不同的。他所理解的人格，是指一个人的性格、信念、偏好、动机、嗜好和抱负，而人格资源是指一个人的健康、体格、技能等。德沃金指出："政治共同体应致力于消除或降低人与人之间在人格资源上的差异。比如，应致力于改善身体残疾或无力获得满意收入的人们的境况，但不应当致力于减小或弥补人格差异，譬如从以下事实中看到的差异：有些人品味高雅，抱负远大，而另一些人则低俗平庸。"① 也就是说，如果一个人没有什么大的抱负，自愿选择碌碌无为的生活，资源平等的理念不会补偿他。人们作为道德主体应该为自己的选择负责。这倒是与我们日常听到的一些话相似：性格决定命运，命运掌握在自己手里，自作孽不可活，等等。看来，德沃金的论证虽然如此深

---

① 德沃金：《至上的美德：平等的理论与实践》，冯克利译，江苏人民出版社2003年版，第330页。

奥，却总是容易说服我们。

三　痴迷者是否应该得到补偿

在德沃金看来，被 18 世纪心理学和 20 世纪经济学语言的哲学家一律称为"欲望"或"偏好"的人类的众多动机，甚至大多数我们可以较自然地称为"嗜好"的东西，渗透着各种判断，道德主体既然选择了它，就应该对它负责。当然，也有一些嗜好不是这样，它们确实是运气不佳造成的。例如，我们可以把觉得自来水有酸味的不幸者看为一种残障状态，但是更为复杂的嗜好却是与认可和赞成的判断纠结在一起的，我们不能把热衷于摄影的人单单归因于运气不佳。德沃金解释说："他陶醉于此，在一定程度上——往往在很大程度上——是因为它们与另一些更为一般的看法非常吻合，这些看法涉及审美的判断与反应、技术的把握与眼光的价值，以及其他各种相关价值，而这些更为一般的看法又是来自并作用于更为一般的生活观……由各种相互关联、相互强化的嗜好、信念和判断交织而成的架构，对摄影家的心理发挥着作用。这个构架解释了当他的艺术兴趣被剥夺时，他为何会产生强烈的反感。"[1]

德沃金推论道：如果把摄影家的爱好当作偶然的运气而不是选择，那么我们简直可以说是和动物一样。一个人怎么能将自己的信仰、信念、嗜好、判断和抱负都当作幸或不幸的偶然事件呢？

德沃金举了一个例子：

假设有个痴迷于陶醉感的人，他唯一的目标就是给自己造成一系列的情绪高潮或陶醉感；也许是利用试错法吧。经验告诉他，从有些活动或事情中，如他飞快地开着时髦跑车，或者他知道一个无房家庭有了住房时，他可以找到他所渴望的陶醉感，而在另一些事情中则找不到这种感觉。他把引起这种陶醉感的活动或事情称为"偏好"。……其实他就是把这种偏好视为他的生理状态。他可以找到恰

---

① 德沃金：《至上的美德：平等的理论与实践》，冯克利译，江苏人民出版社 2003 年版，第 336 页。

当的医学类比。他可以说，他的神经系统的特点是，有些药物比另一些药物能使他减少更多的痛苦，这与它的另一个特点是一样的，即有些活动比另一些活动能使他得到更多的他所需要的感觉。脱离了某种药物对痛苦的疗效，他对药物并无特殊的偏好；同理，脱离了某种体验产生陶醉感的作用，他对这种体验也没有特殊的偏好。他知道，如果他的心理和生理结构不是这样，他就会另有一种嗜好或抱负，它们会成为引起陶醉感的更有效的手段，这要么是因为满足嗜好或促进抱负的任何一次行动会带来更大的陶醉感，要么是因为它能产生相同的、然而较为便宜的陶醉感，这使他能够买到更多这样的行动或陶醉感。他会选择让自己拥有这样的偏好，他把它们不属于他算作自己的不幸。假如他能得到改变偏好的有效药丸，他就会抓住机会得到它，正如处在减轻痛苦的治疗过程中的人，会抓住机会取得更便宜或更有效的药物一样。……假如有一种能够把欲望对象从歌剧变为火柴盒火花的药丸，他也会接受它，而且在没有这种药丸的情况下，他会把自己有着费用更高的欲望这一点算作他的不幸。①

　　这些痴迷者会觉得柯恩的论证很有说服力。他们认为，在考虑人们的资格时，像德沃金那样的区分——把无能力、残障同嗜好、抱负做出重要区分——是带有随意性的。在柯恩的这些痴迷者看来，需要较多花费才能满足的嗜好、信念或抱负可以看为德沃金所说的"残障"，应该得到补偿。

　　德沃金认为，在我们算作抱负、偏好甚至嗜好的几乎每件事情中，都充满了独立价值的判断。即一个人是否赞成——从而拥有——一种抱负，取决于他的判断，即追求那种抱负给他本人的生活中其他方面带来的后果，而这些结果又取决于他至少在一定数量范围内所能预见的自己可以利用的资源总数。例如，有些大艺术家

　　① 德沃金：《至上的美德：平等的理论与实践》，冯克利译，江苏人民出版社 2003 年版，第 336—338 页。

宁肯穷困也要追求艺术，但是他对可能遭受的穷困以及这种追求可能给他的家人带来的结果有一定的预期，这种预期影响着他的嗜好和抱负的形成，这样，德沃金认为他们还是可以选择的。事实上，我们也不可能把柯恩所说的大多数嗜好当作残障看待而给予补偿。因为正是我们的各种嗜好、信念和抱负，为我们规定了什么是令人满意或值得感激的生活，把它们看作我们实现这种生活的障碍是说不通的。我们的偏好与抱负是与价值判断纠缠在一起的，至少对于我们大多数人来说，这些判断包括有一种完全成功的生活形式的伦理信念和有关资源分配的合理、公平和公正的道德判断，所以我们无法用柯恩所赞成的公正方案要求的方式去区分抱负与判断。

四　论战的焦点及其理论困境

客观地说，德沃金与柯恩都属于"运气均等主义"阵营的主力干将，他们都赞成一种"敏于志向而钝于禀赋"的分配方式，也就是说，分配要反映个人的志趣抱负，要保证个人的选择自由并由个人对其选择负责。论战的焦点是如何将平等与责任联系起来。

德沃金视平等为政府的"至上美德"，他处理平等与责任的方式别具一格。在此，我们再简单地回顾一下德沃金"资源平等观"的理论脉络。

德沃金认为，罗尔斯的差别原则只针对基本社会益品的平等，既不考虑个人的抱负、嗜好、职业或消费差别，也不考虑生理条件的差别。因此，罗尔斯对个人责任原则的贯彻是含混不清与不彻底的，它需要更深层的理论支持。

为此，德沃金明确地提出了伦理个人主义的两个原则：重要性平等原则和特殊责任原则。为了在资源平等观中彻底贯彻特殊责任原则，德沃金区分了集体责任和个人责任，并且把它们与伦理个人主义的两个原则一一对应起来。

那么，德沃金是如何切割这种责任的呢？德沃金利用两个区分——个人（person）/环境（circumstance）与选项运气（option luck）/原生运气（brute luck）——来划分个人责任与集体责任。这样，个人的因素（如嗜好、抱负和信念）以及个人可以选择的运气属于个人责任的范围；环境的因素（如外在的可交换的各种物品）以及公民自身所无法选择的运气属于集体责任的范围。需要注意的是，德沃金把人的生理能力与精神能力称为人格资源，并且把人格资源的因素与非人格资源的因素（如外在的可交换的各种物品）一道视为环境因素，是个人无法选择也无法控制的，当属于原生运气，是集体应该共同承担的责任。

显然，德沃金的意思是：要使得分配正义"敏于志向而钝于禀赋"，就必须抵消人们原生运气的影响。

那么，如何实现人格资源的平等呢？在此，德沃金区分了选项运气与原生运气。选项运气是公民自身可以选择的，在选择过程中也必然会体现出公民个人的嗜好和抱负，因此属于个人能够对其负责的范畴；原生运气是公民自身所无法选择的，因此属于集体责任范围，需要国家给予调节。选择的运气，是一个自觉的和经过计算的赌博如何产生的问题——人们的损益是因为他接受自己预见到并可以发生的孤立风险。原生的运气则是风险如何产生的问题，从这个意义上说它不同于自觉的赌博。也就是说，如果个人因为选择的运气而面临资源的不平等，那么他不能有所抱怨。如果结果是个人完全不能预见的，那么这是一个原生的运气。

对于原生运气，德沃金通过虚拟保险将其转化为选项运气，因为决定是否购买保险，是一种经过计算的赌博[①]，因而属于选项运气。这样，保险就将两种运气联系起来，也巧妙地将两种责任联系起来，让个人为自己的选择负责。保险在这里是一个重要的概念，对应着真实世界里的税收。德沃金的意思是，如果人格资源不足，如残障、天赋差、缺乏劳动技能等，保险就可以给予补偿。这样，资源平等观就能满足伦理个人主义的两个原则，既能对每个人都表

---

① 德沃金：《至上的美德：平等的理论与实践》，冯克利译，江苏人民出版社2003年版，第77页。

示平等的关切与尊重，又能使得公民对自己的自由选择承担责任。

　　柯恩对德沃金的切割方式提出了挑战，他认为，德沃金的"切割"是不合理的，需要重置德沃金的切割。

　　首先，对于平等主义干涉的目的来说，德沃金的切割中只是一个维度。德沃金的根基性思想是：没有人应该受苦于坏的原生运气，但是德沃金的资源平等观只要求对于资源缺失进行补偿，即人们因为物质资源、精神的和生理上的能力不足，可以得到补偿，而对疼痛和其他一般而论的困苦则不补偿，对可以追溯到其嗜好或偏好的短缺也不补偿。这样，在德沃金的理论中，没有为福利平等以及其他的考虑留下一点微小的空地。对于福利不利的不补偿，显然没有忠实于平等主义的目标，故而柯恩认为德沃金的切割没有忠实于他的根基性思想。

　　其次，在单个资源维度内，德沃金并不把责任的缺失放在最重要的位置来作为正义补偿的必要条件。德沃金提议对能力缺失进行补偿，但对昂贵嗜好则不。但是柯恩相信，我们应该对超出个人控制的一般而论的不利进行补偿。从平等主义观点看，一个人因为不能负责地获得（或无可指责地选择发展）的昂贵嗜好与一个人（如残障者）不能负责地失去（或者无可指责地选择消费）有价值的资源，这两者之间没有任何道德差异。因此，柯恩认为正确的切割应该是在责任与运气之间，而不是像德沃金那样在（个人）偏好与（环境）资源之间。

　　柯恩声称与生俱来的昂贵嗜好与自觉培养的奢侈嗜好之间的区分至关重要。他认为，如果有一些昂贵嗜好是一个人情不自禁地形成或者现在不能改变的，那么相对比而言，有一些昂贵嗜好则是他能够负责任的，因为他能够预见它们或者现在忘却它们。在这种情况下，无论发展这种昂贵嗜好的原因是什么，平等主义者都有好的理由不去侍奉那种有意培养的昂贵嗜好。但是，对于非自愿嗜好，资源平等也拒绝补偿。这在柯恩看来是不合理的。

　　总之，柯恩对这种选择和运气的划分方式提出了挑战。他指出，即使当人们的不幸处境是其自愿选择的结果，这种选择也可能是受制于他无法选择的身体或人格特征。假如有人受不了普通自来水的味道——对于他来说有着不堪忍受的刺激味道——因而他选择购买较贵的瓶装水。诚然，他能够选择是否这样做，但是，有这种特征———种特殊的感官反应——并不是他的选择，而这种特征使得不做以上选择就令他烦恼。这种生理状况是他的运气不好所致，因而他应当因自己的不幸而得到补偿，他应当得到额外的资源，使他不会因为购买瓶装水而过得比喝自来水的人更糟。同理，必须用大部分收入购买昂贵的照相机和镜头的摄影家，正如那些在其他方面有残疾的人——天生双目失明、天资愚钝，也是不能由自己选择的，因此承担这种状况的经济后果也是有失公平的，应该得到社会很好的补偿。

柯恩不否认人们可以自由选择，比如，他不否认这个摄影家有不购买昂贵设备的自由。他只是坚持认为，假如这个摄影家确实决定购买设备，他不应被迫陷入经济困境。同时，柯恩坚持：当人们是自觉培养自己奢侈的嗜好时，他们应当对这种嗜好承担后果责任，因此社会应当补贴的是摄影家，而不是那个嗜饮香槟酒的人，因为摄影家对摄影的嗜好出于别无选择，而那个嗜饮香槟酒的人"不只是陷在自己的嗜好里不能自拔，而且还培养自己这种嗜好"。① 因此，柯恩认为，资源平等是一个不恰当的政治理想。它未能在人们与生俱来的昂贵嗜好与自觉培养的奢侈嗜好之间做出区分。因而他摒弃福利平等和资源平等，赞同想象中的第三种理想：在确保福利的机会上使人们达到平等，即"可及利益的平等"②，后来，柯恩又把它称为"中期福利平等"。即公民应当是平等的，不是在每个人得到的福利上平等，而是在他们所拥有的可及利益上的平等，或

---

① G. A. Cohen, "On the Currency of Egalitarian Justice", *Ethics*, Vol. 99, No. 4, July 1989, pp. 914 – 923.

② G. A. Cohen, "On the Currency of Egalitarian Justice", *Ethics*, Vol. 99, No. 4, July 1989, pp. 906 – 944.

者说中期福利的平等。这种中期福利既不是客观的物品（即资源），也不是人们消费物品最后所得到的感受（即福利或效用），而是一种介于资源与福利之间的东西，即中期福利。在这种平等主义看来，根本性区分是塑造人们命运的选择与运气，个人应该对自己的选择负责，对于自己不能选择的事情则不应该负责。

德沃金、柯恩的论战深化了我们对于"如何才算是给人以平等待遇"的理解，也为我们解决分配正义问题提供了独特的思考路径。从他们的论战中，我们会发现至少有以下几个共同点：首先，他们都承认平等的重要性，即一种弱的康德式理想，要平等对待每个人；或者以德沃金的话来说，要给予每个人平等尊重与关切。[①]其次，他们认为有多种良善生活可以过，尽管它们彼此是不相通约的、不相容的，但也可共存于一个社会之中。而且，自主选择对人们的良善生活具有根本的重要性。最后，他们都强调，人们只应该为他们能够控制的事情负有责任。也就是说，我们的命运中的一些事情（可以自主选择的）要面对承担责任的要求，因为它是人们选择的结果。还有一些事情（不可以自主选择的）不适合责任要求，因为它并非出自人为，而是自然或坏运气使然。

但是，在什么时候，在多大程度上，个人独自承担他们自身处境的不利或不幸是正当的？相反，在什么时候，别人（或者政府）——例如，他们生活于其中共同体的其他成员——帮助他们走出这种逆境或消除这种逆境所导致的后果是正当的？在这一点上，德沃金、柯恩两人观点各异，这既是他们各自理论的独特之处，也是引起他们长期争论的焦点之一。德沃金通过区分机遇和选择来区分个人责任和集体责任。但是我们知道，选择与天赋、志向、运气等概念紧密地纠缠在一起，我们很难精确地辨认出个人选择中哪些是出自个人的天赋等运气因素，哪些又能够归为纯粹的个人志向或

---

① 威尔·金里卡：《当代政治哲学》（上），刘莘译，上海三联书店 2004 年版，第 7—9 页。

者抱负，也就是说，很难说清究竟哪些选择是需要个人负责的，哪些选择是政府与集体应该承担的。难怪柯恩要求重置切割点。柯恩认为正确的切割应该是在责任与运气之间，而不是像德沃金那样在机遇与选择之间。在他看来，要区分昂贵的嗜好与普通的嗜好。因为，在柯恩看来，昂贵嗜好者实际上遭遇到了"非自愿的不利"，这是那类没有反映主体选择的不利，个人不应该对其完全负责。德沃金与柯恩关于个人责任与集体责任的区分各执一词，难分伯仲。事实上，运气与个人选择也几乎总是相伴而行，无法分割得那么清楚。例如，一个文化程度很低的农村青年选择了赌博，结果陷入了更大债务。我们能分清楚他是由于运气还是由于选择吗？我们能单单指责他自己选择了赌博的生活，自己应该对自己的选择负责吗？因为，偏好与抱负的形成"决不能超出社会的经济结构以及由经济结构制约的社会的文化发展"①。因此，一个人能不能做出正确的选择，还要看社会有没有给他提供一个能形成其合理抱负和志向的社会环境。如果他所接受的观念、生活的环境不能令他形成别的值得称赞的抱负以至于他选择了赌博，他就不应该完全对自己的赌博行为负责。

因此，本书认为，最重要的是要有一个良好的、正义的社会制度，此为要求个人负责的前提。否则，德沃金既无法要求个人为其偏好负责，柯恩也不能把许多东西归结为运气，要求集体去负责。因为这个合理性条件是不能由这些分配正义理论的目标去提供的。也就是说，如果要让人们为自己的自由选择承担责任，就应该创造出一个公平而正义的环境。否则，要求人们为他们的选择负责就是不公平的。因为我们知道，任何人的志向、抱负等都是与其所处的环境密切相关的，在不同的制度与资源环境下人们所形成的志向与抱负会大相径庭。正是因为这一点，社会有义务创造一个公平正义的环境，以保障人们能够形成其合理的抱负与志向。即我们应该创

---

① 《马克思恩格斯选集》第3卷，人民出版社1995年版，第305页。

造出这样的正义制度，让人们能够很好地培养、发展与运用自己的个人理性能力，从而尽可能地按照他们自己在这种正义环境下形成的善观念来生活。也只有在这样的环境下，才能够要求他们对自己的选择负责，否则，就是不公平的，在道德上就是任意的。德沃金、柯恩的目标是追求"敏于志向而钝于禀赋"的分配正义，但是，志向的确立与抱负的形成本身就需要一个正义的环境，这实际上是一个逻辑上的悖论，分配所需要的合理性条件——正义的环境——恰恰就是他们所追求的目标，而一个完善的分配正义理论所需要合理性条件不能由这些分配正义理论的目标去提供。

第二节　阿马蒂亚·森的纠缠

一　阿马蒂亚·森的主张：能力平等观

诺贝尔经济学奖获得者阿马蒂亚·森认为，凡涉及平等理念的理论主张，都必须面对两个根本问题，即：为什么要平等，以及什么的平等。这是两个不同但相互依赖的问题。[①] 阿马蒂亚·森认为，倘若我们要回答"为什么要平等"，就必定要先回答"什么的平等"。因为我们一定要先知道要谈的是"什么"的平等，才有办法来讨论为什么应该在那个面向上平等。所以对森而言，"什么的平等"是最首要的核心的问题。

阿马蒂亚·森认为，各种政治主张之差异正在于，它们在不同的空间中要求平等，即它们所主张的平等尺度不同。这些不同反映着一个更深层的不同：它们对于人的关切不同。以德沃金的话表达是：它们对于"什么是人的最高利益"的观点不同。因此，种种对平等的不同要求，就是着重于以不同的变量，如自由、权利、效

---

① Amartya Sen and Bernard Williams, eds., *Utilitarianism and Beyond*, Cambridge: Cambridge University Press, 1982, p. 12.

益、收入、资源、基本益品、需求满足等，去对人进行关于平等的
判断或评价。这反映在实践上，就提供了不同的方式去看待人的生
活。因为对于什么是人的最高利益的不同观点，各个理论所聚焦的
变量（focal variables）可能极为不同，甚至到相互冲突的程度。由
于不同的理论提供的焦点变量不同，再加上人际相异性这个变量，
选择据以评估不平等的评估域这个问题就重要得多。① 世上没有两
片完全相同的树叶，人类亦如此。人与人之间的差异不仅表现在外
部特征上（如继承而来的不同数量的财产财富，我们所处的自然环
境和社会环境等），而且也反映在个体内部特征上（即生理特征，
如性别、年龄、染病概率、体能和智能等）。因此，我们在评估平
等主张时不能忽视普遍的人际相异性存在的这个事实。②

　　阿马蒂亚·森主张以"能力"作为测量平等与否的适当尺度，
其目的是构建一个包含自由面向在内的平等理论，不只要求在某单
一面向上或某一事物的平等，而是选定一个适当的基础平等——以
使人得以自由生活的条件作为基础平等——从那基点上来检验不平
等。简言之，阿马蒂亚·森的目标在于，使人们在达到自由生活的
基本能力（basic capability）上是平等的。

　　阿马蒂亚·森认为恰当的评价方法应该是在更为实际而不是流
于形式的比较中，按照能力平等观，对平等的衡量既包括一个人的
物质成就，还包括自由和权利等其他价值目标。换句话说，对平等
的考察不能仅仅停留在德沃金所强调的资源上，还应该考察个人依
靠这些资源能够做什么，他获得了什么目标，也就是资源在个体这
里可以转化为什么的基本能力。这可以看为罗尔斯与德沃金对于资
源或基本善关注的自然延展，也就是平等关注的焦点由对于物质的
东西转化为了能够实现其个人目标的基本能力。阿马蒂亚·森的批

---

① Amartya Sen, *Inequality Reexamined*, Cambridge, Mass.: Harvard University Press, 1992, pp. 25 – 28.

② 阿马蒂亚·森：《论经济不平等 不平等之再考察》，王利文、于占杰译，社会科学文献出版社 2006 年版，第 224 页。

评有一定道理，罗尔斯和德沃金的确疏忽了这一点。例如，按照德沃金的观点，一个跛子或者一个盲人会拥有较多的基本资源，但是，他们与一个资源较少的健康人相比较，哪一类人更有机会过上所谓的良善生活呢？一般来说，我们会承认残疾人可能性比较小，即使他拥有比健康者较多的基本资源。

　　阿马蒂亚·森提出了用"功能性活动"（functionings）和"可行性能力"（capability）来考察平等。功能性活动反映了一个人认为值得去做或达到的多种多样的事情或者状态。有价值的功能性活动的种类很多，从很初级的要求，如有足够的营养和不受可以避免的疾病之害，到非常复杂的活动或者个人的状态，如参与社区生活和拥有自尊。[①] 一个人的可行性能力，指的是此人可能实现的、各种可能的功能性活动组合。因此，可行性能力是一种自由，是实现各种可能的功能性活动组合的实质自由。简单地说，可行性能力就是实现各种不同的生活方式的自由。[②] 阿马蒂亚·森举了一个很好的例子来说明他的观点，一个节食的富人，就摄取的食物或营养量而言，其实现的功能性活动也许与一个赤贫而不得不挨饿的人相等，但前者与后者具有不同的"可行能力集"（前者可以选择吃好并得到充足的营养，而后者无法做到）。因此，一个人的功能性活动反映了一个人拥有什么状态，可行性能力则是反映此人实现目标的自由。有个例子能清楚地例证问题所在：有一个无法治愈、仅能靠着高额度的益品或收入才能勉强度日的跛子。从功利主义之考量出发，他只能获得少于他所基本需求的益品收入，因为不论再怎么补偿他，他所能产生的效益都同样的少，没有增加社会总效益。差别原则既不会因为他是跛脚而增加他的收入，也不会减少他的收入，因为罗尔斯的判定标准是基本益品的指标，不太关注人们之间

────────────

① 阿马蒂亚·森：《以自由看待发展》，任赜、于真译，中国人民大学出版社 2002 年版，第 62 页。

② 阿马蒂亚·森：《以自由看待发展》，任赜、于真译，中国人民大学出版社 2002 年版，第 62—63 页。

高矮胖瘦、健康与否的差异。按照德沃金的主张，由于残疾，他会得到比较好的对待，但若他很幸运的是个乐观的人，那么他将不再会得到照顾与补偿。阿马蒂亚·森指出，不论是根据上述哪一种主张，这个人都没有得到平等的对待。

这例子显示出，应该被加以重视的是人在基本能力上的差异。基本能力包括："……一个人能做的基本的事。移动的能力在这里是相关的一种……然而，还可以考虑其他的。例如，一个人满足其营养要求的能力、购买衣物与住宅的财力、参与社群中的社会生活的能力。"① 按照这样的定义，则跛子就他缺乏移动能力而言，就有资格获得一张轮椅，不论给他轮椅能产生多少效益，或是给他轮椅将超出他所配得的基本益品，或是他是否天性乐观。同时，这个定义也包含了一个人在社会中生存所需的其他能力。

在简单介绍了阿马蒂亚·森的理论后，我们来看看他对德沃金的批评，也分析一下能力平等观与资源平等观相比较之优势所在。

二 阿马蒂亚·森对德沃金的批评：对的方向、错的回答

阿马蒂亚·森把罗尔斯与德沃金的资源平等放在一起加以考量，因为尽管二者关于资源的定义有细微的差别，但是他们都主张：只要达到资源或基本善的平等分配，就是达致平等了。阿马蒂亚·森认为，这种观点比功利主义还糟糕，因为根据这种观点，资源或基本善就是利益的具体化，实际上，资源或基本善的拥有并不能够保证人们能够真正拥有什么，不同的个体资源与基本善的均等化未必意味着不同的个体能够享有相同的自由。阿马蒂亚·森批评这样的想法隐含着拜物教（fetishism）的盲点。他指责道："纯粹以基本益品来判断利益，将导致片面而盲目的道德。"②

阿马蒂亚·森认为，相比较一般的平等理论，德沃金的资源平

---

① Amartya Sen, "Equality of What?", M. McMurrin ed., *The Tanner Lecture on Human Values*, Cambridge: Cambridge University Press, Vol. 1, 1980, p. 215.

② Amartya Sen, "Equality of What?", M. McMurrin ed., *The Tanner Lecture on Human Values*, Cambridge: Cambridge University Press, Vol. 1, 1980, p. 216.

等观与罗尔斯的正义原则的确有着很大的进步，毕竟他们已经开始
注意到自由的重要性。罗尔斯的基本益品或基本善将自由与机会、
权利等一道考虑为人的基本需求，将之纳入基本益品之列，这便是
对于自由的肯定。德沃金也是如此，他的伦理个人主义原则就是要
保证个体的选择自由。可见，他们对自由都相当重视。他们关注的
已经不仅仅是资源与基本善，而是获得资源与基本善的手段，这可
以视为朝着重视自由的方向在努力。阿马蒂亚·森的表述是："如
果我们致力于在基本益品或资源空间中的平等，这可以被视为已从
成就的评估转向对自由的评估。"①

　　但是，在阿马蒂亚·森看来，分配正义观与资源平等观忽略了
关键的事实——不同的人在用相同的物质资源实际做他们希望做的
事情上，能力水平大不相同。用他的话说，他们能够达到不同的
"功能表现"的水平。他又说："但同时需要注意的是，不同个体的
'资源'拥有量或'基本益品'的均等化未必就意味着个体可享有
相等的自由，因为不同的个体在将'资源'和'基本益品'转化为
自由这件事上，能够出现重大的差别。"② 这些差别可能反映着"复
杂的社会问题"，但是它们也源于"单纯的生理差别"。他写道：
"一个穷人……免于营养不良的自由，不但取决于他的资源和基本
物品，也取决于他的新陈代谢率、性别、妊娠、气候条件，是否患
有寄生虫病，等等。收入、基本益品和资源相同的两个人（如罗尔
斯和德沃金的架构中所描述的），一个人有可能完全避免营养不良，
而另一个人可能完全没有这样的自由。"③

　　因此，阿马蒂亚·森认为，罗尔斯的基本益品的平等与德沃金
的资源平等观虽然"方向是正确的，即个人的人身自由"，但由于

<hr>

① Amartya Sen, *Inequality Reexamined*, Cambridge, Mass.: Harvard University Press, 1992, p. 33.

② Amartya Sen, *Inequality Reexamined*, Cambridge, Mass.: Harvard University Press, 1992, p. 33.

③ Amartya Sen, *Inequality Reexamined*, Cambridge, Mass.: Harvard University Press, 1992, p. 33.

忽略了人在基本能力上的差异性，还是"没有使我们离开它（福利平等）足够远"，"仍然没有涉及自由的真正平等"。① 因而阿马蒂亚·森认为那仍是错误的回答。

三 德沃金的回应

德沃金对阿马蒂亚·森的回应分为两步，第一步就阿马蒂亚·森对资源平等观的批评做出反驳，第二步批驳阿马蒂亚·森的能力平等并非真的像他自己所认为的那样，是一种真正的、有吸引力的平等理论。

第一步：德沃金认为阿马蒂亚·森在针对他本人对平等的解释的批评中，做出了令人不解的错误判断。

对于阿马蒂亚·森的批评，德沃金指出，就资源平等观强调对资源的分配必须依赖于个人的自由选择而言，他认为资源平等观实际上已经考虑到了个人能力的平等方面。德沃金强调，他已经对两个资源领域——人格资源与非人格资源——都给予了注意，只是纠正或缓和这两个资源领域的不平等的技巧不同于阿马蒂亚·森。② 例如，他针对疾病和残障而设的虚拟保险拍卖，目的就在于增加那些人格资源从不同方面受到损失的人的非人格资源。

在此，需要重述一下德沃金对于资源的定义。德沃金明确表示，当一个人在追求其人生最高利益时，他本身所具备的生理能力与非人格的物质资源同等重要，即："人们的能力当然是资源，因为在一个人创造他生活中有价值的事物时，这些能力与物质资源都一起得到利用。"③ 因为这样的理解角度，生理能力也是资源。德沃金对于资源概念的定义包含了人格资源与非人格资源。具体而言，个人的身体是否有残障、心理健康状况、体质体能类型、天赋技能等都

---

① Amartya Sen, *Inequality Reexamined*, Cambridge, Mass.：Harvard University Press, 1992, p. 33.

② 德沃金：《至上的美德：平等的理论与实践》，冯克利译，江苏人民出版社 2003 年版，第 346 页。

③ 德沃金：《至上的美德：平等的理论与实践》，冯克利译，江苏人民出版社 2003 年版，第 83 页。

属于人格资源，而其他一切可以占有或者转让的物质财富、合法机会等都是非人格资源。由此可见，人格资源的定义蕴含着阿马蒂亚·森能力概念中的"基本生理功能"之含义。并且，德沃金依据人格资源的定义，做了相应的资源分配原则与补偿机制：对于缺乏自然天赋的那些人，透过保险机制调整非人格资源以补偿。

当然，德沃金也承认，阿马蒂亚·森能力平等观有其优点，就其对人际差异各种因素的全面考虑来说，阿马蒂亚·森的能力平等观确实可能更为灵活和全面。"森在具体分析人格资源时，确实是在一个比我更细致的方面描述了生理差别。例如，他让读者注意人们的新陈代谢率的差别有可能很重要。"①

但是，德沃金认为考察阿马蒂亚·森的理论至少应该区分两个问题：第一，人们之间的哪一类差别是应当给予补贴或减轻的？第二，哪一些差别在现实世界里是可行的和真正有效的？

德沃金认为，阿马蒂亚·森在第一个理论层面的问题上走入了歧途，因为新陈代谢率显然是人格资源，所以资源平等从原则上已经把它算作一个平等关切的问题；第二个问题较难回答，德沃金认为，任何实践性的公正方案是否会对新陈代谢率很低的人进行补贴必须取决于一组事实，其中最显而易见的事实是新陈代谢低效率的严重程度。按照虚拟保险市场制订的再分配方案，如果新陈代谢紊乱使昂贵或大量的食物成为生存所必需，就会对它给予补贴。另外，德沃金认为，对新陈代谢的需求进行微调，这种计划的行政成本太大了。德沃金反过来指出：阿马蒂亚·森的能力平等观"只是理论的，而非实践的"②。

第二步：德沃金指出阿马蒂亚·森本人的能力平等观或者是福利平等的变种，或者就是资源平等观。

---

①　德沃金：《至上的美德：平等的理论与实践》，冯克利译，江苏人民出版社2003年版，第347页。
②　德沃金：《至上的美德：平等的理论与实践》，冯克利译，江苏人民出版社2003年版，第347页。

德沃金直截了当地说：阿马蒂亚·森的能力平等观是"一种荒唐的观点"，而且，"取得这种平等的想法是可怕的"。① 德沃金是如何理解阿马蒂亚·森的观点的呢？他选择了阿马蒂亚·森的一段话来解读。

阿马蒂亚·森的能力平等观有这样一段表述：

一个人在这方面的成就，可以被视为由生存和行动构成的他或她的"功能表现"（functioning）的矢量。相关的功能的具体内涵极为丰富，既包括那些最基本的生存需要，如良好的营养供给、良好的健康状况、避免疾病和夭折等；也包括更为复杂的成就，如感觉快乐、获得自尊、参加社会活动等。一个人的生存是由各种功能表现构成的。对个体福利的评价必须采取对这些构成因素进行评估的形式。与"功能表现"这一概念密切相关的是能力的概念。它表示人能够做到的各种功能表现（生存状态和活动）的不同组合。这样，能力就是功能表现向量的集合，反映了人们能够运用选择过某种类型生活的自由。②

自然解读——福利平等。德沃金对这段话的自然解读是，它意味着应当使人们在实现幸福、自尊和有意义地参与共同体生活这种"复合"成就的能力上尽可能平等。德沃金认为，如果这样来解读的话，它实际上是一种特别让人心灰意冷的福利平等的形式。

德沃金承认，人们获得"幸福"的能力各不相同且原因成千上万，人们获得自尊的能力各不相同且有无数种原因，人们"参与共同体生活"的能力或在共同体中得到别人高度评价和尊重的能力各不相同且有不同的原因。但是，德沃金认为，人们达到这些可欲状态的能力应当平等的观点却很难说得通。德沃金认为，阿马蒂亚·森的本意在于远离福利平等，其远离程度比他认为罗尔斯和德沃金

---

① 德沃金：《至上的美德：平等的理论与实践》，冯克利译，江苏人民出版社2003年版，第348页。

② Amartya Sen, *Inequality Reexamined*, Cambridge, Mass.: Harvard University Press, 1992, pp. 39 – 40.

自己所做到的还要远。但是，能力平等却最终陷入了福利平等的怪圈。"如果以为我们的终极政治目标不仅是使人们在他们实现幸福、自尊和类似的愿望所需要的资源上达到平等，而且要让他们在实现这些目标的能力上达到平等，不管他们有什么抱负、计划、嗜好、情趣、信念和态度，这实际上是福利平等的错误目标。"① 如果建议政府应当采取措施来帮助人们实现能力平等，那政府应该采取什么样的措施呢？德沃金反问道：你们能够想象到会是什么措施吗？

德沃金的言外之意，自然解读是行不通了。那么，再看另一种解读。

另一种解读——资源平等。对这句话的另一种解读应该是：政府应当努力保障的是人们在实现幸福和其他"复合"成就的平等能力方面任何程度的差别，可以归因于他们的选择和人格方面的差异以及别人的选择和机会，而不可以归因于他们所支配的人格和非人格资源方面的差异。对于这种解读，德沃金认为它"其实就是以不同的语言表达着的资源平等"。

德沃金认为，根据对阿马蒂亚·森的立场分析，与能力平等有关的是人们自己的人格资源和非人格资源，而不是他们能够通过自己的选择而取得的幸福或福利。

按照阿马蒂亚·森的思路，不去比较人们的资源而是比较他们不同的功能表现或参与各种活动的能力，能更充分地有利于平等的自由。不过，阿马蒂亚·森看到了显而易见的困难，不同的人对不同活动的重要性有不同的排序。比如，有些人认为，高水平的思想或艺术成就比身体技能重要，而另一些人的观点则相反。为此，阿马蒂亚·森想通过设计出一种客观的活动排序来解决这个问题，但他坦承这样的排序肯定有某种不确定性的缺陷。因此，他拒绝给出一个固定的能力价值排序的清单。

---

① 德沃金：《至上的美德：平等的理论与实践》，冯克利译，江苏人民出版社 2003 年版，第 349 页。

德沃金认为，阿马蒂亚·森为了做到"功能表现"的客观排序而付出的努力，说到底是没有必要的或无益的。而且他指出阿马蒂亚·森陷入了任何福利平等理论都会遇到的困境：不管如何定义福利概念，想使人们在如此规定的福利上达到平等的努力，会致力于使他们在一些他们评价大不相同的事情上达到平等。"客观的排序是有争议的，即使它有不确定性的慷慨帮助，把分配建立在这种排序上也是与平等关切每个人不相容的。"①

阿马蒂亚·森说这是个误解，尽管他同意能力进路确实必须面对"各种能力之重要性如何排序"的问题。② 但是，他强调，由能力来确认"什么的平等"这个评价域与评价域里每一种能力是否同等重要是两个不同的问题；而将各种功能的价值加以区别，并不意味着评价域中的每一种能力都是同等重要的。明显的事实是，我们不会将挑战极限运动的运动能力与能够行走的行动能力视为一样重要，普遍而言，后者是更为根本、更重要的。阿马蒂亚·森辩解：之所以提出能力方法，正是出于检验人们获得成就与实际自由的需要，以此反对其他平等观中将注意力集中于获得成就和自由的手段（如资源和基本善或收入）的分析方法。③

四 对于批评与回应的分析

（一）关于森的批评

阿马蒂亚·森对德沃金的批评到底能不能成立呢？让我们试着分析一下阿马蒂亚·森的批评与德沃金的回应，以辨明二者纠缠的要点所在。

第一，阿马蒂亚·森对德沃金的批评进路是：资源本身是什么与人们能否运用资源达致什么是不同的。德沃金显然疏忽了这一

---

① 德沃金：《至上的美德：平等的理论与实践》，冯克利译，江苏人民出版社2003年版，第346页。

② Amartya Sen, "Equality of What?", M. McMurrin ed., *The Tanner Lecture on Human Values*, Cambridge：Cambridge University Press, Vol. 1, 1980, p. 219.

③ Amartya Sen, *Inequality Reexamined*, Cambridge, Mass.：Harvard University Press, 1992, pp. 45 – 46.

点，好像只要资源平等了，大体相同的自由也就实现了。在阿马蒂亚·森看来，德沃金将资源的本身内涵与其真正的效用混同在了一起。因此，资源平等观并不能够使得阿马蒂亚·森对真正的自由进行考察，而是误将达致自由的手段——资源——当作自由本身进行考察，这就没有达到自由主义者共同的理论诉求。德沃金的理论是否的确如阿马蒂亚·森所指出的那样？让我们看看德沃金的回应。

第二，需要指出的是，德沃金当然也完全同意，当人们拥有资源时，他们并不是只想拥有资源，而是想用这些资源做某些他们想做的事。① 也正是因为考虑到这一点，德沃金才会强调荒岛拍卖必须是自由的拍卖，任何人不得强制别人选择这一份或者那一份，选择资源与使用资源都可以根据自己的理想与抱负来操作。在资源平等观的论证中，德沃金并非简单地认为，只要资源平等，人们就可以被视为拥有平等的自由。对他而言，帮助人获得资源就只是帮助人获得追求自由的资源，而不是获得自由本身。他的主张是这样的：资源平等必须保障人们的选择自由，以使得个人对自己的选择负责；至于人们利用手中资源去做什么或者能做什么，那都是他自己的选择，完全由他个人负责，自由主义民主国家不对此干涉与评价。这样看来，阿马蒂亚·森的批评似乎是不成立的，德沃金的理论出发点并不是什么出于拜物教，他对平等有着强烈的追求，他论证伊始已经表达了这种主张，他的重要性平等原则就是其理论出发点之一，而且他的资源平等观也引进了类似于自由主义市场经济场景下的荒岛拍卖，很明显，在拍卖过程中人们是自由的。

不过，德沃金仍未能摆脱森批评的核心论点：资源平等理论确实忽视了人们在能力上的差异，而这样的忽视终将导致相同的下场——不可能真正拥有实质自由。因为，并不是人人都具有转换资源的能力，即使拥有资源，有时候也无法拥有资源的福利。在这一

---

① Ronald Dworkin, *Sovereign Virtue*: *The Theory and Practice of Equality*, Cambridge, Mass.: Harvard University Press, 2000. p. 303.

点上，阿马蒂亚·森的指责是切中要害的。

第三，在阿马蒂亚·森的论述中，他对资源平等观早期攻击的例证是：人们在基本生理功能上是有差异的。例如，孕妇与一般女性所需营养程度不同，甚至两个生理条件相类似的人也可能仅由于新陈代谢率不同而需要不同的营养。这些例子都有力地反驳了资源平等观，阿马蒂亚·森的意思是：资源平等观不能算是一个很好的分配正义理论。

其实，德沃金的资源平等观已经注意到人们在人格资源尤其是生理功能方面的差异，他的资源平等观就是为了弭平这些差异的，因此，阿马蒂亚·森的攻击不太可能成立。至于阿马蒂亚·森所说的新陈代谢率的不同，德沃金曾回应道：阿马蒂亚·森考虑到新陈代谢率，这的确是比他细致的。但在德沃金这里，新陈代谢率显然是人格资源，所以资源平等观从原则上能够应对这种问题。不过，出于实践操作考虑，德沃金做了进一步的区分，他称是否对新陈代谢率补贴要看它的严重程度以及补偿是否需要消耗大量的行政成本，如果是极少数人有这种困难，而对他们进行补偿又将消耗大量的行政成本，那么他持保留意见。

德沃金这个回击还是非常有力的。因为资源平等观最有特色的思路就是将生理功能算作人格资源，这是德沃金计划弭平与补偿的。无论阿马蒂亚·森谈到新陈代谢率问题，还是男女生理差异问题，资源平等观都能满足分配正义观的要求。因为就德沃金而言，对于那些非自愿生理功能方面的不利，都可以等同残障去处理，这是资源平等观的优势所在。

至此，我们至少可以得出这样一个结论：在涉及基本生理功能这一面向上，德沃金的资源平等观与阿马蒂亚·森的能力平等观一样，都是可以实现分配正义目标的。就此而言，阿马蒂亚·森的批评是不成立的。

（二）关于德沃金的反击

德沃金的反击包括两部分，让我们来分析一下德沃金的反击是否有理。

1. 核心概念

德沃金首先通过批判阿马蒂亚·森的核心概念——功能概念，来瓦解其核心论点。德沃金说，阿马蒂亚·森主张尽可能使人们的复杂性功能平等，这就意味着，人们应该在生存、快乐、社交等人生目标上达致能力平等。德沃金认为，人们很难在"何为成就"上达成一致意见，而且，阿马蒂亚·森忽略了公民个人的选择自由。

德沃金说得对，人们的确很难在"何为成就"上形成统一意见，所以容易陷入相对主义。然而，需要注意的是，阿马蒂亚·森的能力概念是相当强大的。如果我们仅仅将其理解为新陈代谢率之类的生理功能，那就有点小瞧这位诺贝尔经济学奖的获得者了。因为阿马蒂亚·森所主张的是能力平等［包括"功能性活动"（functionings）和"可行性能力"（capability）两个方面］而非仅仅是功能平等。德沃金采用他批评福利平等的一贯思路来攻击阿马蒂亚·森的主张，虽然有一定道理，但是，很明显，德沃金的这个批判有点偏离重点了。

至于选择自由，阿马蒂亚·森也是有考虑的，能力其实就是获得某种福利的自由，政府保障人们的能力平等就是要给人们以选择自由。例如，政府应该保证每个人具有解决基本温饱的能力，这并不意味着每个人都必须吃得一样多，也许有的爱美女士会选择吃减肥食品。看来，能力平等并没有阻止人们的选择自由。

论证至此，我们所得到的结论是，德沃金对阿马蒂亚·森的批评是不成立的，而资源平等观因为没有将社群生活所需的基本能力纳入考量，因而较能力进路是不足的，两相比较，阿马蒂亚·森的能力平等观具有更强的实践性，这也是他获得诺贝尔经济学奖的原因之一。当前，世界通用的一些福利指标，甚至联合国人类发展指数都是根据阿马蒂亚·森的理论建立的。

2. 能力清单

毋庸置疑，阿马蒂亚·森的能力概念对于考察实质平等与自由是非常重要的。因为即使是从常理推断，我们也能知晓，获得某种资源不一定能使之发挥最大的效用。然而，当我们仔细考察阿马蒂亚·森的能力平等概念时就会发现，阿马蒂亚·森的能力概念面临着一个真正的困难，即：如何给出一个适当的能力清单，以及对各种能力作出价值排序。很明显，涉及生理功能尚且可以列出一个大体的排序清单，问题是涉及人们心理状态、主观感受的那些东西，到底该如何排序呢？

对于"到底何为成就"，人们看法迥异，的确不能强加一个复杂成就的客观排序。在这个问题上，德沃金对阿马蒂亚·森的批评是对的，然而，德沃金不能据此指责阿马蒂亚·森的平等观是福利平等观的变种。但如何给出一个"能力排序清单"却难逃德沃金的质疑，这也正是阿马蒂亚·森的死穴，需要他正面回答。

关于能力清单与价值排序的问题，阿马蒂亚·森本人也完全同意，这是个不容回避的问题，但他明显乐观地估计了这个问题，他说："在功能与能力的概念化操作中，筛选与区分并不是十分困难的事情。"[1] 站在与德沃金相同的批判福利平等观的立场，森也认为人们对于"何为成就"看法迥异，因此无法给人们强加一个一模一样的客观价值排序。但阿马蒂亚·森拒绝列出一组固定的能力清单，他仅同意一个"概要性"的能力清单是可行的。而且，他认为，出于方法论上的考量，不对之做出一个固定的、明确的、清晰的排序清单是比较好的。阿马蒂亚·森是这样反驳的："实际上，个体福利的人际比较以及不平等评估的任务都要求允许某种不完备性，这已成为各自概念方法中的一部分。如果对不同个体的个体福利非要按'1，2，3，4，……，n'的顺序进行排序，或者在不平等比较中不允许任何的模糊性或不完整性的话，这样的分析思路就会与这些理念本身发生冲突。个体福利和不平等的概念含义比较

---

① Amartya Sen, *Inequality Reexamined*, Cambridge, Mass.: Harvard University Press, 1992, p. 44.

宽，同时也允许有一定的模糊性。如果非要求全责备，非要得出明确清晰的排序结果。这并不是对这两个概念的真正理解，这里应避免过于追求精确的危险。"①

相对于德沃金一贯严谨的论证风格，阿马蒂亚·森这样的回答有点圆滑了。说到底，阿马蒂亚·森的能力清单始终是含混不清的。当代著名女哲学家努斯鲍姆（Nussbaum）也认为阿马蒂亚·森的能力概念存在问题，她建议阿马蒂亚·森列出一组核心能力清单，她甚至按照他的思路列出了一个包括十项能力的清单，包括生命，身体健康、身体完整，判断力、创造力和思考能力，情感，实践理性的发挥，与社会建立良好关系，个人对环境的控制能力等。②但是阿马蒂亚·森始终没有着手去做这样的一个排序工作，这也就成为能力平等观的"硬伤"而受到德沃金的指责，因为，阿马蒂亚·森终究没有说明"什么的平等"，这与阿马蒂亚·森自己的宣称③是相背离的。

总之，德沃金与阿马蒂亚·森理论纠缠的关键是"什么的平等"。德沃金主张资源平等，认为一个公正的社会首先应该弭平个人在人格资源上的任何非选择的不平等。而在森看来，资源平等不是目标，重要的是，社会应该关注个人利用资源的能力，也就是关注个人的实质自由。两个人互相指责对方更近似于福利平等，但是论证都不成功。总体上看，德沃金的资源平等类似于罗尔斯无知之幕背后的思想实验，有点耽于幻想而无法落到实处。阿马蒂亚·森

---

① Amartya Sen, *Inequality Reexamined*, Cambridge, Mass.: Harvard University Press, 1992, p. 48.

② Martha C. Nussbaum, "Human Functioning and Social Justice: A Defense of Aristotelian Essentialism", *Political Theory*, Vol. 20, No. 2, 1992, p. 222.

③ 阿马蒂亚·森认为，凡涉及平等理念的理论主张，都必须面对两个根本问题，即：为什么要平等、什么的平等。但"平等"这一术语是指某一特定评价域里的平等，因为我们一定要先知道我们要谈的是"什么"的平等，才有办法来讨论为什么应该在那个面向上平等。所以森认为"什么的平等"才是最首要的核心的问题。参见阿马蒂亚·森：《论经济不平等 不平等之再考察》，王利文、于占杰译，社会科学文献出版社 2006 年版，第 233—236 页。

的能力平等倒是考虑了社会现实，但似乎又忽略对个体选择应该承担的个体责任。当下，我们应该抛开谁是谁非的具体争论，借鉴他们观点中有关实质自由、关注残障、关注女性、责任承担等有益成分来促进中国的发展，事实上，德沃金与阿马蒂亚·森的理论都对弱势群体给予了极大的关注，此也是我们全面建设小康社会着力解决的问题，有一定的参考价值。

第三节　沃尔泽的挑战

德沃金的资源平等遭到了哈佛大学教授沃尔泽①的挑战。沃尔泽认为，根本就不存在超越于共同体之外的正义标准，根本就没有办法跳出我们的历史和文化。因此，对正义探讨的唯一合适的途径就是充分理解、弄清每个特定的共同体如何在理解各种社会利益和分配物品的价值与含义，而不是像罗尔斯与德沃金那样求助于哲学论证。他在《正义诸领域》中诉诸历史原则，别出心裁地提出："平等不是一个单一维度的、普适性的'简单平等'，而是以人们对社会物品的多元主义理解为前提来定义的'复合平等观'。"

一　沃尔泽的复合平等观

沃尔泽从物品理论角度出发，通过物品的多样性、社会性以及其意义的历史性和独立性，分配的自主性等分析了简单平等的思维模式及其现实的弊端并提出另一条达致分配正义的路向，即复合平等（complex equality）。沃尔泽的复合平等观更多注意的是各群体间

① 目前，国内学者在对沃尔泽（Walzer）平等理论的关注，多是粗略地将其归结为社群主义阵营中的一员。事实上，沃尔泽一再强调"自由社会之外的社会是不值得向往的"。在某种意义上，他试图采用社群主义的手法来表达自己对自由主义价值的理解和追求。基于其自由社会的理想，也偶有学者认为他是另类的自由主义者。其实，沃尔泽既不是真正意义上的社群主义者，亦非传统的自由主义者；正如他自己所宣称的，是一名社会民主主义者，对强权国家和对民主公民资格都有着同样坚定的立场。参见英格博格、布劳耶尔、洛伊施：《英美哲学家圆桌》，李国山译，华夏出版社 2003 年版，第 196 页。

的差异性、文化或价值观的多样性。因此，要使有着不同历史、文化和认同的群体各得其所且和平共处，就必须宽容且保证多元化。换言之，他的复合平等观在严格意义上是基于多元主义的。

（一）复合平等观

首先，沃尔泽认为，分配正义必须考虑一个关键词——"物品"的意义，这个词需要从一个广泛的意义上去理解。实际上，分配正义所关注的东西都是物品，分配也不能理解为一无所有的男人们与女人们之间的行为。事实上，从一出生，他们就会拥有一些东西，有哲学家就认为"什么是我"和"什么是我的"之间的界限很难划分，不存在那种可以跨越所有精神与物质领域的唯一的物品，不存在这样一个通用之物。物品的含义决定了物品应当怎么样被分配，如果不清楚某个物品的含义，这些物品是不应该进入分配领域的。物品的社会意义是历史性的，分配正义随着时间的变化而变化。例如，职位应该向合格者开放，但合格者的标准因在不同的社会而有所不同。另外，物品的多样性需要多样的分配程序、分配的决定者以及分配的标准与之相配，分配应该是自主的。

回溯一下人类社会的历史，放眼整个世界，审视不同的制度安排与意识形态，我们便会发现：充分发展的人类社会事实上从未避免过多样性，从来不曾有过一个普通使用的交换媒介；类似的，也从来不存在单一的一个控制所有分配的决定，或一个决策机构；当然，也从来不曾有过适用于所有分配的单一标准或一套相互联系的标准。① 有人认为，金钱是稳定的交换媒介，但是有个古老的格言说得好，有一些东西是钱买不来的，如友谊、爱情、忠诚、信任以及家的温暖。市场机制、应得或资格、阶级出身、个人技能、个人需求、政治忠诚、民主决策等，每个都不能成为通用的分配标准，它们互相抵触、彼此混同、共存于世。因此，沃尔泽批判当代西方

---

① 沃尔泽：《正义诸领域：为多元主义和平等一辩》，褚松燕译，译林出版社2002年版，第2—3页。

哲学界对于正义和平等的拒斥历史的展示和表象世界而探求某种作为基础的一致性的做法，认为"寻求一致性误解了分配正义的主题"。①

在沃尔泽看来，不同的物品有其不同的社会意义，物品的分配应当根据物品的社会意义，分配应该是自主的。举个例子，拥有金钱就可以在市场上购买自己喜欢的东西，但是，金钱不应该进入教会职务领域，因为按照基督徒理解的圣职的社会意义，选拔担任圣职的人的标准不应该是财富，而应该是一颗敬畏上帝的虔诚之心。市场对所有的人都开放，而教堂则只对教徒与具有虔诚之心的人开放。沃尔泽认为，物品是一个比较宽泛的概念，金钱、面包、福利、教育、尊重、荣誉、友谊、爱情等都是物品；物品的社会意义不是绝对的，它具有历史相对性；由于对每一种物品的社会意义的理解，存在着相当大的分歧，我们"应该置任何追求唯一分配标准的主张于不顾，因为没有一种标准可能与多样化的社会物品相称"②。沃尔泽认为有 3 个标准有真正的力量，它们是自由交换、应得和需要。但没有一个是可以跨越所有分配领域的这 3 种分配标准同时存在。

如果要理解沃尔泽的复合平等观，必须先理解两个关键性的概念，即"支配"（domination）与"垄断"（monopoly）。

（二）支配和垄断

沃尔泽认为："如果拥有一种善的个人，因为拥有，就能支配大量其他的善，那么我称这种善是支配性的。当一个男人或女人，或世界一个重要的君主，或者一群男人和女人，寡头，随时都能成功地用一种善来对抗所有敌手，那么这种善就是垄断性的。"③ 支配

---

① 沃尔泽：《正义诸领域：为多元主义和平等一辩》，褚松燕译，译林出版社 2002 年版，第 3 页。

② 沃尔泽：《正义诸领域：为多元主义和平等一辩》，褚松燕译，译林出版社 2002 年版，第 25 页。

③ 沃尔泽：《正义诸领域：为多元主义和平等一辩》，褚松燕译，译林出版社 2002 年版，第 11 页。

描述了物品是如何使用的，在使用过程中，该物品的价值被夸大化，大大地超越了它自身的价值。一般而言，当物品稀缺的时候，垄断会使得这种物品处于支配地位，当有些人独占某一种或某一些稀缺物品以后，别的好东西就源源不断地到手了。例如，有些人拥有了金钱，然后随之拥有了权力、社会地位、机会、美貌（可以整容），甚至爱情，等等。但是"从来没有一种善能够自始至终地支配所有领域的物品，从来没有一种垄断是完美无缺的"①。历史表明没有唯一的支配性的善，没有天然就有支配性的善，而只有不同种类的魔术和相互竞争的魔术师班子。因此，不同的人有不同的分配标准，"贵族政治，或最优秀者的统治是那些坚持血统和智力为原则的人的标准；他们通常是不动产财富和家族名誉的垄断者。神权至上是那些声称懂得上帝之语的人的原则：他们是神恩和宗教职务的垄断者；精英统治，或职业向有才能的人开放，是那些自诩为天才的人的原则：通常他们绝大多数是教育的垄断者。自由交换是那些愿意或明确表示愿意拿自己的钱去冒险的人的原则：他们是流动资产的垄断者……"② 在沃尔泽看来，分配是所有社会冲突的根源。当财富被强者所占有、荣誉被出身名门的人所占有、职务被教养良好的人所占有时，总有一些人认为这种占有是不正义的，就会引起社会冲突。为此，不同的人有不同的主张，像罗尔斯、德沃金的分配是反对垄断的。但是，沃尔泽反对的是"支配"而不是"垄断"，他要表明的是，我们应该关注减少支配，而不是将注意力集中到垄断上。③ 沃尔泽认为，"政治平等主义的目标是不受支配的社会。"④

---

① 沃尔泽：《正义诸领域：为多元主义和平等一辩》，褚松燕译，译林出版社2002年版，第12页。

② 沃尔泽：《正义诸领域：为多元主义和平等一辩》，褚松燕译，译林出版社2002年版，第13页。

③ 沃尔泽：《正义诸领域：为多元主义和平等一辩》，褚松燕译，译林出版社2002年版，第19—20页。

④ 沃尔泽：《正义诸领域：为多元主义和平等一辩》，褚松燕译，译林出版社2002年版，第4页。

（三）简单平等抑或复合平等

简单平等的政体（regime of simple equality）是指设想的一个社会：假如大家的钱一样多，社会的所有物品均可以出售，通过转换的过程，平等得到增加，直到所有的社会物品都被均等化。[①] 但是，任何有点社会常识的人都知道，简单平等不会维持下去。因为每个人的选择是不同的，有的人愿意投资教育，有的人愿意投资股票。投资教育的人如果受益了，那人们就会一窝蜂地涌向投资教育，教育就会被某些人垄断，新的不平等就开始了。如果认可简单平等，不平等就会不断地以新的形式出现，从身份到资产、到技术、到能力，都有可能形成新的垄断，分配正义永远没法实现。即使具有强大权力的国家能够限制与干预分配，国家权力马上又会被社会上的一部分人垄断起来。垄断总是直接地通向支配，对政治权力这一物品加以限制产生了民主政治，但这又会使国家权力因为分散而软弱，最终无力控制整个社会范围再生的垄断。

因此，沃尔泽关注的是减少支配性，并且提出了与这种简单平等路径不同的复合平等。一个复合平等的社会是这样的：不同的社会物品在各自领域里都被不同的人垄断性地持有，但是，没有什么特定的物品能够转换为别的领域的东西。沃尔泽认为复合平等体制的最大优点就是：在这个体制下，尽管仍然存在着一些细微的不平等，但不平等只存在于局部领域，它们在不同的区域里形成垄断，它们为不同的人群所掌握，但它们不会使得不平等再度扩大，也不会跨越不同领域叠加起来。

尽管沃尔泽没有断言复合平等一定比简单平等更稳定，但他倾向于复合平等。在沃尔泽的视野里，复合平等的体制是专制的对立面。复合平等意味着在任何领域里掌握着某种益品的公民可以被剥夺在其他领域的地位或者益品。例如，某公民当选了领导，拥有了

---

① 沃尔泽：《正义诸领域：为多元主义和平等一辩》，褚松燕译，译林出版社2002年版，第15页。

社会地位与尊重，但并不是说，他可以因为他的职务就给他带来超越一般人的利益——特殊的医疗照顾，子女可以有好的教育资源、更好的事业机会等。这是一个平等社会。

在这个平等社会里，人们在各自领域里拥有的东西不再作为硬通货，在其他领域也能够起到特殊作用，也没有类似于韦小宝这样的"通吃伯"。假如某人拥有权力，那他就只是拥有权力，不会因为拥有权力而拥有金钱与性，不会出现我们现在所反对的"权钱交易"与"权色交易"。但在一个自由交换盛行的市场经济体制内，如何能够实现这一点呢？沃尔泽提出了一条"堵塞交换"（blocked exchange）的原则，也就是限制交换。物品就好像流水一样只能在自己的渠道里，中间是堵塞着的，没有交换的通道。沃尔泽通过这个堵塞交换限制与阻止占统治地位的支配现象出现，从而减少不平等现象。联系世界各国社会状况，如有些明星，由于其特殊身份就拥有大量金钱，我们不得不承认，沃尔泽的思想还是值得我们重视的。

沃尔泽认为平等并不是财物的等同，而是由我们所制造、分享和分配的物品来调节的人与人之间一种复杂的联系，它所要求的乃是反映了社会物品的多样性的分配标准的多样性。这种思想，帕斯卡尔和马克思分别在《思想录》和《经济学—哲学手稿》中都有过类似的表述。帕斯卡尔曾经说："专制的本质是渴望得到统治世界、超越自己领域的权力。"① "因为我英俊，所以我应当得到尊重"，"我是强壮的，因此人们应当爱戴我……"② 类似的思想，马克思在《1844年经济学哲学手稿》是这样说的："爱只能为了爱而交换，信任只能为了信任而交换，等等。如果你想要欣赏艺术，你必须是一个有艺术修养的人；如果你想要去影响别人，你必须是一个真正

---

① 沃尔泽：《正义诸领域：为多元主义和平等一辩》，褚松燕译，译林出版社2002年版，第21页。

② 沃尔泽：《正义诸领域：为多元主义和平等一辩》，褚松燕译，译林出版社2002年版，第21页。

能够鼓舞和鼓励别人的人。"[1] 这两个思想家在他们的著作里表达的思想是：第一，个人品质和社会物品各有其运作范围。第二，忽视这些原则就是专制。把一种善转化成另一种善，当这二者之间没有内在关联的时候，就是侵犯。[2] 也就是说，沃尔泽主张社会益品在各领域按照自身分配原则的自主分配。如果有一种社会物品僭越其他领域充当了唯一的分配标准，那就是对正义的威胁。为此，他提出了复合平等体制。这种复合平等体制重视一条分配原则，即"任何一种社会善 X 都不能这样分配：拥有社会善 Y 的人不能仅仅因为他拥有 Y 而不顾 X 的社会意义而占有 X"[3]。举个例子，一个在学校成绩好的人，不能仅仅因为其成绩好就给予他各种荣誉与机会，甚至连体育委员这样的班干部职务都要给他。无疑，这是不合理的。沃尔泽的复合平等针对与批判的是传统的追求统一性的简单平等（包括德沃金的资源平等）。平等的度究竟该定格在哪里，这需要一套普遍的源自事物内部的规则。这就是沃尔泽的复合平等体制下对事物自身的多元的、分散的、自主的意义的尊重与不僭越。

沃尔泽的平等理论从一个新的起点提出了一种完全不同的分配正义概念，这对我们重新以一个新的视角审视当下中国社会公平问题很有帮助，尤其是他的反对"支配"的思想。例如，"权钱交易""权色交易"等权力通吃的社会现象不就是沃尔泽所反对的"支配"问题吗？改革开放40多年来，我们社会上发生的一些个别现象与冲突，如有的专家与学者成为企业的股东、有的官员戴上博士帽招摇过市、有的明星被给予特殊政治待遇……这些都是由于社会物品的跨界支配。一个领域得到成功的且占有支配地位的人，非要侵占别的领域的善，这本身就违反了分配正义。如果社会允许不同类型的

---

① 马克思：《1844 年经济学哲学手稿》，人民出版社 2000 年版，第 146 页。

② 沃尔泽：《正义诸领域：为多元主义和平等一辩》，褚松燕译，译林出版社 2002 年版，第 23 页。

③ 沃尔泽：《正义诸领域：为多元主义和平等一辩》，褚松燕译，译林出版社 2002 年版，第 22 页。

"社会善"互相僭越其分配领域，那势必加剧现在中国社会的不平等问题。沃尔泽多元平等观告诉我们要明白物品各自的社会历史意义，正是由于每一种物品在不同的领域自主分配。正是由于物品的拥有者在各自的领域追寻生活的成功与意义，这才造就了人们千姿百态与迥异不同的生活。这种平等观对于我们今天防止平均主义以及反对那种越界"通吃现象"有着特别的现实意义，对于我们鼓励各种人才竞相迸发形成泉涌之势也有着特别的作用。

二　德沃金的反击与争论

沃尔泽批评德沃金的平等是简单平等，他认为主张简单平等的人忽略了一个事实，构成社会的惯例与习惯并不遵从相同的分配原则。沃尔泽对简单平等的批评是很中肯的。德沃金对沃尔泽的批评做出了回击，德沃金在《原则问题》一书中对沃尔泽的复合平等观进行了集中反驳。

（一）关于边界问题

德沃金反对沃尔泽的复合平等。德沃金指出，沃尔泽的平等观涉及两种观念：第一，每种物品在其领域里自主分配。第二，已经在某一个领域内拥有某种善的人不得被允许去另外一个领域享有别的善。比如，不得允许在市场上取得巨大财富的人去购买选票并因此控制政治。为此，沃尔泽提出了"堵塞交换"（blocked exchange）原则，目的是严禁社会物品被某个人或某些人操纵与控制，从而减少跨界支配现象，进而消除社会不平等。

按照沃尔泽的逻辑，"假如我们完整地保持各个领域之间的边界，那么我们就不必总体比较跨越这些领域的个体；我们也不必担心有人已经有了游艇，而别人甚至连划艇都没有；或者有人在政治上比其他人更令人信服；或者有人赢得了事业和爱情，而其他人一样也没有得到"[①]。德沃金讽刺道："这是一幅逍遥随意而令人赏心

---

① 德沃金：《原则问题》，张国清译，江苏人民出版社 2005 年版，第 280 页。

悦目的社会正义景象。"① 但这是不现实的，甚至是前后矛盾的。因为我们没法完整地保留各领域之间边界，边界的设置与现实是不符的，违反了我们的直觉，而且边界是难以维护的。

德沃金反驳道："我们不承认我们发现的有价值的每个事物一定得完全服从单一分配逻辑：假如我们承认了两个正义领域，那么我们也承认了两个正义领域之间相互作用的需要。"② 比如，对于通过购买电视播出时间使得财富影响政治这一现象，有的人认为，金钱不应当购买职位，因此应当限制竞选开支。而它的反对者认为，这些限制既侵犯了言论自由权利，也侵犯了财产权。沃尔泽认为"这场争论属于不明确的正义领域"③，而在德沃金看来，关于财富影响政治的问题，其实质上是一场关于民主内涵的讨论，关键是对于什么是真正的民主的正确理解——民主既应该保障自由也要兼顾平等，而不是要设立什么边界限制交换。

德沃金确实言之有理，在实际的社会生活中，并不总是存在着可以完全独立自主分配的正义领域，有些领域之间是相互影响的。但沃尔泽的复合平等观所暗含的反对越界的原则对于当下我国解决经济腐败和政治寻租问题有着重要的意义，也应该引起我们的重视。其实，有些善应该被限制在特定的领域，有些善则可以被允许互相渗透。比如，财富就不应该转化为政治权力，权力也应该待在政治领域，不应该控制教育、商业等领域，我们不能把上清华北大的指标给了那些为官者的子女，我们也不应该将建筑工地承包给某领导的亲戚；但是，通过好的教育获得的知识与能力却应该转化为职位，以便人尽其才，物尽其用，为社会的进步做出更大的贡献。至于哪些善应该被限制与转换，这需要结合是否有利于社会进步与人民幸福等具体情况来具体分析。

① 德沃金：《原则问题》，张国清译，江苏人民出版社 2005 年版，第 280 页。
② 德沃金：《原则问题》，张国清译，江苏人民出版社 2005 年版，第 282 页。
③ 德沃金：《原则问题》，张国清译，江苏人民出版社 2005 年版，第 282 页。

（二）关于论证风格

沃尔泽认为德沃金等人的论证方法不可避免地是枯燥的、非历史的、抽象的、凭个人"直觉"就能够检验的，例子又极做作，所以，这些在两个孤立抽象原则之间做出某种刻板的对比的理论看起来更适于数学而不是政治学。[①] 但是，德沃金反倒认为，沃尔泽的著作对他原本想要抛弃的哲学风格提供了完全无意的辩护。[②] 德沃金指出，沃尔泽的失败证明：我们在那个方向——让哲学家们去提出各种方案、人为例子以及个人直观——上走得太远了。数学优先函数、虚构社会契约以及现代政治理论的其他工具，有时的确蒙住了我们的眼睛，使我们分不清沃尔泽在历史上做出的微妙区分。[③] 即使退一步说，沃尔泽的理论对我们有所助益，但是把正义与传统惯例相联系的理论仍然是无法接受的。可见，德沃金对沃尔泽的论证方法是极不赞成的。

德沃金认为，尽管沃尔泽为我们描绘了"一幅逍遥随意而令人赏心悦目的社会正义景象"[④]，在那个社会里，由于对"简单平等"严密管制，公民们和谐相处，每个人获得的正好是每一个领域内正义所要求的东西。但是，沃尔泽没有详细描述他的理想社会里，谁来主持分配，谁将参与分配，分配额度应该是多少；而只是提出了不同社会、不同领域应该发展出不同分配原则的趣闻轶事和历史事例。[⑤] 虽然一向论证严谨的德沃金对沃尔泽的描绘做出了难得的赞美，认为"沃尔泽向我们表明，不同的、更具体的政治分析会是个什么样子。他列举的历史事例往往颇为动人，与其清晰行文相得益彰。这使得阅读他的著作成为一件快事。……这些例子很好地说明了每一个正义领域的本质特点，说明了人们把社会意义的某些主题

---

① 德沃金：《原则问题》，张国清译，江苏人民出版社 2005 年版，第 281 页。
② 德沃金：《原则问题》，张国清译，江苏人民出版社 2005 年版，第 286 页。
③ 德沃金：《原则问题》，张国清译，江苏人民出版社 2005 年版，第 286 页。
④ 德沃金：《原则问题》，张国清译，江苏人民出版社 2005 年版，第 280 页。
⑤ 德沃金：《原则问题》，张国清译，江苏人民出版社 2005 年版，第 280 页。

赋予他们的经验的持续性和多变性。……沃尔泽涉及的范围是令人赞叹的，他鼓励我们去思考帝制下的中国精英阶层、旧金山的联合博彩公司、特洛布里安群岛人交换礼品的文化仪式和阿兹特克人的教育"①。但德沃金还是批评沃尔泽的论证是失败的。他严肃地宣称："我们不会把正义留给惯例去处理。"②"正是我们在特殊情况下就正义要求什么存在着争议这个事实表明我们并不拥有那种必要惯例。"③

事实上，在论证风格上，德沃金走的是另外一种路径，他与罗尔斯一样，追求一种理性的、普遍的、虚拟的、契约的方法。如果说德沃金是普遍主义的方法，沃尔泽就是特殊主义的、社群主义的方法，这种方法强调的是社会历史文化的特殊性。

（三）关于社会意义

沃尔泽认为："我们（所有的人）都是文化的产物；我们创造并生活在有意义的世界里。由于没有办法按这些社会对诸善的理解来给这些社会分等和排序，我们就通过尊重男人们和女人们的具体创造来对实际的男女实施正义。正义扎根于人们对地位、荣誉、工作以及构成一种共享生活方式的所有东西的不同理解。践踏这些不同的理解（常常）就是不公正地行动。"④ 这说明，沃尔泽强调的是一种关于物品的多元主义观念，他是以物品的社会意义为基础，而不是像德沃金那样以个人的自尊与权利为基础的。沃尔泽认为德沃金一再强调的个人权利对于分配平等意义不大，所以主张从物品的社会意义出发来考虑分配正义。沃尔泽坚持这种逻辑：个人的权利来源于哪里这个问题是无法自我证成的，尽管德沃金认为权利来源于自尊就像孩子来源于母亲一样不用证明，沃尔泽还是认为权利应

① 德沃金：《原则问题》，张国清译，江苏人民出版社 2005 年版，第 282 页。
② 德沃金：《原则问题》，张国清译，江苏人民出版社 2005 年版，第 287 页。
③ 德沃金：《原则问题》，张国清译，江苏人民出版社 2005 年版，第 282 页。
④ 沃尔泽：《正义诸领域：为多元主义和平等一辩》，褚松燕译，译林出版社 2002 年版，第 419 页。

该存在于整个共同体成员互相理解的、一致的价值观之中。

　对于德沃金坚持从人应得到平等的关心与尊重的权利出发来推导分配上的资源平等的进路，沃尔泽批判道："平等主义哲学家通常坚持在民主共同体内，公民们有权利获得同等尊重。……但根据我迄今的论证，否定它将更有意义。法律面前人人平等。当公民们向他们的政府请愿时，他们有权受到平等的关注；当公职可以获得时，他们有权得到同等的考虑；当分配福利时，他们有权得到同等关心。但当争论的是尊敬时，'恭顺的尊敬'、特别的关注、仪式上的尊崇最终是给予应得它们的人的。"① 因此沃尔泽认为，如果像德沃金等简单平等主义主张，正义在于每一个人在总体上拥有相同的资源，那样可能意味着放弃奖赏，放弃荣誉奖章。德沃金的理论忽视了它们试图分配的物品的社会意义。在这一点上，沃尔泽对资源平等观的批判也是切中要害的。

　沃尔泽特别重视社会物品的意义，认为分配要根据社会物品各自的意义来进行，这种思路是值得肯定的。因为单纯的物品谈不上什么正义与不正义。但是，沃尔泽提出的那个堵塞交换的新奇理论实在是过于理想化了，在现实中，很难找到什么办法来强制堵塞物品在不同领域之间的自然转换。如果国家强制干预，国家权力就会成为人们眼中的稀罕品而引起竞争，这样，国家权力又会成为一种具有支配功能的善。这与沃尔泽所提倡的复合平等又自相矛盾了。事实上，人们总是试图去追求各个领域的成功。例如，俄罗斯多才多艺的总统普京，会弹钢琴也会开飞机，既是跆拳道高手，也是出色的政治家……普京魅力四射，以至于出现一首歌——《嫁人就嫁普京这样的人》。这个例子充分表明，在生活中，分配很难真正地独立自主，互不影响，它总会自觉不自觉地相互重叠反映物品社会意义间更深层的相互联系。

---

　① 沃尔泽：《正义诸领域：为多元主义和平等一辩》，褚松燕译，译林出版社2002年版，第358页。

（四）关于社会共识

沃尔泽认为，共同体的成员们如果"以一种忠实于成员们共享知识的方式过实质生活的，那么这个社会就是公正的"①。与此同时，沃尔泽又补充道："当人们对社会物品的意义产生分歧的时候，当理解力有争议的时候，那么正义提出的要求是，社会要忠实于那些分歧，为它们的表达、司法机构和替代性的分配提供制度渠道。"② 这段话是自相矛盾的，一方面，沃尔泽强调社会共识，另一方面又谈正义问题上的相对性。德沃金认为，在一个其成员就"什么是正义"存在着分歧的社会里，沃尔泽有关"正义提出的要求是什么"的说法是神秘的。

德沃金追问：正义只是一个遵循共识的问题吗？根据我们的经验，这种价值共识达成确实是很困难的，几乎没有什么完全一致的共识存在于共同体中。在任何一个共同体中，即使大多数人赞成一种价值观，也会有个别人或者少数人持有不同的价值观。按照德沃金的说法，每个个体都有权利过自己想要的生活。可是按照沃尔泽的观点，没有一个合适的解决方案。既然这样，沃尔泽就物品的社会意义强调分歧就没有什么实际意义。德沃金指责沃尔泽没有通盘考虑他的相对主义给我们的社会所带来的后果——正义问题总是处于无休止地争论和讨论之中。

沃尔泽将社会共识作为正义的标准，本身的根基就不稳固。因此，德沃金的追问是有价值的。在德沃金看来，事实上，在何为适当分配原则上从来就没有达成某种共识。

（五）关于社会实践

沃尔泽的复合平等理论在现实生活中可行吗？沃尔泽认为它是普适的，而且能够防范各种不平等的暴政，他认为这两种价值能在

---

① 沃尔泽：《正义诸领域：为多元主义和平等一辩》，褚松燕译，译林出版社 2002 年版，第 418 页。

② 沃尔泽：《正义诸领域：为多元主义和平等一辩》，褚松燕译，译林出版社 2002 年版，第 418 页。

不同的时空以不同的方式实现，他的理论"不带有任何相对主义的色彩"①。

德沃金认为，当沃尔泽在为自己的见解提供论证的时候，他实际上正依赖于一个隐藏并且神秘的前提。那么，这个神秘的前提是什么呢？在沃尔泽潜意识里，或者说他没有直截了当地表达出来的是——当代资本主义社会可以具有完美的正义，在这个社会里，存在着一定数量的正义领域，它们的根本原则已经事先被确立起来。这些领域是社会福利领域、美德领域、教育领域或公民资格领域，在这些领域里，其根本原则也已确立起来了。例如，官僚制度属于唯才是举、任人唯贤的领域。而在医疗保健方面，它可以把医疗整个地指派给市场，或者，它可以向需要的领域分配固定的最低限度的医疗。②

德沃金认为，一旦这个隐藏的前提得到了揭示，那么这些论证中的谬误便一目了然。依沃尔泽的想法，不把医疗保健完全留给市场的富裕社会不是一个正义社会。但德沃金觉得实际上这是一个比现实的社会更不正义的社会，现实的社会毕竟提供了一定的虽非完全免费的医疗保健，而沃尔泽的社会没有提供穷人获得与富人相同的医疗保健。德沃金认为沃尔泽的平等是迷人的，但是沃尔泽没有提供任何论证支持他的平等理想。

在讨论给少数民族优先权的大学入学计划时，沃尔泽更倚重于固定的、预先规定的领域的观念。他说："在我们的文化中，岗位向有天赋者开放。"③ 沃尔泽不管该共同体为了补偿黑人与少数族群而拟定的"肯定性行动"，他陶醉于他自己的柏拉图式的音乐之中。他说，为了服务于福利领域，任何一个种族优先都败坏了他建构领域中的某一个领域，即"职业"领域，他认为他无须为它提供更好

---

① 沃尔泽：《正义诸领域：为多元主义和平等一辩》，褚松燕译，译林出版社2002年版，第2页（中文版序）。
② 德沃金：《原则问题》，张国清译，江苏人民出版社2005年版，第284页。
③ 德沃金：《原则问题》，张国清译，江苏人民出版社2005年版，第285页。

的论证。

在德沃金看来，沃尔泽的理论不仅不能给人以任何助益，而且他的相对主义对于我们澄清在社会实践中"正义真正是什么"是不可靠的。德沃金的结论是：其一，沃尔泽阐述的复合平等理念不仅是无法实现的，甚至是前后矛盾的。其二，德沃金承认沃尔泽的确相当细致地讨论了许多当代政治问题，但是他认为，对于沃尔泽描述的某些论题，沃尔泽并没有阐明自己的立场，而当他阐明自己的意见的时候，他有时又没有为它提供论证。因此，《正义诸领域：为多元主义和平等一辩》这本书没有涉及有助于人们思考实际正义问题的东西。

德沃金的这一结论有失偏颇，毕竟沃尔泽的复合平等观以其独特的视角，为当代分配正义理论的理论与实践开拓了更为广袤的空间。当我们纠结于森所提出的到底该是"什么的平等"时，沃尔泽的思维将我们从简单平等带向了复合平等，为当代政治哲学与道德哲学谱系又提供了新的思路，使得我们对于平等的认识越来越清晰。

三　分歧的症结

德沃金与沃尔泽的辩论实际上涉及了分配正义的普遍性与特殊性问题。沃尔泽认为社会物品都有其特殊的社会意义，不同领域应该有不同的分配，因此他推崇复合平等；德沃金认为沃尔泽的复合平等容易滑向相对主义和道德虚无主义，因此坚持资源平等。

需要指出的是，正义在历史发展与人类社会生活中是具体的、实在的，而不是个虚幻的、抽象的概念。在这一点上，德沃金与沃尔泽都是就观念而谈观念，对分配正义的理解没有挖掘其深层次的生产方式与制度根源，所以，争论没有休止。在这个问题上，我们既要认识到正义概念的历史性、特殊性，又要承认正义概念的一般性、普遍性，这是一对辩证的关系。

一方面，马克思主义认为，正义概念具有一般性、普遍性的维度。正义是人类生活的基本行为准则，正义是社会发展的基本价值目标，这也是正义的价值性维度。马克思主义认为："真正的自由和真正的平等只有在公社制度下才可能实现；要向他们表明，这样的制度是正义所要求的。"① 在某种意义上可以说，人类对平等与正义的追求过程就是人类社会由落后到发达、由低级到高级的无限发展过程。实现社会正义，归根结底是为了解放人，实现人的自由全面发展。正是正义的这个终极目标，才使得正义成为人类社会最基本的，也是最崇高的美德，成为人类所信仰的终极价值。

另一方面，马克思主义也认为，正义概念具有历史性、特殊性的维度。按照马克思主义历史唯物主义的基本原理，正义，作为一种上层建筑的组成部分，它是受社会生产方式制约的。事实上，考察正义与平等离不开具体的生产制度与生产方式。在不同的历史时期，正义的内涵与判断标准是不同的。在某个时期认为是非正义的，在另一个时期也许是正义的。因此，在谈论正义与平等问题时，不能离开其特定的社会历史阶段空谈什么永恒的正义、绝对的平等，而应该将其置于人类历史发展的坐标中加以具体考察。

总之，在马克思主义正义观中，正义概念既具有一般性、普遍性，又具有历史性、特殊性。就其最终根据和最高标准而言，它是绝对的；而就其现实实现和具体标准而言，它又是相对的。正义概念的这两种基本特性是互相依存不可分割的，离开了正义概念的一般性、普遍性，正义的历史性、特殊性就成了缺乏根基的零散断片；而离开了正义的历史性、特殊性，正义的一般性、普遍性就成了神秘莫测的空中楼阁。从两者的区分来说，正义的一般性、普遍性有利于我们对人类的各种正义追求做出统一的度量，而正义的历史性、特殊性则有利于我们根据特殊的社会条件来设计不同的正义安排。就两者的内在联系而言，正义的一般性、普遍性正是通过正义的历史性、特殊性体现出来的，正是通过历史上存在着的种种特殊的、相对的正义，才使人们看到了正义所具有的普遍的性质。

---

① 《马克思恩格斯全集》第 3 卷，人民出版社 1995 年版，第 482 页。

第五章　德沃金平等思想的现实思考

第一节　德沃金平等思想的审视

平等一直是世界上很多人追求的理想之一。在这方面，德沃金为我们描绘了一幅关于平等的"大饼"图案，他告诉我们，在资源平等的条件下，真正的平等就会实现。德沃金的资源平等观难道真的可以引领我们走向真正的平等吗？毋庸置疑，答案是否定的。让我们把德沃金的平等思想置于马克思主义视域下，运用马克思历史唯物主义的方法审视德沃金平等思想，勾画其逻辑脉络、透视其内在困境和矛盾，分析其理论特色。

一　德沃金平等思想的逻辑脉络

"平等"是近代以来最具号召力、最令人激动的字眼，然而，平等也是一个含混的字眼。一般来说，平等有两个方面的含义：一方面，需要肯定所有人道德上的平等；另一方面，需要根据这种道德上的要求，给予所有人平等的待遇。[①]

如果勾画一下德沃金的平等思想，其逻辑脉络是这样的。德沃金首先肯定人们在道德上的平等。为此，他提出了一条各方易于接受的或者说已经得到承认的伦理个人主义的原则，即重要性平等原则——每个人都是重要的且同等重要。根据这个不证自明的原则，

---

① 钱永祥：《道德平等与待遇平等：试探平等概念的二元结构》，载许继霖编《全球正义与文明对话》，江苏人民出版社 2004 年版，第 319 页。

德沃金倡导"平等的权利"概念，即每个人都有一种受到平等关心和尊重的权利。这一抽象的权利可以包括两种不同的权利，第一种权利是受到平等对待的权利，就是说，像其他人所享有的或被给予的一样，同样分享利益和机会，如政治选举中的一人一票。第二种权利是作为平等的人受到对待的权利，这种权利具有本质上的重要性，它要求在有关这些利益和机会应当如何分配的政治决定中受到平等的关心和尊重。德沃金举了这样一个例子：假定我有两个孩子，一个快要病死了，且他的病使别人也不舒服，另一个则是健康的，如果我掷了一个硬币来决定谁来吃仅剩的那一点药品，我就没有表现出平等的关心和尊重。这一例子表明，作为一个平等者而受到对待的权利是基本的、最重要的。因此，平等的权利，有时要求平等对待，有时又要求差别对待。

根据权利平等的要求，德沃金更强调少数人的权利，即所有公民——无论是多数人还是少数人——在信仰、良心、表达自由（言论、出版等）、政治参与（投票选举）等方面都享有平等的权利。据此，平等是政府的至上美德，政府必须不仅仅关心和尊重人民，而且必须平等地关心和尊重人民，它千万不能根据由于某些人值得更多的关注从而授予其更多的权利这一理由而不平等地分配利益和机会；也不能根据某个公民、某一集团良善生活的概念更高尚或高于另一个公民的同样概念而限制自由权。

德沃金认为，所有当代的政治理论——无论是诺齐克的自由至上理论还是马克思主义——都承认了基本的平等诉求（即道德平等），只不过对于如何才算满足平等的诉求，各家看法并不一致。依此推断，当代政治哲学，整体处在一种"平等主义的平台"（e-galitarian plateau）上。因此，争论的焦点不在于是否接受平等，而在于"如何才算是给人以平等待遇"。[①]

----

① 威尔·金里卡：《当代政治哲学》（上），刘莘译，上海三联书店2004年版，第7—8页（导论）。

　　的确如此，无论是理论上还是现实中，道德上的平等已经得到大家的公认，现代国家几乎毫无例外地把"权利平等"载入宪法，在这一方面，道德上的平等至少得到了形式上的保障；颇有争议的是分配领域的平等，即在分配上，"如何才算是给人以平等待遇"，用阿马蒂亚·森的话说，"什么的平等"是评价平等与否的核心问题，此是现代国家所面临的共同目标。

　　在分配正义方面，德沃金提出其著名的资源平等观，资源平等秉承了罗尔斯"敏于志向而钝于禀赋"的分配理念，并且遵循伦理个人主义的两个原则——重要性平等原则和具体责任原则。重要性平等原则要求政府对每一个公民都表示平等的关切与尊重，具体责任原则要求公民对个人自己的选择负责。因此，政府应该保障分配正义，平等地对待其域下的公民，且使得公民个人的命运同他们自己做出的选择密切相关。如何才能保障分配正义？德沃金利用两个区分——个人/环境与选项运气/原生运气——来划分个人责任与集体责任。德沃金对于个人与环境的区分是这样的："一方面，那些决定着何为成功的信念或态度归属于个人（person）；那些为这种成功提供帮助或阻挠的身、心或个人特征归属于个人的环境（circumstance）。"① 这样，人格的因素，如嗜好、抱负和信念等属于个人责任的范围；人格资源的因素（主要指人的生理能力与精神能力）与非人格资源的因素（如外在的可交换的各种物品）是环境因素，属于集体责任的范围。德沃金的意思是：要使得分配正义"敏于志向而钝于禀赋"，抵消人们原生运气的影响。

　　为此，德沃金设计了一套分配方案。对于非人格资源的平等，德沃金提供的检验标准是零嫉妒标准，采用的方法是一种拍卖方式，当在规定的条件下拍卖完成后，如果所有人都宁愿要自己的那一份资源而不是别人所拥有的那份资源时，那么我们的拍卖就通过

---

　　① Ronald Dworkin, "What is Equality? Part 2: Equality of Resources", *Philosophy and Public Affairs*, Vol. 10, No. 4, Autumn 1981, pp. 283 – 345.

了嫉妒检验的标准，非人格资源就实现平等。

　　对于如何实现人格资源的平等，德沃金区分了选项运气与原生运气。选项运气是公民自身可以选择的，在选择过程中也必然会体现出公民个人的嗜好和抱负，因此属于个人能够对其负责的范畴；原生运气是公民自身所无法选择的，因此属于集体责任范围，需要国家给予调节。对于原生运气，德沃金通过虚拟保险将其转化为选项运气，因为决定是否购买保险，是一种经过计算的赌博①，因而属于选项运气。这样，保险就将两种运气联系起来，并巧妙地将两种责任联系起来，让个人为自己的选择负责。保险在这里是一个重要的概念，对应着真实世界里的税收。德沃金的意思是：如果人格资源不足，如残障、天赋差、缺乏劳动技能等，保险就可以给予补偿。这样，资源平等就能满足伦理个人主义的两个原则，既能对每个人都表示平等的关切与尊重，又能使得公民对自己的自由选择承担责任。在此，平等与自由是统一的，而不是伯林所宣称的"存在着剧烈冲突"的政治价值。

　　二　资源平等观的理论困境

　　资源平等观的思路新颖而独特，它使得罗尔斯所追求的"敏于志向而钝于禀赋"的理念变得更为精确，② 也为我们解决分配正义问题提供了独特的思考路径。但资源平等观也面临着至少以下 3 方面的理论困境。

　　（一）逻辑关系上的悖论

　　资源平等观要求对个人的选择表示敏感，要求自始至终贯彻伦理个人主义两个原则，要求个人对自己的选择负责，这实际上体现了自由主义的基本理念。但是，问题的关键是，如果要让人们为自己的自由选择承担责任，就应该创造出一个公平而正义的环境。否

---

　　① 德沃金：《至上的美德：平等的理论与实践》，冯克利译，江苏人民出版社 2003 年版，第 77 页。

　　② 威尔·金里卡：《当代政治哲学》（上），刘莘译，上海三联书店出版 2004 年版，第163 页。

则，要求人们为他们的选择负责就是不公平的，因为我们知道，任何人的志向、抱负等都是与其所处的环境密切相关的，在不同的制度与资源环境下，人们所形成的志向与抱负会大相径庭。正是因为这一点，社会有义务创造一个公平正义的环境，以保障人们能够形成其合理的抱负与志向。也只有在这样的环境下，才能够要求他们对自己的选择负责，否则，就是不公平的，在道德上就是任意的。在此，资源平等观的目标是追求"敏于志向而钝于禀赋"的分配正义，但是，志向的确立与抱负的形成本身就需要一个正义的环境，这实际上是一个逻辑上的悖论，资源平等所需要的合理性条件——正义的环境——恰恰就是资源平等观所追求的目标，而一个完善的分配正义理论所需要的合理性条件不能由这种分配正义理论的目标去提供。

（二）认识论上的争论

德沃金的资源平等观主张"敏于志向而钝于禀赋"的分配正义，他的方法是通过区分人格因素/环境因素（或者称作个人性资源）来区分个人责任和集体责任。但是这一设想会遇到一系列的认识论争论。我们很难精确地辨认出个人选择中哪些是出自个人的天赋等因素，哪些又能够归为纯粹的个人抱负，在分配问题上，"应得"概念与天赋、志向概念紧密地纠缠在一起，很难说清究竟怎样分配才是"应得"。难怪柯恩要求重置切割点，在他看来，他的那个不幸者——手臂有点疼痛但"在相关的意义"上移动手臂的能力比绝大多数人都要好的人（至少比残疾人好）——应该得到资源的补偿；另外一个不幸者——必须（没得选择）用大部分收入购买昂贵的照相机和镜头的摄影家保罗，也应该得到补偿，因此，正确的切割应该是在责任与运气之间，而不是像德沃金那样在偏好与资源之间。在回应柯恩的批评时，德沃金提出的理由是："我遵循的正常人的伦理经验，普通人在日常生活中对他们自己的人格（person）

承担后果。"① 但是，相信大多数人会认同这样一个伦理经验：我们总是习惯于把我们的精神能力，如天赋，认为是构成一个人人格的一部分，并不认为它是环境因素。而德沃金却将它划分在环境因素里，这其实也是引起资源平等观争论的焦点之一。

（三）现实操作的困难

资源平等论论证复杂而精妙，使用了诸如假想的荒岛拍卖、虚拟保险调节、真实的税收制度等方式予以表达，但是它的设计应用于实践还有许多操作上的困难。

首先是嫉妒检验标准的失灵。因为即使满足了零嫉妒检验标准，也并不能保证其公平性。这一点也被诺贝尔经济学奖获得者阿马蒂亚·森所指出。他认为，这一标准表达的公平性是非常值得怀疑的。即使满足零嫉妒检验标准，也可以存在实质性的不平等。② 的确如此，在实际生活中，完全可能出现这样的情况：两个人即使获得平等的资源，其中一个也很可能会嫉妒另一个，咎其原因，他可能是由于天生爱嫉妒的心理倾向，也可能总是感觉到生活不满足而缺乏幸福感。还有一种情况，也能满足零嫉妒标准。例如，长期生活在贫困山区里的妇女，即使生活困顿，还有可能遭受丈夫的打骂，但是她习惯于逆来顺受，相信自己的命运乃上天的安排，她最多把生活的希望寄托在儿女身上，根本不会去嫉妒在现代都市里生活的"白领丽人"，这一方面有可能是由于她乐观的天性，另一方面有可能是由于信息的隔绝，她根本不知道这个世界上还有别的生活方式，尽管她们的资源是极其不平等的。其实，人是社会关系的总和，一个人是否嫉妒另一个人，要具体地分析他的生活环境、受教育程度、心理倾向以及性格特征，而不是抽象地谈什么零嫉妒标准。

---

① 德沃金：《至上的美德：平等的理论与实践》，冯克利译，江苏人民出版社 2003 年版，第 334 页。

② 阿马蒂亚·森：《伦理学与经济学》，王宇、王文玉译，商务印书馆 2000 年版，第 39 页。

其次是拍卖市场的理想化。按照德沃金对拍卖市场的描述，市场应该且能够使得个人所得公平，并精确地反映个人的选择。在德沃金的"荒岛"拍卖市场上，资源是充足的，信息是透明的，不存在资源不足的情况，也不存在信息获得不平等的状况，人们面临着同样的选择机会。但是在现实中，资源并不是如德沃金所描述的那样充足（德沃金的荒岛其实只是个孤岛而已，资源还是相当丰富的），总是会有一些匮乏，而且出于利益驱动，出于人们拥有不对称的信息，人们的选择机会是不同的，况且，市场也不一定对任何个人选择都表示同等敏感。有的时候，一个人的高收益并不是完全由他自己的选择带来的。例如，一个亿万富翁的儿子，或者由于他资本雄厚（遗传所得），或者由于他爱冒险的天性，或者由于他比一般人更多地掌握市场投资的信息，他在市场竞争中选择了高风险的投资，他因此得到了巨额的利润。你能说他的收益纯粹是由于个人选择的结果吗？你能说他的所得就绝对的公平吗？其实，市场作为一种工具来阐明和实现平等主义的力量是虚幻的。① 真正的市场只是按照效益原则对个人的选择保持高度的相关性，它并不能如拍卖市场所期待的那样对个人的选择保持高度的正相关，这也违背了德沃金的初衷。

最后是虚拟保险的失真。德沃金的虚拟保险在其资源平等观中占有很重要的地位，人们通过保险市场能同等地分担残障等资源不足者的不利和损失，但德沃金所描述的这一虚拟的保险市场在现实中未必会形成。现实生活中的人们都是具有社会性的，他们并不是生活在"荒岛"上的，他们对自己的情况有真实的判断，不一定会去购买那些残障保险，更何况，保险公司由于利益驱动，也不一定会对高危群体投保，而低危群体又不会进入保险市场，这样，现实中的保险市场就难以成为资源平等的调节器。此外，德沃金将天赋

---

① Justine Burley ed. , *Dworkin and His Critics：With Replies by Dworkin*，Oxford：Blackwell Publishing Ltd. , 2004, p. xiii.

不足与技能不强等等同于残障来处理，本身也有问题，判断的标准是什么呢？对个人残障我们可以根据个人的正常能力的标准为前提，而对天赋和技能不足我们该如何判断？其客观标准是什么？显然，这在实际操作上是有困难的。

　　总之，德沃金的资源平等观是一种颇为理想化的分配方案，在逻辑上，既不能圆润自洽，在应用上，也难以付诸实践，既有论证方法上的不足，也有价值观念的偏失。德沃金本人可能也意识到了其理论的局限性，因此他一再提供某种次优方案、改进理论。但是，由于其资产阶级自由主义的立场，他犯了平等主义自由主义的通病，即总是希冀公正与平等能在一种资本主义的市场经济框架内实现。[1] 事实上，平等是一个历史的、具体的和相对的范畴，任何从抽象原则出发推导出的绝对平等的理论在面对现实时必然"流于荒谬"，[2] 因为世界上没有绝对的平等，绝对平等只存在于人们的观念、幻想之中，现实生活中我们只能追求相对平等，追求与社会政治、经济、文化发展水平相适应的平等。平等的真正实现归根到底要依靠生产力的高度发展，依靠整个社会全面协调可持续的发展。

　　三　德沃金平等思想的特色

　　德沃金自由主义式的平等思想有较浓的理想化色彩，而且从内容到论证上看也不是十分完善，甚至每一位谈到他的学者几乎都对他的理论进行了不同程度的批评，但批评不是全盘否定，对德沃金平等思想的批评本身就证明了这一理论具有一定的研究价值。本书认为，尽管德沃金的平等思想有着诸多不足，德沃金平等思想还是丰富与促进了我们对于平等问题的认识。当前，平等问题已成为中

---

　　[1] 亚历克斯·卡里尼克斯：《平等》，徐朝友译，江苏人民出版社2003年版，第157页。

　　[2] 在马列主义经典作家的论述里，抽象的平等理论是荒谬的。恩格斯说："无产阶级平等要求的实际内容都是消灭阶级的要求。任何超出这个范围的平等要求，都必然要流于荒谬。""抽象的平等理论，即使在今天以及在今后较长的时期里，也都是荒谬的。"（参见《马克思恩格斯全集》第26卷，人民出版社2014年版，第113，359页。）列宁也说："恩格斯说得万分正确：平等的概念如果与消灭阶级无关，那就是一种极端愚蠢而荒谬的偏见。"（参见《列宁选集》第3卷，人民出版社1995年版，第816页。）

国社会普遍关注的问题。用马克思主义的观点和方法来审视德沃金平等思想，发掘其理论中对于我们可以借鉴的成分，并分别其局限性，无论在学术上，还是在实践中都是一件很有意义的事情。

（一）自由与平等的统一

自由和平等是人类的两种珍贵价值，近代资产阶级曾经把二者作为引领革命和进步的两面旗帜、两把火炬，但是 19 世纪以来，人们慢慢形成这样一个观念：自由和平等之间存在着内在的紧张，甚至冲突，有时提升平等的唯一有效手段要求对自由加以限制，有时提升自由的后果损害了平等。① 谈到这个问题，伯林（Berlin）坚持认为：重要的政治价值之间存在着剧烈冲突，他尤其强调自由与平等的冲突。自由至上主义者诺齐克（Nozick）和哈耶克（Hayek）强调自由至上，对于他们而言，最为认可的价值是自由，平等虽然也值得赞赏，但却不能成为一种社会制度原则，更不能由国家力量实现。另外一些哲学家如柯恩则把平等视为最高和最根本的价值，他甚至认为，马克思仅仅局限于在产品极大丰富的条件下考虑平等，是不愿与资产阶级彻底决裂，而他认为必须在物质不足的情况下就追求平等，但柯恩不愿意让人认为他为了平等而牺牲自由，于是要说明自我所有（可以理解为自由）与平等并不矛盾。不过有论者指出，在柯恩的思想实验中，平等倒是实现了，但自由却是名不副实。② 对于自由与平等的内在紧张关系，罗尔斯力求证明它们是可以相容的，他的正义原则宣称：对于最广泛的基本自由，每个人都应当有与其他人的类似自由相容的平等权利。③ 但是，当自由与平等发生冲突时，在罗尔斯看来，首先要保证的还是自由。

德沃金明确宣称，自由和平等不仅不会发生冲突，而且自由和

① 德沃金：《原则问题》，张国清译，江苏人民出版社 2005 年版，第 245 页。
② 徐友渔：《当代西方政治哲学中关于平等的讨论》，《云南大学学报》2005 年第 2 期。
③ 罗尔斯：《正义论》，何怀宏、何包钢、廖申白译，中国社会科学出版社 1998 年版，第 302 页。

平等这对范畴还可以和谐地相融于资源平等观之中。德沃金说："就我而言，我渴望驳斥这一假定，即认为任何我们称为权利的传统的基本自由会与平等发生根本性的冲突。"① 并且，德沃金还认为各种价值之间也能够互相依赖、和谐并存。他说："我们应当期盼一个包括所有核心政治价值——不仅是平等的价值，还有民主、自由、公民社会的价值——的言之成理的理论，它表明每一种这样的价值都是从所有其他价值中成长起来并反映在它们身上的，即这样一种说明：平等不但与自由相容，而且是珍惜自由者都会予以珍惜的一个价值。"② 换言之，德沃金坚持认为，自由和平等不是相互独立的美德，而是政治合作组织的同一个理想的两个方面，甚至它们就像是同一个硬币的两个面一样，不可分割，互为前提。"因此当我们宣布自己的自由信念时，我们不过是在肯定我们所赞成平等的一种形式，也就是说，我们只是在宣布平等意味着什么。"③

　　早在《认真对待权利》一书中，德沃金就从权利论角度对平等与自由的关系进行了思考。德沃金首先否定了抽象的自由权。然后断言一切个人的基本自由和政治权利都是从抽象的平等权利中派生出来的，并且将具体的自由权置于抽象的平等权上，就这样，德沃金通过否定抽象的自由权进而论证了平等和自由根本不会发生冲突。后来，在《至上的美德：平等的理论与实践》一书中，德沃金将平等具体丰富为资源平等观，将自由定义为消极自由，从而在分配正义的逻辑中展开了与自由与平等关系的讨论。在这里，德沃金首先否定自由和平等是理论上相互独立的两种美德。因为假如像自由主义者那样承认二者概念上的独立性，自然就会出现这两种美德的关系以及在发生冲突时何者优先的问题。进而，德沃金把自由限

　　① 布莱恩·麦基：《思想家：与十五位杰出哲学家的对话》，生活·读书·新知三联书店 2004 年版，第 318 页。
　　② 德沃金：《至上的美德：平等的理论与实践》，冯克利译，江苏人民出版社 2003 年版，第 5 页（导论）。
　　③ 德沃金：《至上的美德：平等的理论与实践》，冯克利译，江苏人民出版社 2003 年版，第 200 页。

定在他所选择的资源平等观中。在德沃金看来，资源平等体现了自由与平等的内在统一。一方面，基于重要性平等原则的要求，每个人在这种结构下被平等地尊重、关切；另一方面，基于特殊责任原则的要求，在资源的分配过程中又反映了每个人的自由选择。因而在资源平等观中，自由与平等是统一的。

在当代社会，"资本主义者与社会主义者之间对比的主要通常诉诸这样的方式：资本主义者把自由理想当作最终的政治理想……而社会主义者把平等理想作为最终的政治理想"①。而德沃金试图要走出一条既不同于资本主义社会也不同于社会主义社会的"第三条道路"，企图在自由的基础上，更大程度地实现社会的平等，达致自由和平等的统一。

马克思"不是从观念出发来解释实践，而是从物质实践出发解释观念的形成"②。在马克思看来，自由与平等能否达到协调一致，取决于产生这些观念的社会制度的性质，而不取决于自由和平等观念本身。因此，马克思指出，"真正的自由和真正的平等只有在共产主义制度下才可能实现"。③ 而在有阶级差别和对立存在的阶级社会里，是无法从根本上解决自由与平等的冲突的。无产阶级只有通过斗争，推翻资本主义制度，才能建立一个自由与平等和谐发展的共产主义社会。从马克思主义的视角看德沃金关于自由与平等统一性的论证，可以说，其中既有值得肯定的方面，又有必须给予澄清和批评的方面。值得肯定的就是他关于自由和平等可以协调统一的理想；而需要澄清的是，由于其平等主义的自由主义的立场，他总是希冀自由与平等的和谐能在一种资本主义的市场经济框架内实现，这是不可能的。

中国传统思想历来重视平等而忽视自由（不患寡而患不均），

---

① J. P. 斯特巴：《为什么自由主义要求平等》，东方柏译，《哲学译丛》1997年第4期。

② 《马克思恩格斯选集》第1卷，人民出版社1995年版，第92页。

③ 《马克思恩格斯选集》第1卷，人民出版社1995年版，第582页。

在社会主义建设初期，我们虽然也重视自由，但更强调平等。随着改革开放与市场经济体制的逐步完善，法治意义上的自由越来越受到重视，但是平等问题又在某种程度上凸显，致使自由与平等的关系问题变得日趋紧迫和尖锐。如何保障自由与平等权利的实施，如何防止二者的冲突和矛盾并达成二者的和谐，就成为当前制度建设的重要课题。德沃金关于自由与平等的论述，为我们更进一步地认识平等与自由的关系问题提供了崭新的思维视角，也为社会主义自由与平等的和谐开辟了可以参照的路径。

在建设社会主义和谐社会的过程中，我们既要维护自由，也要保障平等。自由是社会主义国家活力迸发的前提，平等是社会主义国家的追求目标。没有自由，社会经济生活就如同一潭死水；没有平等，放弃共同富裕这个目标，社会主义制度就会偏离方向。二者是相辅相成的，我们既不能因追求机会的平等、结果的平等就损害自由的权利，也不能因强调自由的重要性就任由社会不平等加剧。因此，我们要加强平等和自由的协调统一，一方面，要通过对税收的调节、社会救助等方式进行财富的再分配，体现社会公平，因为由不平等带来的社会问题和矛盾最终会影响、限制主体的自由和自由权利；另一方面，要注意不能损害自由的原则，对弱势群体的救助不能简单地采取剥夺富有阶层的利益的办法，不能以损害自由的方式去获得表面的平等，因为没有自由释放个人的潜能，就不会有一部分人先富起来，更不用说先富带后富，最终实现共同富裕。我们要做的是禁止那些不合法的自由，使得社会财富以合法的形式快速增长，为实现真正的平等创造条件。

（二）形式平等和实质平等的统一

自古以来，平等就是人类的美好理想和追求。古希腊思想的集大成者亚里士多德肯定平等是一种美德，而且天才地指出了平等的两个区分："一个为数量相等，另一个为比值相等。'数量相等'的意义是你所得的相同事物在数目和容量上与他人所得者相等；'比值相等'的意义是根据各人的真价值，按比例分配与之相衡称的事物。"① 这实际上一方面肯定了人与人在形式上的平等，另一方面探索了实现平等的路径，即在本来不相等的人们之间，依据比例而给予相应的不等待遇，这就达到了平等。

当西方近代资产阶级革命初期时，"平等"作为革命的口号，首先被理解为人与人之间拥有权利的平等。法国《人权宣言》、美国《独立宣言》都讲道：人生而平等，并由造物主赋予了不可让渡的权利。但是，人类历史发展表明，仅仅肯定人与人之间的平等权利还远不足以保证平等的实现。

当代自由主义思想家诺齐克就肯定权利平等，"个人拥有权利"是诺齐克在《无政府、国家与乌托邦》中的第一句话，但是他理解的一切人有权得到的平等实际上就是起点平等、程序平等。也就是说，只要是起点平等、程序平等，结果平等与否不再是国家关心的范畴。德沃金非常反对这种论调，他不止一次地指出这种观点的错误性，认为这种理论其实几乎根本不能把它说成是一种严谨的政治理论。② 因为这种起点论的两项原则——公正要求平等的初始资源和此后实行自由放任政策——并不能保证真正的平等。而流行的机会平等说法实质上也是"骗人的"，因为在现实中人们并非具有相同的起点，有些人一开始便具有明显家庭财富优势或者正式教育和非正式教育优势，有些人则因为他们的种族出身而遭受了种种不幸，有些人在找工作等决定命运的关键时刻遇上了坏运气……撇开这些明显的不平等，人们在原始技能、智力或其他原始能力方面并不相同，因此在市场经济中，与别人的要求相比，能力较弱的人并不具有真正的平等机会。

德沃金认为，平等不仅包括起点平等、程序平等，也包括实际上人与人之间真正的可以利用的机会平等。为此，德沃金主张实行

---

① 亚里士多德：《政治学》，吴寿彭译，商务印书馆1997年版，第234页。

② 德沃金：《至上的美德：平等的理论与实践》，冯克利译，江苏人民出版社2003年版，第92页。

高额累进税制和征收遗产税以防止财富过度积聚，主张利用社会保障制度弥补人们资源的不足；赞成联邦法律应该限制公民个人和团体的政治竞选捐款数量，尤其是用于电台或者电视台的经费数量，以此来保证公民平等地参与政治；赞成"肯定性行动"（affirmative action），即对少数族群和妇女因社会长期歧视而遭受的损害给予补偿，并且把它作为一件克服可悲的种族分层的武器；主张政府应当"以平等的名义，用专门的资源去训练那些因为技能原因而处在收入排序之较低位置的人"①。在此，联系德沃金对于两种平等权利——受到平等对待的权利（right to equal treatment）与作为平等的人受到对待的权利（right to treatment as an equal）——的强调，我们就会得出结论：德沃金既强调形式上的平等，如权利平等，也强调实质上的平等，一句话，他强调形式平等与实质平等的统一性。

　　马克思主义是肯定人与人之间的平等的，他们认为："一切人，或至少是一个国家的一切公民，或一个社会的一切成员，都应当有平等的政治地位和社会地位。"② 但是他们反对那种空谈权利和平等的现象。列宁曾说："任何一个读过马克思著作的人，甚至任何一个只要读过一本叙述马克思学说的通俗读物的人都会知道：马克思恰恰是把他一生的很大一部分时间、很大一部分著作和很大一部分科学研究用来嘲笑自由、平等、多数人的意志，嘲笑把这一切说得天花乱坠的各种'边沁分子'，用来证明这些词句掩盖着被用来压迫劳动群众的商品所有者的自由、资本的自由。"③ 马克思之所以这样做，是因为长期以来，西方思想家，特别是资产阶级思想家总是从抽象的平等观念出发构建其理论大厦。在马克思看来，如果不消灭阶级和剥削，平等就是一句空话。而且，马克思指出，资产阶级所说的自由、平等和权利始终是被限制在法律范围内谈论的，所谓

---

　　① 德沃金：《至上的美德：平等的理论与实践》，冯克利译，江苏人民出版社2003年版，第115页。
　　② 《马克思恩格斯选集》第3卷，人民出版社1995年版，第444页。
　　③ 《列宁选集》第3卷，人民出版社1995年版，第810页。

平等不过是资产阶级法律面前的平等。换言之，资产阶级革命所给予无产阶级和劳动群众的只是形式上的平等而远非实质平等。恩格斯在《反杜林论》中也指出："平等应当不仅是表面的，不仅在国家的领域中实行，它还应当是实际的，还应当在社会的、经济的领域中实行。"① 马克思、恩格斯不仅在理论上反对那种抽象的平等观念，而且在实践中指导工人运动时，也坚决拒斥那种不切实际的平等口号，他们对蒲鲁东、杜林抽象平等观的批判，对于无产阶级平等的实现在于消灭阶级的论述等，都生动地说明：马克思主义是从特定的社会历史形态出发，从实现平等的物质社会条件，即一定的经济生产方式出发来谈论平等的。由此可见，马克思主义的平等观强调的是形式平等与实质平等相统一。当然，马克思已经发现了在共产主义社会第一阶段——社会主义社会形式上的平等与实质上的不平等之间的矛盾关系，他认为：社会主义社会中，由于实行等量交换的按劳分配原则，因此还存在着类似资本主义社会那种形式上平等而事实上不平等的"资产阶级的法权"。而未来的共产主义社会的按需分配原则正是解决这一矛盾的办法，它实现了形式平等与实质平等的真正统一。

对照马克思主义的平等观，我们发现，德沃金的主张无疑是值得肯定的。德沃金的平等思想从政治法律上的权利平等，再到经济分配上的资源平等，正是体现了对平等从形式到实质的追求。当然，与马克思主义者不同，德沃金追求平等的力度再大也不会突破资本主义制度的框架，但德沃金代表社会中下层所表达出的对社会平等的追求，希望国家和政府通过制度安排和福利政策以保障公民的平等权利，是有进步意义的。

改革开放以来，受西方自由主义思潮的影响，有相当一部分学者越来越肯定权利平等、程序平等等形式平等的重要性，但是却忽视了社会主义建设初期强调较多的结果平等。德沃金平等思想再次

① 《马克思恩格斯选集》第3卷，人民出版社1995年版，第448页。

提醒我们，平等应该是体现在方方面面的，我们不能顾此失彼，而应该追求形式平等与实质平等的真正统一。

（三）个人责任与集体责任的统一

在当代的平等理论中，如何切割个人和集体对于一个人良善生活的责任，是一个重要问题。因为平等只是表示财产分配的一种状态，平等本身并不能成为拥有资源或益品的合理性的根据，一个人应该拥有什么以及多少资源或益品，根本上取决于一个社会对个人良善生活责任的切割结构的看法。在这方面，德沃金与罗尔斯等人都赞成一种"敏于志向而钝于禀赋"的分配方式。他们认为，一种合理的分配正义应该足够灵敏，它能够将不平等追溯至人们对于所选工作、所冒风险和所过生活的选择。也就是说，分配要反映个人的志趣抱负，要保证个人选择自由并由个人对其选择负责。但是，个人责任应该如何界定呢？德沃金对此问题的回答别具一格。

德沃金提出了特殊责任原则。这个特殊责任原则要求：每个人应该对自己的选择负责。德沃金认为："财产受托人具有特殊的和不可推卸的责任照顾他的委托人所委托的财产：当做出投资决策时，虽然受托人可能会征求他人的意见，但是，这种决策最终不可避免地是由他自己做出的。因此，我们可以说：一个人与他自己的生活有特殊的联系，他是他自己生活进程的受托人：他的生活的成功或者失败主要是他自己的责任。"[1] 从这个思考路径出发，德沃金详细地区分了个人责任与集体责任（集体责任主要是指共同体应该承担的责任，我们可以把它看作政府责任），并且在二者之间寻求一种合理性的条件，这种合理性条件的满足可以"使其公民的命运同他们自己做出的选择密切相关"[2]。他的集体责任就是打算提供这种合理性的条件，而个人责任就是在这种合理性条件下个人对自己

---

[1]　德沃金：《正义与生活价值》，载欧阳康编《当代英美著名哲学家学术自评》，人民出版社 2005 年版，第 158 页。

[2]　德沃金：《至上的美德：平等的理论与实践》，冯克利译，江苏人民出版社 2003 年版，第 7 页（导论）。

的选择负有的责任和承担的后果。当我们得到这种合理性条件时，我们就能接受他的"关联原则"，这个原则"坚持认为，就一个人选择过什么样的生活而言，在资源和文化所允许的无论什么样的选择范围内，他本人要对做出那样的选择负起责任"①。

如何才能合理地让公民个人为自己的选择负责呢？这就要求政府在它所能做到的范围内，提供一个良好的、正义的环境，努力使公民个人的命运同他们自己做出的选择密切相关。换言之，政府必须承担政府职责，公民个人也必须明确自身的责任。但是这两个责任该如何区分呢？资源平等观利用两个区分——个人/环境与选项运气/原生运气——来划分个人责任与集体责任。对于个人与环境的区分是这样的："一方面，那些决定着何为成功的信念或态度归属于个人（person）；那些为这种成功提供帮助或阻挠的身、心或个人特征归属于个人的环境（circumstance）。"② 德沃金将个人性的因素，如嗜好、抱负和信念等，归属于个人责任的范围；将环境因素，如人格资源的因素（主要指人的生理能力与精神能力）与非人格资源的因素（如外在的可交换的各种物品），归属于集体责任范围。德沃金的意思是：环境因素、原生运气是公民自身所无法选择的，属于集体责任；而对于公民个人的嗜好和抱负等可以选择的运气，是属于个人责任，是应该要求公民个人负责的。在此，责任切割点是否合理姑且不谈，值得注意的是，德沃金关于这两种责任之区分，有助于我们深化对责任问题的认识。

马克思主义认为，任何事物都有保持自己质的数量界限，在一定界限或限度内，量变不会引起质变，超过一定的界限或限度，事物就发生质变，因此，我们在实践中要掌握"适度"的原则。责任自然也应有其界限。但是该如何合理地划分政府责任与个人责任的

---

① 德沃金：《至上的美德：平等的理论与实践》，冯克利译，江苏人民出版社 2003 年版，第 7 页（导论）。

② Ronald Dworkin, "What is Equality? Part 2：Equality of Resources", *Philosophy and Public Affairs*, Vol. 10, No. 4, Autumn 1981, pp. 283 – 345.

界限呢？如何建设责任政府与培养有责任感的公民使之既保持各自存在的独立性，又维护建设有中国特色社会主义这一总的责任的统一性？这是社会公正的必然要求，也是当今建设社会主义和谐社会必须应对的课题。

　　长期以来，我们有着这样一个观念：在社会主义社会，由于公有制地位的确立，凡是劳动人民都是国家财产的主人，大家会以主人翁的责任感去从事社会主义建设活动，而政府对全体人民负责。应该说，这个观念基本上是合理的，但随着社会主义实践的日益深入，也出现了一些这样的倾向：有些公民，甚至有的政府部门，他们对于自己所应担负的实际责任不是很明确，责任有时被抽象化与空洞化了，这在某种程度上诱发了局部性的社会责任危机。在如何解决责任感削弱的问题上，当代著名经济学家哈耶克提出的观点是："欲使责任有效，责任必须是明确且有限度的。"① 因此，解决责任问题的重要内容之一就在于使责任明确化和具体化。

　　在社会发展的过程中，政府虽然承担着义不容辞的责任，但其不是建立公正社会的唯一主体。建立公正社会，不仅需要廉洁高效的责任政府，而且需要具有责任感的公民，这是我国建立公正社会的内在要求。我们认为，要使得社会资源和负担得到合理分配，个人与政府就都应该承担责任，而且二者之间的区分应该是合理的。如果个人责任过重，个人经常担负他实际上没有能力担负的责任，其结果必然是个人责任感的弱化；如果政府责任过重，政府极有可能因承担过重的责任而举步维艰，社会也必将因个人责任感的丧失最终失去其发展的动力。因此，在责任问题上，一方面要提倡政府与个人通力合作，共同承担；另一方面要使得政府与个人职责分明，各负其责。为此，政府应创造出一个正义的大环境，使大多数人能够、有条件为自己的选择承担责任；而个人也要勇于对自己的

---

① 弗里德里希·冯·哈耶克：《自由秩序原理》，邓正来译，三联书店1997年版，第9页。

选择负责。只有这样，才能理顺关系，调动各方面的积极性，使得整个社会充满活力。

中国特色社会主义进入新时代，我们要创新社会治理，提高社会治理体系现代化水平。一方面，完善党委领导、政府负责的政府运行机制，另一方面，完善社会参与、责任到人的社会治理格局。

第二节　重视平等：社会和谐与发展的必然选择

德沃金认为平等既是政治道德中的最高价值，也是一个社会的基本价值，它优先于其他所有与平等相冲突的任何价值。德沃金的平等思想说明：平等乃是现代社会所追求的最高价值。我们知道，我国政府早已经提出了构建和谐社会、实施科学发展观的发展战略。进入新时代以来，我们进一步提出了新的目标——实现中华民族伟大复兴的中国梦，中国梦的实现与建设富强、民主、文明、和谐的社会主义现代化强国是紧紧联系在一起的。因此，我们要重视社会平等问题，将它提高到社会和谐与发展的必然选择这样一个高度上来，使得全体社会成员都明确意识到平等的重要性。

一　认识平等的重要性

德沃金重视平等问题，把它视为"至上美德"，这种对平等价值的重视是值得肯定的。事实上，我们也很早就认识到了平等的重要性，从古代"不患寡而患不均"到"王子犯法与庶民同罪"，从近代孙中山对"天下为公"的推崇到如今"小康社会"的提出，从革命战争年代"官民平等"的优良作风到当前"社会主义核心价值观"之"平等"内涵，无不闪烁着我国人民追求平等的智慧和光芒。我们要从多方面、多角度认识平等的重要性。

（一）平等是人类社会共同追求的理想目标

平等是一个古老的观念,① 在人类发展史上,"平等这个词概括了人类迄今为止所取得的一切进步,也可以说它概括了人类过去的一切生活。从这个意义上说,它代表着人类已经走过的全部历程的结果、目的和最终的事业"②。

我们可以在柏拉图的理想国与莫尔的乌托邦中找到它的踪影,也可以在中国古代社会"劫富济贫"的侠义行为觅到它的灵魂,既可以在孔子"不患寡而患不均"的担忧中品尝它的滋味,还可以在美国《独立宣言》所宣布的"人生而平等"的原则中领悟到它的神圣……从古至今,人们为了实现平等,总是进行着不屈不挠、前赴后继的斗争,几乎可以说,人类社会的发展史,就是一部追求平等的历史卷宗,在这部巨著中,镌刻着不少划时代意义的历史丰碑,也记录着一些昙花一现的激情冲动。

马克思在《哥达纲领批判》中向人们描绘未来理想社会的美好蓝图时曾说:"在共产主义社会高级阶段,在迫使个人奴隶般地服从分工的情形已经消失,从而脑力劳动和体力劳动的对立也随之消失之后;在劳动已经不仅仅是谋生的手段,而且本身成了生活的第一需要之后;在随着个人的全面发展,他们的生产力也增长起来,而集体财富的一切源泉都充分涌流之后,——只有在那个时候,才能完全超出资产阶级权利的狭隘眼界,社会才能在自己的旗帜上写上:各尽所能,按需分配!"③ 也就是说,在马克思关于理想社会的概括中,像自由是人类发展的最终目标一样,"平等"也是人类社会发展的最终目标,那是一个没有剥削、没有阶级、没有城乡差别、没有旧的社会分工的平等的理想社会,"各尽所能,按需分配"就是对这种理想目标的生动写照!

人类自步入现代社会以来,平等作为一种普遍认同的价值观念

---

① 《马克思恩格斯选集》第 3 卷,人民出版社 1995 年版,第 444 页。
② 勒鲁:《论平等》,王允道译,商务印书馆 1988 年版,第 256 页。
③ 《马克思恩格斯选集》第 3 卷,人民出版社 1995 年版,第 305—306 页。

更加深入人心，并且已经内化为社会机体的基本价值取向和行为准则。可以说，平等作为人类社会共同的理想目标，不仅是现代社会的时代标志，也是当今世界各个国家的共同选择。正如卡里尼克斯所说："作为一种具体的社会和政治的要求，平等是拉开现代社会序幕的一系列重大革命的产儿。"① 道格拉斯·雷则说："现代国家无不自称是平等主义，并且无不承诺了使社会变得更加平等。"② 总之，平等作为一种美好的理想，不论是资产阶级还是无产阶级，都把它作为一个目标，它是与人类文明史相伴随的价值观念，是当代世界不同国家的一种共同的价值追求，是人们审视和评价某一国家或某一制度是否进步的一个重要尺度和标准，是人类社会共同的理想目标。

（二）平等是社会主义社会的本质特征

邓小平同志在 1992 年年初的南方谈话中曾把社会主义的本质概括为："解放生产力，发展生产力，消灭剥削，消除两极分化，最终达到共同富裕。"③ 这句话告诉我们，社会主义最终目标是要实现共同富裕，而要想实现共同富裕，就必须消灭剥削、消除两极分化，实现社会平等。胡锦涛同志 2005 年在省部级主要领导干部专题研讨班上的讲话中曾深刻指出："维护和实现社会公平和正义，涉及最广大人民的根本利益，是我们党坚持立党为公、执政为民的必然要求，也是我国社会主义制度的本质要求。"④ 习近平同志在 2015 年中央扶贫开发工作会议上也强调："消除贫困、改善民生、实现共同富裕，是社会主义的本质要求，是我们党的重要使命。"⑤ 这充

① 亚历克斯·卡里尼克斯：《平等》，徐朝友译，江苏人民出版社 2003 年版，第 25 页。

② 道格拉斯·雷：《平等状态：有关矛盾观念体系的一个注解》，《达大拉斯（DAEDLUS）》1979 年春季号。

③ 《邓小平文选》第 3 卷，人民出版社 1993 年版，第 373 页。

④ 胡锦涛：《在中共中央举办的省部级主要领导干部提高构建社会主义和谐社会能力专题研讨班上的讲话》，《人民日报》2005 年 6 月 27 日第 01 版。

⑤ 中共中央宣传部：《习近平总书记系列重要讲话读本》，学习出版社、人民出版社 2016 年版，第 219 页。

分说明，平等是社会主义社会的本质特征。

马克思主义认为，资本主义社会是一个极不平等的社会，不平等的根源是资本主义社会的基本矛盾——生产资料私有制与生产的社会化之间的矛盾，这一矛盾的最终结果是妨碍生产力的发展，导致工人阶级的革命。资本主义自身无法解决这一矛盾，必须通过社会主义革命，建立生产资料公有制，才能解放生产力，推动社会的进步。所以，在马克思和恩格斯对未来新社会的制度设计中，平等是一个重要的特征，未来的共产主义社会不仅"消灭了一切阶级差别和阶级对立"[①]，而且，消灭了脑体之间、城乡之间、工农之间三大差别，能够"各尽所能，按需分配"。社会主义建设初期，我们曾错误地把绝对平均当为平等，结果束缚了生产力的发展。邓小平在反对分配上平均主义的同时，提出了先富带动共富的主张，充分体现了社会主义的平等要求。[②] 他强调："贫穷不是社会主义，发展太慢也不是社会主义"[③]，"社会主义时期的主要任务是发展生产力"[④]，"社会主义制度就应该而且能够避免两极分化"[⑤]，这些都是为了实现平等的目标。

我们过去曾经强调公有制和按劳分配。其实，实施公有制就是要使广大无产阶级劳动者占有生产资料所有权，保证每个劳动者拥有平等权利。实施按劳分配，就是要强调"生产者的权利是同他们提供的劳动成比例的"[⑥]，而平等是可以通过劳动这把尺子来衡量的。因此，说到底，强调公有制与按劳分配，就是在强调平等这个社会主义社会的本质特征。

（三）平等是促进社会和谐的必然选择

平等有着促进和谐的一切品格，它能使人意识到别人是和自己

---

① 《马克思恩格斯选集》第 3 卷，人民出版社 1995 年版，第 755 页。
② 余源培：《余源培文集》，上海人民出版社 2003 年版，第 536 页。
③ 《邓小平文选》第 3 卷，人民出版社 1993 年版，第 255 页。
④ 《邓小平文选》第 3 卷，人民出版社 1993 年版，第 171 页。
⑤ 《邓小平文选》第 3 卷，人民出版社 1993 年版，第 374 页。
⑥ 《马克思恩格斯选集》第 3 卷，人民出版社 1995 年版，第 304 页。

一样的人，进而把别人当作和自己同样的人来对待。托克维尔指出："当一个国家的人在地位上近乎平等，在思想和感情上大致一样的时候，每个人都可立即判断出其他一切人的所想所感。"① 这就有利于团结所有的人，提高人们的品格，培养人们相互怀有善意和友爱的情感，使得民情随着身份平等由"粗野而变得温和"②。在这样一个社会里，由于人们具有平等的社会地位，人的尊严得到同等的尊重、人的权利得到平等的对待，人的利益得到同样的保障，人们之间没有了怨气、戾气、火气，互相理解、相互尊重、彼此合作，人民安居乐业、社会其乐融融。

改革开放以来，国家在社会公正方面的推进力度是前所未有的，取消农业税，公共财政向农村倾斜，大力发展农村义务教育和新型合作医疗，逐步实现城乡居民公共服务均等化，按照"提低、扩中、调高"的改革思路，逐步缓解收入分配差距扩大趋势等等，这些制度改革，无不体现了平等的理念，此也正是实现中国梦与达致社会和谐的必然选择。

中国特色社会主义进入新时代，我国社会主要矛盾已转变为"人民日益增长的美好生活需要和不平衡不充分的发展之间的矛盾"③，而国家当前大力实施乡村振兴战略与区域协调发展等战略，目的正是要解决社会矛盾以促进社会平衡发展。事实上，针对当前中国社会利益矛盾复杂多变的情况，我们正逐步建立一套合理的利益协调机制，力求形成一种大体均衡的利益格局，让更多的人分享到改革发展的红利与成果。在社会发展进程中，也只有坚持平等的原则，按照平等的原则来设计分配方案，才能为我们社会主义市场经济进一步的改革开放提供一个和谐的制度环境，才能充分调动广大人民的积极性和创造性，从而逐步地、稳健地推动现代化经济体

① 托克维尔：《论美国的民主》（下卷），商务印书馆1988年版，第703页。
② 托克维尔：《论美国的民主》（下卷），商务印书馆1988年版，第703页。
③ 习近平：《决胜全面建成小康社会夺取新时代中国特色社会主义伟大胜利》，人民出版社2017年版，第19页。

系的形成，进而全面建成小康社会、实现中华民族伟大复兴的总体目标。

二 确立平等意识

任何社会进步和制度的变革必然伴随着思想观念的普及。可以说，没有广大人民群众平等意识的确立，就不可能发自内心地产生平等的愿望，进而维护社会的真正平等。因此，我们应该确立平等意识，并将它普及到全体社会成员中去。

（一）确立身份平等意识

德沃金认为："自由主义平等概念支配下的每一位公民都有一种受到平等关心和尊重的权利。这一抽象的权利可以包括两种不同的权利。第一种权利着重强调同样分享利益和机会的权利的平等，即受到平等对待的权利（right to equal treatment）；第二种权利着重强调人的平等，即作为平等的人受到对待的权利（right to treatment as an equal）。"[1] 德沃金认为第一种权利并不具有本质的重要性，重要的是第二种权利，即作为一个平等的个人而受到平等对待的权利。也就是说，他强调人本身身份的平等。为什么强调身份的平等呢？有什么理由要求政府必须对其治下的公民平等对待，平等地关怀与尊重呢？从道德的角度分析，每个人都不是他人的工具，而是有能力去自行寻找与选择理想的生活方式的主体，并且与此相关的权利与义务也应该是平等的。德沃金的理论说明身份平等的重要性，我们应该确立身份平等的意识。

身份平等是指所有人，不论其性别、人种、信仰、性取向、健康状况、政治信仰、居住地点或者其他精神上不相关的原因，他们都应该是平等的。[2] 托克维尔认为："随着我研究美国社会的逐步深入，我益发认为身份平等是一件根本大事，而所有的个别事物则好

---

① 德沃金：《认真对待权利》，信春鹰、吴玉章译，中国大百科全书出版社1998年版，第357—358页。

② 托克维尔：《论美国的民主》（上卷），商务印书馆1988年版，第4页。

像是由它产生的。"① 改革开放以来，随着身份禁锢被逐渐打破，人们的观念发生了前所未有的变化。从教育制度上的高考改革到户籍管理制度的改革，许多青年才俊凭着自己的成绩考进大学校门，许多富裕了的农民走进了城市，买户口、买房，长期定居，许多妇女冲破种种束缚活跃在政界、商界、文化界，这样一种转变对于传统的观念冲击极大。

1. 关于城乡平等

应当看到，当前，"乡村振兴"已经成为新时代发展战略，"城乡协调发展""城乡融合"已经成为我国经济社会的发展目标。在这一方面，这些年，我们已经取得了令人瞩目的成就。具体表现有：农村基础设施建设逐渐发展完善，已不再是制约农村经济社会发展的"瓶颈"；对农业投入的精准性和力度加大，极大地推动了农业的进一步发展；给予农民政策补贴，促进农民实际收入水平和消费水平提高，有利于拉动内需和国民经济的增长；城乡户籍制度的改革，促进了我国的城市化进程和农民文明程度的提升；农村社会保障覆盖面的扩大进一步促进农民实际生活水平的提高和城市化进程的推进。认识来源于实践。我国现实生活中城乡发展取得的积极趋势表明：未来，我们将逐步消除城乡之间二元体制性障碍、实现劳动力与产品等要素的平等交换、实现公共服务均等化。

2. 关于官民平等

中国官本位传统历来十分深厚。封建时代"官贵民贱"，官民有别，不可混同，否则为大不敬，官员与普通百姓之间无平等可言。封建时代的法律制度是维护君主贵族特权和治理普通百姓的。现代社会中，政府官员与公民地位平等，主要表现在法律平等地对待政府官员和公民。官员与公民一样，必须同等地受法律的制约和限制。政府官员也必须遵法守法，而不能游离于法律之外。"法律的对象永远是普遍性的，……绝不考虑个别人以及个别的行为，因

---

① 托克维尔：《论美国的民主》（上卷），商务印书馆 1988 年版，第 4 页。

为法律乃是公意的行为；我们无须问君主（原译注：'君主'一词指执政者，即通常意义的政府）是否超乎法律之上，因为君主也是国家的成员。"①

新中国成立以来，尤其是改革开放以来，随着我国民主法治建设的不断完善，官民平等与服务型政府已经成为常态。各级政府及官员都本着为人民服务的宗旨与态度，履行自身职责。官员也逐渐消除为官有权者高人一等的错误思想，老百姓也越来越树立起主人翁意识。注重维护公民的权益、工作态度积极热情、以及工作效率高效便捷已经成为考察各级官员为老百姓服务的基本标准；民办企业、中小企业跟政府办的大企业享有同等法律地位，都可以得到银行贷款和相关业务。官民平等既促进了官与民之间的正常交往和交流，也促进了社会公正，使政府与人民之间的关系更加平等与友善。

3. 关于男女平等

人类社会的最基本关系是男女两性关系，男女平等是社会公平、平等价值观念的一种基本实现形式，即女性在经济、政治、文化等社会生活各方面享有与男性平等的权利，处于完全平等的地位，因此，恩格斯说："社会的进步可以用女性（丑的也包括在内）的社会地位来精确地衡量。"② 人类发展与社会文明的进程表明：只有男女两性在民主参政权利、法律地位、经济地位、文化意识形态方面、社会分工就业方面、受教育权利和人格等方面发展真正走向平等，这个社会才是真正公正和谐的社会。

2012 年 11 月，"男女平等"作为基本国策已经写入了党的十八大报告，女性在社会、政治、经济、文化以及家庭生活各方面正逐步与男性一样拥有真正平等的权利，包括财产、权力、职务、受教育的程度等。例如，在就业机会上，用人单位更趋向于综合考量用

---

① 卢梭：《社会契约论》，何兆武译，商务印书馆 1980 年版，第 50—51 页。
② 《马克思恩格斯选集》第 4 卷，人民出版社 1995 年版，第 586 页。

人标准，抛却性别偏见，让女性拥有与男性同等的入职机会，确保女性独立的经济地位，保障女性就业率的不断提高。在参政议政方面，女性的身影越来越多地活跃在政治舞台上，女性参政议政的比例在逐年增加，女性越来越具有发言权，她们在决策者中所起的作用也越来越大。在婚姻家庭方面，《妇女权益保障法》《反家庭暴力法》《中华人民共和国婚姻法》的颁布与修改，都使得女性的权益得到充分的保护，女性的家庭地位明显提高。我国社会主义发展进入新时代以来，女性正积极参与经济社会建设、与男性一道共享改革发展的胜利成果，一条中国特色社会主义妇女发展道路正在形成。

（二）确立权利平等意识

权利的平等是德沃金政治哲学的核心。德沃金认为：少数民族、老人、残疾人等少数人也有平等的权利，假如他们由于自然的原因无法拥有平等的资源，或由于社会的原因受到歧视，被剥夺了平等的权利，使之没有享受到本应拥有的资源和平等的待遇，政府就有责任去关心他们，使之享受权利的平等与资源的平等。对于美国长期以来存在的种族歧视问题，德沃金认为，一个人的种族是无法选择的，无论他多么努力，种族歧视是一种特别有害的形式，它不仅会使人失去别人可以得到的这样或那样的机会，而且会令人失去生活的希望，那是极不公正和有害的。因此，德沃金赞成"肯定性行动"（affirmative action），即对少数族群和妇女因社会长期歧视而遭受的损害给予补偿，并且把它作为一件克服美国社会可悲的种族分层的武器。同时反对白人据此提出的"反向歧视"（reverse discrimination），因为平等对待有时意味着差别对待，对黑人与妇女的种族优待措施会使整个社会状况变得更好，它是合理的。

德沃金权利平等原则告诉我们：少数人和多数人拥有平等的权利；少数民族与多数民族拥有平等的选举权和被选举权；残疾人与正常人拥有平等的就业权和受教育权等。联系我国的实际情况，我们应该确立权利平等的意识，尤其要注意确立保护农民工、妇女等少数人的平等权利的意识，① 要充分给予他们享受成果的权利，以及享受选举、健康、教育、消费水平等某些基本的、受到宪法保护的权利。

改革开放以后，随着经济的快速发展，公民的权利意识越来越强，甚至连边远地区的农民也知道使用法律武器维护自身权利。这是社会的一大进步。另外，改革开放初期，为了先富带后富最终走向共同富裕，我们采取了让一部分人、一部分地区先富起来的非均衡的发展战略；为了更好地利用外资促进发展，我们采取了对国外资本的优惠政策。这些政策有力地促进了我们 GDP 的快速增长，但同时也造成地区之间、国内企业与外资企业之间的不平衡。

当前，我国的社会主要矛盾已经发生了根本性变化，我们不再追求让一部分人先富起来，而是要共同富裕。阻碍我们实现中华民族伟大复兴的问题不再是社会没有生机与活力，而是发展不平衡与不充分的问题。因此，我们要鼓励公民确立权利平等的意识，反对特权、反对腐败，适当地在政策上倾斜，照顾弱势群体与少数民族，为创建平等而和谐的社会奠定良好的社会氛围。

（三）确立机会平等意识

德沃金在分配方式上主张"敏于志向而钝于禀赋"的分配，为此，他区分"环境和选择"，或者称作"运气和选择"。按照德沃金的观点，一个人一生中的成就应主要取决于其本人的才能和努力，而不是被种族、性别、社会及家庭背景或出生等偶然性的运气因素所限制。因此，社会应该为个人提供平等的机会，让每个人都站在同样的出发点（立足点），去运用与施展他作为主体所拥有的能力、努力、资源，达成他所中意的目标。做到了这种程度，任何不平等的结果，都可以归因于当事人自身的因素（能力不足、努力不够、目标不当），其成功与失败，都可以归咎于当事人自己。

---

① 少数人既在数量上居于极少数，又是弱势群体。根据国际人权公约中有关规定，少数人的范围不应只限于种族、宗教、语言上的少数，其不同于其他人的特征如肤色、体能、精神状态、边缘人群等都可划到少数人的范围。

德沃金的理论告诉我们，我们不应忽视机会问题对于社会平等的特殊意义。要知道，机会的具体状况直接影响着社会成员的未来，机会的不同将导致社会成员未来发展可能结果的不同，因而要尽可能地确立正确的机会平等意识，使得全体社会成员在属于社会成员应有的生存与发展机会的层面上，实现共享。

大致地说，确立机会平等的意识包括这样一些具体的含义。

1. 机会的起点平等

在实际生活中，由于个人天赋、家庭、教育等因素的影响，生存与发展机会的起点平等往往不能保证。首先，受遗传因素影响，人的大脑结构不同、性格不同、能力不同，尽管性格与能力也受后天影响，但是天赋也是很重要的因素，这也就是德沃金力求拉平禀赋的原因。其次，原生家庭对于每个人基本素质与心理水平的培育起到了很大作用。哈耶克说："出生于一个特定的家庭乃是个人人格的一部分，文化遗产在家庭内部的传播和承继，其重要性如同生理特性的遗传。"① 另外，由于不同的家庭出身，社会成员之间在某些社会资源的获取方面，还会产生一些具体的差别，这不仅体现在财产的继承方面，还体现在社会交往方面。当然，随着人才体制、机制改革不断深化，原生家庭对于个人的影响会越来越弱，真正的人才会脱颖而出，社会会形成人才泉涌、竞相迸发的良好局面。最后，教育赋予每个社会成员的机会也不太相同。一方面，教育可以培养人的基本素质；另一方面，教育也是人们获得特有劳动技能的最重要的途径。个体受教育程度的不同，拥有的机会就不同。这也是党和政府更加关注教育公平的原因。因此，教育对于人们能否有一个平等的起点也是至关重要的。

2. 机会的实现过程平等

机会起点的平等与否，大家都很清楚。但容易忽视的是，机会

---

① 弗里德里希·冯·哈耶克：《自由秩序原理》，邓正来译，上海三联书店1997年版，第108页。

的实现过程是否平等。"前程对一切人才开放"的确可以消除很多不平等的障碍，可是"人才"的形成，既取决于个人的天生禀赋，也取决于社会条件是否让禀赋得以发展与施展。机会的实现过程必须排除一切非正常因素的干扰，如清除人为障碍、取消个人特权等。

3. 有差别的机会平等

德沃金认为，一方面，分配应该纯粹拉平禀赋，消除由出身与天赋这些因素所造成的不幸；另一方面，分配还应该保证个人的选择自由，以此来尊重社会的个体差异性。这种尊重个体差异性的想法是对的，平等并不是排斥差别。因此，"机会平等，最明显的取径，应该就是尽可能排除妨碍自主的各种（外在）因素的影响，同时尽可能尊重（内在于）个人本身的条件、选择、努力所造成的差异结果。"[1] 这既符合平等的理念，又符合现实的原则。

（四）不能摒弃结果平等

关于社会分配，德沃金的本意是要保证用于整个人生资源上平等，但是由于资源平等的条件满足以后，个人的选择由个人负责，个人出于无法选择的原因而导致的结果由社会负责，因此资源平等实际上并不能真正地保证结果平等。因此，阿马蒂亚·森指出：资源的平等没有考虑同样的资源在不同条件下产生的不同结果，消化能力不同，摄取同样的食物所吸收的营养也不同。阿马蒂亚·森认为资源平等不是最理想的平等，真正的平等应该是人发挥机能的能力的平等，这种平等需要考虑其他方面。柯恩和阿内逊认为，资源平等理论试图通过资源和偏好之间的界限为公共政策奠定基础，但是，他没有区分个人能控制的偏好和不能控制的偏好，因而不能得出个人与社会之间合理的责任分工，而要求人们为自己不能负责的偏好负责是不合理的。例如，一个养尊处优的人一下子跌落到贫困

---

① 钱永祥：《道德平等与待遇平等：试探平等概念的二元结构》，载许继霖编《全球正义与文明对话》，江苏人民出版社 2004 年版，第 336—337 页。

境地，而他又不可能马上调节自己的消费习惯，这时，他就有权比同样条件下的人要求更多的资源。因此，他们认为，最好的平等既不是福利平等，也不是资源平等，而是福利机会的平等。不管平等主义内部的争论有多大，我们得出的结论是：不能摒弃对结果平等的关心，否则也是不公平的。

澳大利亚社会学家特纳（Turner）指出，最为激进的平等观念是结果平等。[①] 这种对激进平等的担心是值得肯定的，因为只强调结果平等只会产生平均主义。但是，如果对于弱势群体的关注仅仅限于权利平等、机会平等，而不关注结果平等，则是不负责的，也是不人道的。在实际生活中，由于个人的天赋、职业、心理健康状态、家庭出身的不同，有些人根本没有机会去参与竞争，这样竞赛的结果又如何能是公正的呢？弱肉强食的丛林规则是不合乎人道主义精神的，需要加以限制。社会在给予成功者应得财富与闲暇的同时，不应该使得失利者因自己没有机会而忍受贫穷。从这个意义来看，结果平等也是平等主义者应该考虑的。

三　明确政府职责

德沃金视平等为政府至上的政治美德，强调为每个人创造平等的生活环境是政府的责任。这个观点说明，立足于对全体社会成员负责的角度，政府应该明确自身的职责，把造就一个平等和充满活力（高效率）的社会作为自己的目标，促进社会平等。

改革开放以来，社会不平等问题的出现与经济的快速发展、GDP 快速增长有关，同时也与法律制度相对滞后等因素有关。随着改革开放的纵深挺进，人民对平等的呼声越来越强，这就对政府提出了新的要求，而且只有政府能够承担这一任务。因此，政府要明确自身所处的主导地位（解决中国的不平等问题也必然是一个政府主导的过程），并且把促进平等作为政府的首要职责。为此，政府应该树立正确的平等理念，针对这么多年累积的社会发展不平衡问

---

① Bryan Turner. *Equality*, Chichester：Ellis Horwood, London ，1986，p. 36.

题，主动促进社会全面发展与全面进步。

在经济领域，要消除垄断，消除不正当竞争、不公平竞争，给予所有的地区、所有的企业同样的发展机会。2001 年诺贝尔经济学奖得主斯蒂格利茨提醒我们认真考虑本国"垄断租金"的实际形式，这个建议是有一定道理的。尽管我们是社会主义市场经济体制，但不能把所有问题都交给市场解决，政府要加强统一领导与统筹规划，坚决干预那些不正当竞争、不公平竞争以及权力寻租现象，建立正常的市场秩序，既保持经济可持续发展的活力，又及时打击经济发展中出现的各种欺诈行为，加快完善社会主义市场经济体制。

在民主建设方面，要保障公民参政议政的平等权利。随着个人财富的逐渐增多、公民的主体意识逐渐增强、公民的权利意识逐渐增强，越来越多的公民希望通过政治的途径实现自身的平等权利。这就需要政府采取适当的措施鼓励公民参政议政，从观念上宣传人民主权的思想，从法律上确立公民参政议政的基本权利，保证公民的选举权与被选举权、对政府的监督权等，使得人民自觉地投身到民主政治的建设中去。

在为个人提供发展机会方面，要注重维护教育公平。教育是一个人发展的起点，在现代社会里，没有教育只能意味着永远的穷困和有限的见识。同时，教育是提高个人能力最有效的方式，有了教育，个人就可以创造收入，就可以进行有效的判断，就可以完善自己的生活。显然，由政府出面大力发展教育事业，尤其是基础教育，是"平等地发展个人潜力"最为重要也是最为有效的途径。布坎南认为，政府资助教育制度的目的在于减少机会或起点的不平等，它与转移税制度的目的是相同的。他说："教育的效力能减少而不是增加……出发地位的差距，从这个意义上讲，教育也起到了与转让税相同的作用。"[①] 因此，通过大力发展教育事业，尤其是增

---

① 布坎南：《自由、市场和国家——20 世纪 80 年代的政治经济学》，吴良健译，北京经济学院出版社 1989 年版，第 136 页。

加政府对普通教育特别是义务教育的投入，社会成员不但可以获得一种必不可少的平等的机会，同时也可以获得所需要的必要能力和平等起点。另外，在就业方面，需要政府主动创造平等的就业机会，同工同酬，消除就业领域的性别歧视，对农民工的歧视，平等地保护就业者的利益，充分发挥他们建设社会主义和谐社会的主动性、积极性和创造性。

在社会管理方面，进一步推进户籍制度改革，促进社会阶层的合理流动，保障公民拥有的机会平等。资源平等理论要求消灭原生运气的影响，保证每个人都拥有相同的机会。然而，在自然禀赋相同的条件下，社会成员因其地区不同、行业不同等，公民所拥有的机会不同。因此，应该建立起各阶层之间人员自由流动机制和平等的进入制度，促成社会的公平和开放，为不同社会阶层间的正常流动提供制度保障。

在政策导向方面，要继续深入贯彻科学发展观。科学发展观是推动我国经济社会全面协调可持续发展的指导方针，坚持全面、协调、可持续发展，落实"五个统筹"，对于维护社会平等同样具有重要意义。

其一，要加强区域协调，实现地区间平衡发展。当前，政府要引导经济活动不断向中西部地区推进、渗透，鼓励"先富起来的地区"加入到欠发达地区的发展过程中去，为西部地区的发展提供资金、技术、人才、信息、管理等方面的支持，并通过产业转移和协作，实施西部大开发战略，加快中西部发展。

其二，要重视"三农"问题，统筹城乡间的平衡发展。一是关心农民、爱护农民。真心倾听农民的呼声，急农民所急、想农民所想，为农民谋利益、办实事，让广大农民从政策中真正受益，从而调动他们建设新农村的积极性。二是要重视农业、支持农业。农业是特殊产业，具有自然和市场双重风险，世界各国都特别重视对农业的支持和保护。因此各级政府必须重视和增加对农业的投入，增加对农业的财政支出。同时，中央要通过各种措施引导、鼓励金融机构增加对农业的贷款，尤其要发挥政策性银行的作用，增加对农业的各种低息、无息贷款，对增加农业投入给予保证。三是要发展农村、繁荣农村。把大量农民从传统的农业耕作方式上解放出来，加快发展农村基础设施和各项社会事业，推进农村现代化运动。各级政府要从统筹城乡协调发展的高度，调整政策、完善制度，加大对农村基础设施、教育、医疗卫生、社会保障以及其他社会事业的投入力度，并以必要的法律、法规予以保障。

其三，加大扶贫力度，鼓励先富帮后富。要加大扶贫力度，加大资金投入的力度，并坚持"扶贫到户"的原则，增加对贫困家庭的小额信贷，包括增加绝对量和改善贷款的方式。同时着手建立长期的扶贫机制和组织，以便动态地解决控制贫富差距的问题。要鼓励和引导"先富起来的人"，从事公益事业，资助学校的建设事业、资助贫困学生，支持他们投资办学，鼓励他们投资养老等社区服务产业，鼓励通过投资、转让技术、捐赠等有偿或无偿的措施帮助落后地区和贫困群体。

需要注意的是，在提供平等的条件与环境的问题上，乔·萨托利的论述引人深思。他认为："追求平等结果可以损害平等对待，以致无法保证所追求的仍然是它所宣布的目标。如果不顾平等利用这一要旨，平等化政策在很大程度上就成了剥夺性政策。"[①] 这一点，在中国社会曾经得到过深刻的验证，过去搞的"平均主义""大锅饭"就是例证，结果是不仅侵犯了公民的基本权利，而且损害了平等。

四　加强制度建设

邓小平同志曾说，制度问题更带有根本性、全局性、稳定性和长期性。加强制度建设是目前保障国民平等待遇的关键所在。德沃金资源平等思想虽然没有涉及具体制度建设的问题，但其宏大的政

---

① 乔·萨托利：《民主新论》，冯克利、闫克文译，东方出版社 1998 年版，第396—397 页。

治法律思想的某些观点对如何保障平等待遇具有重要意义。

（一）加强宪法保护制度，确保公民的权利平等

德沃金主张认真对待权利，并且强调少数人与多数人应该享有平等的权利。平等权利有时要求平等对待，而有时又要求差别对待。德沃金是一个法学家，他认为，个人平等权利的法律保护最终要依靠宪法，宪法是所有权利的最终之源。这就意味着国家要加强宪法保护制度，从立法、司法等环节上确保公民的平等权利落到实处。

在我国，宪法是国家的根本大法，它规定了国家的根本制度和根本任务、公民的基本权利和义务，具有最高的法律效力，是治国安邦的总章程，在中国特色社会主义法律体系中居统帅地位，一切法律、法规都不得同宪法相抵触。宪法的这种特殊性质决定了宪法的基本地位是崇高的。但目前，我国宪法在保护公民的平等权利方面还有一些亟待完善之处。

我国宪法早已从原则上规定了公民的平等权利。例如，宪法第三十三条第二款规定："中华人民共和国公民在法律面前一律平等。"① 第三十四条规定："中华人民共和国年满十八周岁的公民，不分民族、种族、性别、职业、家庭出身、职业、宗教信仰、教育程度、财产状况、居住期限，都有选举权和被选举权；但是依照法律被剥夺政治权利的人除外。"② 第四十八条第一款："中华人民共和国妇女在政治的、经济的、文化的、社会的和家庭的生活等方面享有同男子平等的权利。"③ 第二款："国家保护妇女的权利和利益，实行男女同工同酬，培养和选拔妇女干部。"④ 这些条款的规定给公民平等权利的保障提供了宪法依据。但是由于宪法监督没有制度化、法律化、经常化、程序化，一些必要的制度，如宪法解释制

① 《中华人民共和国宪法》，法制出版社 2018 年版，第 12 页。
② 《中华人民共和国宪法》，法制出版社 2018 年版，第 12 页。
③ 《中华人民共和国宪法》，法制出版社 2018 年版，第 15 页。
④ 《中华人民共和国宪法》，法制出版社 2018 年版，第 15 页。

度、宪法修改制度和违宪责任追究制度尚不完善等，人们在思想观念上对宪法性质、地位、效力的认识不足，体现在实际生活中，公民的平等权利有时得不到切实的保障，这就有损宪法的权威与尊严。因此，有必要加强宪法保护制度，从而为公民平等权利的保护提供宪法依据。

（二）健全收入分配制度，形成合理的分配格局

德沃金的分配正义理念试图区分不平等的原因，把个人可以选择的、应该负责的因素同个人无法选择的、不应该负责的、偶然性的运气因素区分开来，为社会分配确立一个规范的基础。他的理论建立在两个原则基础上："第一个原则是，对人们在他生命的任何一个时点拥有的不同数量的财富来说，他们所做的真正选择是否昂贵或对共同体是否有益要根据其他人生活所要求的东西来衡量。对这一原则来说，市场是不可缺少的。第二个原则是，人们正当拥有不同数量的财富不能仅仅因为与生俱来的生产别人所需要的东西的能力不同，或受机遇青睐不同。这意味着市场分配必须得到纠正，以便使某些人得到他理应得到，却因各种的初始优势、运气和与生俱来的能力较差而没有得到的资源份额。"① 德沃金的理论说明一个道理：市场是实现平等的主要工具，但是由于市场分配受到各种偶然性的影响，并不能保证每个人都能获得平等的资源，因而纠正市场的分配制度是必要的。

为此，我们首先应该承认由于地区差别、人与人之间的先天遗传机能和后天努力程度不同，人们占有财产数量的不等有其一定的合理性，而且适当的收入差距是保持社会生机与活力的需要。但是，过大的收入差距，可能会引发某种程度的社会危机与矛盾。因此，对收入分配结果进行适当的调整与矫正是十分必要的。对于那些在竞争中的严重失败者、老弱病残者进行社会补偿和社会救助，

---

① Ronald Dworkin, *A Matter of Principle*, Cambridge, Mass.：Harvard University Press, 1985, p. 207.

对于那些基础设施落后、自然条件恶劣的地区进行财政转移支付都是必需的。

中共中央十六大报告指出："初次分配注重效率，发挥市场的作用，鼓励一部分人通过诚实劳动、合法经营先富起来。再分配注重公平，加强政府对收入分配的调节功能，调节差距过大的收入。"① 十七大报告中进一步完善分配原则："初次分配和再分配都要处理好效率和公平的关系，再分配更加注重公平。"② 十八大报告也指出："实现发展成果由人民共享，必须深化收入分配制度改革。"③ 十九大报告进一步提出："坚持按劳分配原则，完善按要素分配的体制机制，促进收入分配更合理、更有序。鼓励勤劳守法致富，扩大中等收入群体，增加低收入者收入，调节过高收入，取缔非法收入。坚持在经济增长的同时实现居民收入同步增长、在劳动生产率提高的同时实现劳动报酬同步提高。拓宽居民劳动收入和财产性收入渠道。履行好政府再分配调节职能，加快推进基本公共服务均等化，缩小收入分配差距。"④ 这就告诉我们，分配应该注重公平，对竞争中的弱势群体，通过社会保障、税收政策、财政转移支付的措施给予适当的补偿，调节差距过大的收入，使老少边穷地区的人民和老弱病残者都能维持正常的生活，使社会上不同阶层、不同行业、不同能力的人们都能共享改革发展的红利，在全国形成稳定和谐的局面。

（三）完善社会保障制度，促进资源平等

按照德沃金的观点，不应该把人的命运完全交给充满偶然性

---

① 江泽民：《江泽民文选》第 3 卷，人民出版社 2006 年版，第 550 页。
② 胡锦涛：《高举中国特色社会主义伟大旗帜为夺取全面建设小康社会新胜利而奋斗》，《人民日报》2007 年 10 月 25 日第 01 版。
③ 胡锦涛：《坚定不移沿着中国特色社会主义道路前进为全面建成小康社会而奋斗》，《人民日报》2012 年 11 月 18 日第 01 版。
④ 习近平：《决胜全面建成小康社会夺取新时代中国特色社会主义伟大胜利》，人民出版社 2017 年版，第 46—47 页。

的市场，① 社会应该对那些个人力所不及的先天差异，包括能力上的差异，给予适当的补偿。因此，德沃金肯定国家在社会保障中的规范作用，强调凡是个人无法选择和控制的社会风险和偶然性，就需要国家的社会保障加以补充，社会保障应该纠正由于个人不能负责的原因造成的收入和财富的不平等。而在社会保障的原则上，德沃金认为，过度保障和保障不足都是不公平的，前者对富人造成伤害，后者对穷人造成伤害。因此，他尊重公民在实际情况下作出的，或在适当条件下以负责的态度可能作出的有关需求和价值的个人判断，提倡"明智的保险原则"。例如，在讨论残疾保险和能力保险时，德沃金强调对残疾和缺乏能力的补偿必须考虑社会保障的机会成本。德沃金的理论提示我们：国家应该完善社会保障制度，促进资源平等。当然，资源的平等不是绝对的，我们不能沉溺于那种绝对平等的空想之中，但是，我们也要反对那种鼓吹社会保障私有化、国家退出、把个人抛入不受控制的市场理论。

联系我国实际，自 1993 年十四届三中全会提出构建新的社会保障体系目标以来，我们相继推出了养老、失业和医疗保险制度的改革方案，社会保障成了政府和人民普遍关心的问题，但是，随着改革的继续深入发展，社会保障制度改革的滞后逐渐成了进一步深化改革的瓶颈。

如今，我们虽然进入了中国特色社会主义新时代，但我们依然要清醒地认识到，社会保障领域不平衡的发展状况还不能满足人民群众对美好生活的向往，也不能满足国家治理体系现代化的需要。因此，我们应该逐步完善社会保障制度，为全社会建立一张覆盖面广、水平适当，既能满足人民生活的基本需求和减少资源不平等又能保持可持续发展的社会保障体系。但是，中国社会保障制度的改

---

① 德沃金的资源平等观非常强调市场的作用，这也是德沃金遭到许多批评的原因之一。尽管德沃金认为市场是资源配置的合理机制，可以担当分配的主要责任，但是他同时也认为，市场并不能排除偶然性的运气因素的影响，故而需要社会保障制度来拉平资源平等的条件。

革不能走市场自由主义的道路，社会主义的最终目标是共同富裕，这一目标需要社会保障发挥更积极的再分配作用，需要我们超越资本主义的不平等的发展模式和传统社会主义的平均主义模式，在社会主义改革和自我完善过程中，建设一个既能保障经济和社会全面发展又能促进资源平等的社会安全网。

参考文献

[1] 阿巴拉斯特：《自由主义的兴衰》，曹海军译，吉林人民出版社 2004 年版。

[2] 阿拉斯戴尔·麦金太尔：《谁之正义？何种合理性?》，万俊人 等译，当代中国出版社 1996 年版。

[3] 阿马蒂亚·森：《伦理学与经济学》，王宇、王文玉译，商务印 书馆 2000 年版。

[4] 阿马蒂亚·森：《以自由看待发展》，任赜、于真译，中国人民 大学出版社 2002 年版。

[5] 阿瑟·奥肯：《平等与效率》，王奔洲、叶南奇译，华夏出版社 1987 年版。

[6] 昂格尔：《现代社会中的法律》，张雁深译，译林出版社 2001 年版。

[7] 巴巴拉·阿内尔：《政治学与女性主义》，郭夏娟译，东方出版 社 2005 年版。

[8] 巴里：《正义诸理论》，孙晓春、曹海军译，吉林人民出版社 2004 年版。

[9] 柏拉图：《理想国》，郭斌和、张竹明译，商务印书馆 1986 年版。

[10] 布莱恩·麦基：《思想家：与十五位杰出哲学家的对话》，生 活·读书·新知三联书店 2004 年版。

[11] 陈士军：《自由、平等与中国特色社会主义》，科学出版社 2014 年版。

［12］《邓小平文选》第 3 卷，人民出版社 1993 年版。

［13］戴维·米勒：《社会正义原则》，应奇译，江苏人民出版社 2001 年版。

［14］德沃金：《刺猬的正义》，周望、徐宗立译，中国政法大学出版社 2016 年版。

［15］德沃金：《法律帝国》，李常青译，中国大百科全书出版社 1996 年版。

［16］德沃金：《民主是可能的吗？——新型政治辩论的诸原则》，鲁楠、王淇译，北京大学出版社 2012 年版。

［17］德沃金：《认真对待权利》，信春鹰、吴玉章译，中国大百科全书出版社 1998 年版。

［18］德沃金：《身披法袍的正义》，周林刚、翟志勇译，北京大学出版社 2010 年版。

［19］德沃金：《生命的自主权》，郭贞玲、陈雅汝译，台北：商周出版，城邦文化事业有限公司发行 2002 年版。

［20］德沃金：《原则问题》，张国清译，江苏人民出版社 2005 年版。

［21］德沃金：《至上的美德：平等的理论与实践》，冯克利译，江苏人民出版社 2003 年版。

［22］德沃金：《自由的法：对美国宪法的道德解读》，刘丽君译，上海人民出版社 2003 年版。

［23］董玉荣：《资源平等分配的社会正义研究》，江苏大学出版社 2015 年版。

［24］段忠桥：《为社会主义平等主义辩护：G. A. 科恩的政治哲学追求》，中国社会科学出版社 2014 年版。

［25］E. 博登海默：《法理学：法律哲学与法律方法》，邓正来译，中国政法大学出版社 1999 年版。

［26］弗里德里希·包尔生：《伦理学体系》，何怀宏、廖申白译，中国出版社 1988 年版。

［27］弗里德里希·冯·哈耶克：《自由秩序原理》，邓正来译，上海三联书店 1997 年版。

［28］福格尔：《第四次大觉醒及平等主义的未来》，王中华、刘红译，首都经济贸易大学出版社 2003 年版。

［29］傅鹤鸣：《法律正义论——德沃金法伦理思想研究》，商务印书馆 2009 年版。

［30］G. A. 柯亨：《马克思与诺齐克之间》，吕增奎译，江苏人民出版社 2007 年版。

［31］G. A. 柯亨：《如果你是平等主义者，为何如此富有》，霍政欣译，北京大学出版社 2009 年版。

［32］G. A. 科恩：《为什么不要社会主义》，段忠桥译，人民出版社 2011 年版。

［33］高国希：《走出伦理困境——麦金太尔道德哲学与马克思主义伦理学研究》，上海社会科学出版社 1996 年版。

［34］高景柱：《当代政治哲学视域中的平等理论》，天津人民出版社 2015 年版。

［35］高景柱：《在平等和责任之间——罗纳德德沃金平等理论批判》，人民出版社 2011 年版。

［36］格雷：《自由主义的两张面孔》，顾爱斌、李瑞华译，江苏人民出版社 2002 年版。

［37］葛四友：《分配正义新论：人道与公平》，中国人民大学出版社 2019 年版。

［38］葛四友：《运气均等主义》，江苏人民出版社 2006 年版。

［39］葛四友：《正义与运气》，中国社会科学出版社 2007 年版。

［40］顾肃：《罗尔斯：正义与自由的求索》，辽海出版社 1994 年版。

［41］顾肃：《自由主义基本理念》，中央编译出版社 2005 年版。

［42］郭斌：《财产性收入及其不平等研究》，经济管理出版社 2014 年版。

[43] 郭广银、杨明：《当代中国道德建设》，江苏人民出版社 2000年版。

[44] 国家统计局：《中国统计年鉴 2008》，中国统计出版社 2008年版。

[45] 国家统计局：《中国统计年鉴 2018》，中国统计出版社 2018年版。

[46] 国家统计局住户调查办公室：《中国住户调查主要数据》，中国统计出版社 2019 年版。

[47] 哈特：《法律的概念》，张文显译，中国大百科全书出版社 1996 年版。

[48] 何怀宏：《公平的正义——解读罗尔斯〈正义论〉》，山东人民出版社 2002 年版。

[49] 贺麟：《现代西方哲学讲演集》，上海人民出版社 1984 年版。

[50] 胡锦涛：《高举中国特色社会主义伟大旗帜为夺取全面建设小康社会新胜利而奋斗》，人民出版社 2007 年版。

[51] 胡锦涛：《坚定不移沿着中国特色社会主义道路前进为全面建成小康社会而奋斗》，人民出版社 2012 年版。

[52] 胡真圣：《两种正义观》，中国社会科学出版社 2004 年版。

[53] 贾康等：《深化收入分配制度改革研究》，企业管理出版社 2018 年版。

[54] 杰弗里·托马斯：《政治哲学导论》，顾肃、刘雪梅译，中国人民大学出版社 2006 年版。

[55] 凯克斯：《反对自由主义》，应奇译，江苏人民出版社 2002年版。

[56] 凯瑟琳·A. 麦金农：《言辞而已》，王笑红译，广西师范大学出版社 2005 年版。

[57] 康德：《道德形而上学原理》，苗力田译，上海人民出版社 2006 年版。

[58] 康德：《法的形而上学原理》，沈叔平译，商务印书馆 1991

年版。

[59] 康德：《历史理性批判文集》，何兆武译，商务印书馆 1990 年版。

[60]《列宁选集》第 1—4 卷，人民出版社 1995 年版。

[61] 雷米·热内维、拉金德拉·K. 帕乔里、劳伦斯·图比娅娜：《减少不平等：可持续发展的挑战（看地球Ⅳ）》，潘革平译，社会科学文献出版社 2014 年版。

[62] 李梅：《权利与正义》，社会科学文献出版社 2002 年版。

[63] 李其庆、刘元琪：《全球化与新自由主义》，广西师范大学出版社 2003 年版。

[64] 李强：《自由主义》，中国社会科学出版社 1998 年版。

[65] 李晓峰：《美国当代著名法学家德沃金法律思想研究》，人民法院出版社 2005 年版。

[66] 理查德·A. 波斯纳：《道德和法律理论的疑问》，苏力译，中国政法大学出版社 2001 年版。

[67] 理查德·威尔金森、凯特·皮克特：《不平等的痛苦：收入差距如何导致社会问题》，安鹏译，新华出版社 2010 年版。

[68] 联合国开发计划署：《人类发展指数与指标：2018 年统计更新》（中文版），2018 年版。

[69] 联合国开发计划署：《中国人类发展报告 2007/8：惠及 13 亿人的基本公共服务》，2008 年版。

[70] 联合国开发计划署：《中国人类发展报告 2016：通过社会创新促进包容性的人类发展》，中译出版社 2016 年版。

[71] 林火旺：《正义与公民》，吉林出版集团有限责任公司 2008 年版。

[72] 林立：《法学方法论与德沃金》，中国政法大学出版社 2002 年版。

[73] 刘灿等：《中国特色社会主义收入分配制度研究》，经济科学出版社 2017 年版。

［74］刘宏斌：《德沃金政治哲学研究》，湖南大学出版社 2009
　　　年版。

［75］卢梭：《论人类不平等的起源和基础》，李常山译，商务印书
　　　馆 1962 年版。

［76］卢梭：《社会契约论》，何兆武译，商务印书馆 1980 年版。

［77］路易斯·哈茨：《美国的自由主义传统》，张敏谦译，中国社
　　　会科学出版社 2003 年版。

［78］吕世伦：《现代西方法学流派》，中国大百科全书出版社 2000
　　　年版。

［79］罗尔斯：《正义论》，何怀宏、何包钢、廖申白译，中国社会
　　　科学出版社 1998 年版。

［80］洛克：《政府论》，叶启芳、瞿菊农译，商务印书馆 1981
　　　年版。

［81］《毛泽东选集》第 1—4 卷，人民出版社 1991 年版。

［82］《马克思恩格斯选集》第 1—4 卷，人民出版社 1995 年版。

［83］马克·里拉、罗纳德·德沃金、罗伯特·西尔维斯：《以赛
　　　亚·伯林的遗产》，刘擎、殷莹译，新星出版社 2006 年版。

［84］孟德斯鸠：《论法的精神》，商务印书馆 2002 年版。

［85］倪正茂：《法哲学经纬》，上海社会科学出版社 1996 年版。

［86］诺齐克：《无政府、国家与乌托邦》，何怀宏等译，中国社会
　　　科学出版社 1991 年版。

［87］欧阳康：《当代英美著名哲学家的学术自述》，人民出版社
　　　2005 年版。

［88］庞德：《法律与道德》，陈林林译，中国政法大学出版社 2003
　　　年版。

［89］皮埃尔·勒鲁：《论平等》，王允道译，商务印书馆 1988
　　　年版。

［90］钱永祥：《道德平等与待遇平等：试探平等概念的二元结构》，
　　　见许继霖编《全球正义与文明对话》，江苏人民出版社 2004

年版。

［91］乔·萨托利：《民主新论》，冯克利、闫克文译，东方出版社1998年版。

［92］乔德兰·库卡塔斯、菲利普·佩迪特：《罗尔斯》，姚建宗、高申春译，黑龙江人民出版社1999年版。

［93］邱小平：《法律的平等保护》，北京大学出版社2005年版。

［94］桑德尔：《自由主义与正义的局限》，万俊人等译，译林出版社2001年版。

［95］石元康：《当代西方自由主义理论》，上海三联书店2000年版。

［96］世界银行、国务院发展研究中心：《2030年的中国：建设现代、和谐、有创造力的社会》，中国财政经济出版社2013年版。

［97］孙力、高明政：《当代西方政治思潮评介》，西安出版社2001年版。

［98］托克维尔：《论美国的民主》（上，下），董果良译，商务印书馆1988年版。

［99］万俊人：《现代西方伦理学史》，北京大学出版社1990年版。

［100］汪行福：《分配正义与社会保障》，上海财经大学出版社2003年版。

［101］王海明：《公正、平等、人道——社会治理的道德原则体系》，北京大学出版社2000年版。

［102］王小锡：《道德资本论》，人民出版社2005年版。

［103］威尔·金里卡：《当代政治哲学》（上），刘莘译，上海三联书店2004年版。

［104］威尔·金里卡：《当代政治哲学》（下），刘莘译，上海三联书店2004年版。

［105］沃尔泽：《正义诸领域：为多元主义和平等一辩》，褚松燕译，译林出版社2002年版。

［106］习近平：《决胜全面建成小康社会　夺取新时代中国特色社会主义伟大胜利》，人民出版社 2017 年版。

［107］夏勇：《中国民权哲学》，中国政法大学出版社 1992 年版。

［108］肖枫：《两个主义一百年》，当代世界出版社 2000 年版。

［109］休谟：《人性论》（上，下），关文运译，商务印书馆 1980 年版。

［110］徐向东：《自由主义、社会契约与政治辩护》，北京大学出版社 2005 年版。

［111］许继霖：《全球正义与文明对话》，江苏人民出版社 2004 年版。

［112］许章润：《清华法学（第一卷·2002·第一期）》，清华大学出版社 2003 年版。

［113］亚当·斯密：《道德情操论》，蒋自强译，商务印书馆 1997 年版。

［114］亚里士多德：《尼各马科伦理学》，苗力田译，中国社会科学出版社 1999 年版。

［115］亚里士多德：《政治学》，吴寿彭译，商务印书馆 1997 年版。

［116］亚历克斯·卡里尼克斯：《平等》，徐朝友译，江苏人民出版社 2003 年版。

［117］杨国庆：《认真对待平等权：德沃金自由主义法律理论研究》，社会科学文献出版社 2016 年版。

［118］姚洋：《转轨中国：审视社会公正和平等》，中国人民大学出版社 2005 年版。

［119］姚洋：《自由、公正和制度变迁》，河南人民出版社 2002 年版。

［120］以赛亚·伯林：《自由论》，胡传胜译，译林出版社 2003 年版。

［121］应奇：《从自由主义到后自由主义》，生活·读书·新知三联书店 2003 年版。

[122] 俞可平：《西方政治学名著提要》，江西人民出版社 2001 年版。

[123] 袁久红：《正义与历史实践》，东南大学出版社 2002 年版。

[124] 约翰·E. 罗默：《分配正义论》，张晋华、吴萍译，社会科学文献出版社 2008 年版。

[125] 约翰·罗默：《社会主义的未来》，张金鉴、徐崇温、余文烈译，重庆出版社 1997 年版。

[126] 约翰·麦克里兰：《西方政治思想史》，彭淮栋译，海南出版社 2003 年版。

[127] 詹姆斯·M. 布坎南：《自由、市场和国家——20 世纪 80 年代的政治经济学》，平新桥译，北京经济学院出版社 1989 年版。

[128] 詹姆斯·E. 米德：《效率、公平与产权》，施仁译，北京经济学院出版社 1992 年版。

[129] 张国清：《和谐社会研究》，人民出版社 2006 年版。

[130] 张兆民：《马克思主义分配正义思想研究》，中国社会科学出版社 2016 年版。

[131] 郑玉敏：《作为平等的人受到对待的权利：德沃金的少数人权利法理》，法律出版社 2010 年版。

[132] 《中共中央关于坚持和完善中国特色社会主义制度推进国家治理体系和治理能力现代化若干重大问题的决定》，人民出版社 2019 年版。

[133] 中国发展研究基金会：《中国人类发展报告 2005：追求公平的人类发展》，中国对外翻译出版公司 2005 年版。

[134] 中华人民共和国教育部发展规划司：《中国教育统计年鉴 2015》，中国统计出版社 2016 年版。

[135] 周谨平：《机会平等与分配正义》，人民出版社 2009 年版。

[136] 周仲秋：《平等观念的历程》，海南出版社 2002 年版。

[137] 朱光磊：《中国的贫富差距与政府控制》，上海三联书店

2002 年版。

［138］朱景文：《对西方法律传统的挑战：美国批判法律研究运动》，广西师范大学出版社 2004 年版。

［139］Amartya Sen and Bernard Williams. *Utilitarianism and Beyond*, Cambridge：Cambridge University Press，1982.

［140］Amartya Sen，"Equality of What？"，M. McMurrin ed.，The Tanner Lecture on Human Values，Cambridge：Cambridge University Press，Vol. 1，1980.

［141］Amartya Sen，*Inequality Reexamined*，Cambridge，Mass.：Harvard University Press，1992.

［142］Bryan Turner，Equality，Chichester：Ellis Horwood，1986.

［143］Christpher Lake，*Equality and Responsibility*，New York：Oxford University Press，2001.

［144］Colin M. Macleod. *Liberalism*，*Justice and Markets*，Oxford：Clarendon Press，1998.

［145］Douglas Rae，*Equalities*，Cambridge，Mass.：Harvard University Press，1981.

［146］G. A. Cohen，"On the Currency of Egalitarian Justice"，*Ethics*，Vol. 99，No. 4，1989.

［147］John Rawls，*A Theory of Justice*，Cambridge，Mass.：The Belknap Press of Harvard University Press，1971.

［148］John Rawls，*Justice as Fairness – A Restatement*，Cambridge，Mass.：Harvard University Press，2001.

［149］Justine Burley，*Dworkin and His Critics：With Replies by Dworkin*，Oxford：Blackwell Publishing Ltd.，2004.

［150］Kasper. Lippert – Rasmussen，"Egalitarianism，Option Luck and Responsibility"，*Ethics*，Vol. 111，No. 3，2001.

［151］Macleod Colin M.，*Liberalism*，*Justice*，*and Markets：A Critique of Liberal Equality*，Oxford：Clarendon Press，1998.

[152] Mark Lilla, Ronald Dworkin, and Robert Silvers, *The Legacy of Isaiah Berlin*, New York: New York Review of Books, 2001.

[153] Martha C. Nussbaum, *Creating Capabilities: The Human Development Approach*, Cambridge, Mass.: The Belknap Press of Harvard University Press, 2011.

[154] Martha C. Nussbaum, "Human Functioning and Social Justice: A Defense of Aristotelian Essentialism", *Political Theory*, Vol. 20, No. 2, 1992.

[155] Michael Walzer, *Thick and Thin: Moral Argument at Home and Abroad*, Notre Dame: University of Notre Dame Press, 1994.

[156] Noman Daniels, "Equality of What: Welfare, Resources, or Capabilities?" *Philosophy and Phenomenological Research*, Vol. 50. 1990.

[157] Richard J. Arneson, "Equality and Equal Opportunity for Welfare", *Philosophical Studies*, 1989.

[158] Roemer J. E., *Equality of Opportunity*, Cambridge, Mass.: Harvard University Press, 1998.

[159] Ronald Dworkin, *Freedom's Law*, *The Moral Reading of the American Constitution*, Cambridge, Mass.: Harvard University Press, 1996.

[160] Ronald Dworkin, *Is Democracy Possible Here? Principles for a New Political Debate*, Princeton: Princeton University Press, 2006.

[161] Ronald Dworkin, *Justice for Hedgehogs*, Cambridge, Mass.: The Belknap Press of Harvard University Press, 2011.

[162] Ronald Dworkin, *Justice in Robes*, Cambridge, Mass.: The Belknap press of Harvard University Press, 2006.

[163] Ronald Dworkin, *Life's Dominion: An Argument About Abortion, Euthanasia, and Individual Freedom*, New York: Alfred A. Knopf, 1993.

[164] Ronald Dworkin, *Sovereign Virtue*: *The Theory and Practice of Equality*, Cambridge, Mass.: Harvard University Press, 2000.

[165] Ronald Dworkin, "Objectivity and Truth: You'd Better Believe It", *Philosophy & Public Affairs*, Vol. 25, No. 2, Spring, 1996.

[166] Ronald Dworkin, "What is Equality? Part 1: Equality of Welfare", *Philosophy and Public Affairs*, Vol. 10, No. 3, Summer 1981.

[167] Ronald Dworkin, "What is Equality? Part 2: Equality of Resources", *Philosophy and Public Affairs*, Vol. 10, No. 4, Autumn, 1981.

[168] Ronald Dworkin, *A Matter of Principle*, Cambridge, Mass.: Harvard University Press, 1985.

[169] Ronald Dworkin, *Law's Empire*, Cambridge, Mass.: Harvard University Press, 1986.

[170] Ronald Dworkin, *Taking Rights Seriously*, Cambridge, Mass.: Harvard University Press, 1977.

[171] Thomas M. Scanlon, *What We Owe To Each Other*?, Cambridge, Mass.: Harvard University Press, 1998.

[172] Thomas Nagel, *Equality and Partiality*, New York: Oxford University Press, 1991.

[173] Will Kymlicka, *Contemporary Political Philosophy*: *An Introduction*, Oxford: Clarendon Press, 1990.

致　　谢

　　本书演化自我的博士论文，在此基础上做了一定程度的修改与完善。

　　本书的缘起可以追溯到 2004 年 11 月。彼时我从上海赴江西参加中国伦理学会会员代表大会暨第 12 届学术讨论会，一个偶然的机会，何怀宏教授向我推荐阅读德沃金的著作——《至上的美德：平等的理论与实践》。在读书的过程中，德沃金关于资源平等的独特论证深深地吸引了我。何为平等，如何平等？马克思主义者该如何看待它？由此引发的一系列问题促使我去思考。我的博士学位论文主题就是德沃金平等思想研究。在做论文期间，我有幸得到了何怀宏教授的指点，也得到了国防大学政治学院、复旦大学哲学系许多老师的帮助。这些老师有：高国希教授、邓安庆教授、孙力教授、高明政教授等，在此，我对他们的帮助表示最诚挚的谢意。

　　我要特别感谢我的博士生导师——国防大学政治学院王联斌教授。从贸然踏进政治学院的那一刻起，我敬爱的导师王联斌教授，就给予了我无私的帮助。无论是为学还是做人，先生堪称楷模，教书育人，总如春风送暖，于不知不觉中引领弟子前行。

　　另外，我还要感谢做博士后期间的合作导师——南京大学郭广银教授。郭老师严谨踏实的治学态度与谦逊和蔼的处世方式深深地影响了我。如果我在以后的工作和生活中能够有一点进步，除了岁月洗礼与人生历练之外，要归功于从郭老师身上潜移默化地学习到的一点东西。除此之外，南京大学的学术氛围，让我受益终生。我永远不能忘记侯惠勤教授、刘怀玉教授、杨明教授在我求学期间给予我的指导与帮助，点点滴滴，总是萦绕心怀。

特别要提到的是，我要感谢德沃金先生，他以大师之尊，于百忙之中，给一个陌生的年轻学子回信，此给予了我莫大的鼓励，我深深折服于大师的思想与风采！他不仅是思想的巨人，也是一个亲切的好人。可惜，在我忙于照顾孩子分身乏术之时，大师猝然离世，我失去了亲自去美国拜访他的机会，这成为我学术生涯的一大憾事。

我本科毕业于山西大学，除去分配在山西农业大学工作的 8 年，迄今为止，我在山西大学工作即将 20 年了。我对这两所学校都有很深厚的感情，我的生活、工作与之密不可分。感谢山西农业大学给予我如家般的温暖，感谢山西大学的领导、老师、同事和朋友们，多年来一如既往地爱护我。写到这里，许多熟悉的面孔在我脑海里浮现，纸短情长，原谅我不能一一列举。无论何时何地，我永远感恩于他们，他们是我攀登学问高山的不竭动力。

我出生于一个小山村，之后一直读书、教书，常年生活在大学校园，时时与书本相伴，处处有学子相随，这也算是实现了我儿时的梦想。感谢我伟大的父母亲以及血脉相连的家人，风雨人生路上，始终如一地支持我；感谢我的爱人用他坚强的臂膀与博大的胸怀为我撑起爱的天空；感谢我的两个儿子对我事业的理解与支持，他们是我幸福的源泉。

最后，需要说明的一点是，德沃金乃学问大家，出于对学者的敬重，一直不敢置喙臧否，这也是本书拖延至今的原因。书稿即将付梓之际，心下依然忐忑，时有"阿婆还是初笄女"的心理。囿于自己才疏识浅，书中难免有遗珠之憾，不当之处，敬请斧正。

刘美玲

2019 年 11 月 6 日于山西大学